afgeschreven

JEROEN SWOLFS

STREETS OF THE WORLD

AZIË

De National Geographic Society is een van de grootste wetenschappelijke en educatieve non-profitorganisaties ter wereld. De Society is in 1888 opgericht ter vergroting en verspreiding van geografische kennis, en geeft een beeld van de wereld door middel van haar tijdschriften, boeken, kaarten, en interactieve media. National Geographic Magazine, het officiële tijdschrift van de Society, verschijnt in 29 talen en wordt maandelijks gelezen door veertig miljoen mensen in alle landen van de wereld. Het National Geographic Channel bereikt 290 miljoen huishoudens in 27 talen in 164 landen. De Society heeft ruim negenduizend onderzoeksprojecten gefinancierd. Bezoek de website van de National Geographic Society op www.nationalgeographic. com of ga naar de Nederlandse website: www.nationalgeographic.nl.

© 2011 Jeroen Swolfs en Dutch Media Uitgevers bv, Amsterdam
Omslagontwerp Riesenkind
Cover portret boven © Pepijn Vanthoor
Cover portret onder © Saskia Peverelli
Overige foto's cover © Jeroen Swolfs
Portret pagina 1 © Saskia Peverelli
Zetwerk Mat-Zet bv, Soest

ISBN 9789048810543
NUR 508

www.streetsoftheworld.com
www.dutch-media.nl
www.nationalgeographic.nl/boeken

Dit boek is een uitgave van G+J Publishing CV en Dutch Media Uitgevers bv

MIX
Papier van verantwoorde herkomst
FSC
www.fsc.org   FSC® C013683

Dit boek is ook leverbaar als e-book:
ISBN 978 90 488 1064 2

Voor Bobby Swolfs

Over de QR-codes:

In dit boek is een aantal QR-codes opgenomen. Deze kunnen worden gescand met een applicatie (QR reader) voor smartphones die gratis te downloaden is. De QR-code verwijst naar het visuele materiaal van het land dat in het hoofdstuk voorkomt. Een enkele keer komen er meerdere landen in één hoofdstuk voor. In dat geval staat er op de internetpagina van het hoofdland een verwijzing naar zogenaamde 'neighbouring countries'.

Libanon, Beirut
16 december 2006

De veelzijdigheid van Beirut slaat alles. De ellende van deze stad, maar ook de mystiek, die voor westerlingen maar moeilijk te bevatten is. Libanon is een moeilijk land en ik moet erachter komen of het fotograferen ook werkt in moeilijke landen. Een klein halfjaar terug regende het hier geen mediterrane druppels, maar Israëlische bommen met Israëlische kindertekeningetjes erop. Er worden regelmatig zware aanslagen gepleegd zoals onlangs op president Hariri. Vaak vinden moslims het niet leuk om gefotografeerd te worden. Ik ben een westerling.

Ik ben hier niet alleen naartoe gekomen, maar samen met Wouter, mijn broertje. Hij studeert politicologie. Ik heb hem voor vertrek op het hart gedrukt dat hij hier aan mij niks heeft. Ik ga fotograferen. Dat is een solitaire bezigheid. Mijn broertje moest zijn eigen netwerk afspeuren en daar zo veel mogelijk afspraken uit zien te slepen. Hij heeft dat heel grondig aangepakt. Een tegenvaller is dat zijn spullen niet zijn aangekomen. Die zijn in Milaan blijven staan. Ik blijf daar uiterst kalm onder. Hij ook.

We hebben een druk programma in een stad waar je alleen al door je ogen de kost te geven wordt overspoeld met indrukken. In sommige wijken weet je niet eens uit welke oorlog de schade stamt, laat staan wie hem heeft veroorzaakt. Druzen, christenen, sjiieten en soennieten, ze hebben allemaal erg hun best gedaan om deze stad volledig in puin te leggen. De laatste vernietigende slag kwam van buiten de landsgrenzen. Israël heeft Hezbollah een lesje geleerd.

Ik sleep Wouter mee naar plekken waar ik wil fotograferen en hij sleept mij mee naar allerlei afspraken, met diverse mensen, die ons steeds meer vertellen over het land.

Via een oud-klasgenootje heb ik voor vertrek een bevriende Libanese familie benaderd. Ze nodigden ons uit om te komen eten. Het is even zoeken in de donkere wijk tussen de hoge flatgebouwen. Als we het juiste adres vinden, worden we met open armen ontvangen. Ze maken fantastisch Libanees eten. Zowel onze gastheer als onze gastvrouw geeft les op de universiteit. We praten de hele avond over politiek en het wordt ons steeds duidelijker hoe enorm ingewikkeld de verhoudingen hier liggen.

Ik vraag hun of het veilig is om naar Harat Hurayk te gaan. Dat is de sjiitische wijk die feitelijk door Hezbollah gerund wordt en die door Israël is gebombardeerd. Ik wil zien wat daar is gebeurd. Misschien kan ik er een fotoserie maken. Aangezien de Nederlandse ambassade een gang naar Libanon afraadde en al helemaal de buurten waar de sjiieten samenscholen om te protesteren, leek de sjiitische wijk ons aanvankelijk niet zo'n goed idee. Nu we een paar dagen in Beirut zijn, zijn we toch gewend geraakt aan de constante aanwezigheid van gewapende legereenheden, tanks in de straten en rollen prikkeldraad, die de sfeer nogal drukken in het centrum. Raar dat je daaraan went. En volgens onze gastheer is het geen enkel probleem. We kunnen er zo heen. De volgende dag gaan we op pad.

We laten ons door een taxi afzetten aan de rand van Harat Hurayk. Als we uitstappen trekken we direct de aandacht van de hele straat. Het voelt licht bedreigend. We proberen niet op te vallen maar dat is kansloos natuurlijk. Toch doen we een poging. Het is een kwestie van uitstraling en doelgericht een bepaalde kant op lopen. Alsof je er hoort en precies weet waar je heen gaat.

De straatjes naar de wijk loodsen ons langs ontelbare auto-onderde-lenwinkeltjes, per merk gesorteerd en bestierd door olie-doordrenkte Libanezen. Ze handelen in onderdelen van niet de minste westerse merken.

De zon brandt op onze kruinen in de verdovende middaghitte. In het kabaal van de oosterse handarbeid lijken we totaal verkeerd te zitten, want we zien geen ravage. Niets doet denken aan bombarde-menten. Als je denkt aan een gebombardeerde wijk, dan denk je aan een gebombardeerde wijk met daarnaast een per ongeluk ook ge-bombardeerde wijk. Dat is hier niet zo. Een steegje met achterin een geel schijnsel verleent ons doorgang naar een ogenschijnlijk open vlakte. Hier zien we de restanten van iets wat ooit een wijk moet zijn geweest. Het is nu een maanlandschap zo ver het oog reikt. De pre-cisie van de moderne lasergeleide oorlogsvoering wordt ons direct duidelijk. Ze zijn per straat te werk gegaan. Alleen de sjiieten zijn doelwit. Alleen Hezbollah, die de wijk volledig in handen heeft. Geen bom op de naastgelegen soennitische wijk, want dat roept weer heel andere woede op. We staan als aan de grond genageld en kijken alleen maar naar de verwoesting. We wisten het wel. Hadden het gezien op televisie. Maar om hier zelf te staan is zo anders. Fy-siek beangstigend. Wouter mompelt iets wat ik niet versta.

Hier hebben mensen bommen op andere mensen gegooid. En dit is het resultaat. Ik sta in dat bommenstof, in een woestijn van brok-stukken met verwrongen staal vol vogelverschrikkers van kleding en gordijn. Het is er stil. Families hebben hun onderkomen ergens an-ders gezocht. In de verte klinkt het geluid van machines die aan het slopen zijn voor de wederopbouw. Als we een beetje van onze ver-bijstering zijn bijgekomen lopen we een stukje verder. Tussen grote brokstukken van muren lopen paden de eindeloze zee van verwoes-ting in.

Behoedzaam begin ik wat te fotograferen, niet wetende waar te beginnen. Wouter loopt een stukje de andere kant op. We hadden

beiden niet verwacht dat het zo erg zou zijn. Niets staat meer over-
eind. Niets. Een kale krater midden in de stad. In de verte zie ik de
lijn gebouwen van de aangrenzende wijken.

Voor me staat een gebouw als een manke schouder, opengereten
als een blik oude vis. Op verschillende verdiepingen hangt de stoffige
huisraad uit de weggeblazen muren. In wat ooit een woonkamer
was, waar gelachen werd, gehuild, gevreeën, hangt een lamp nog
steeds aan z'n stekker op de rand van het afgeslagen beton. Perzische
tapijten wapperen in de wind. Op de grond voor mijn voeten ligt
een Arabisch boek. Een koran? Door de wind wapperen de bladeren
heen en weer. Een typerend beeld met de manke schouder op de achtergrond. Ik ga op de stoffige grond zitten om een goede compositie
te krijgen van het morbide tafereel dat zich voor me heeft ontvouwd
en maak foto's.

Ineens zie ik een schaduw naast me. Ik draai mijn hoofd om. Er
staat een kerel in een zwart pak met een soort etui aan zijn been.
Een wapen? Hij heeft een strakke kop, een dwingende blik en een
zwarte baard, net als ik. Rustig sta ik op en zeg hem gedag. Hij knikt
terug en stelt me een vraag in een taal die ik niet ken. Ik zeg hem dat
ik het niet versta. Hij duidt mij hem te volgen. Inmiddels heeft
Wouter ook in de gaten dat er iets is. De man wijst naar hem en
vraagt in gebroken Engels wie hij is. Ik verzin ter plekke dat hij de
schrijver van 'het stuk' is. Vanaf dat moment werken we aan een
journalistiek stuk. Wout vraagt wat er gebeurt. Ik zeg dat ik het niet
weet. De man zegt dat we mee moeten komen.

We volgen de Hezbollah-agent naar iets wat lijkt op de officiële
ingang van het gebied. Waarschijnlijk hadden we beter hier naar
binnen kunnen gaan. Hij vraagt ons even te wachten. Terwijl hij in
een portofoon in het Libanees begint te overleggen zien we dat er een
soort tentoonstelling is ingericht. Er hangen spotprenten over de Is-
raëli's, Amerikanen en Arabieren. Allemaal één pot nat volgens de
samenstellers van de tentoonstelling. Ook de VN komt er slecht van-

af. Hezbollah speelt een heldenrol in de bevrijding van Libanon en Palestina, die kennelijk nabij is. Intussen is de zwartgeklede man uitgepraat. Hij draagt ons over aan een kerel met een leren jack en verdwijnt geruisloos tussen de puinhopen.

Weer moeten we volgen. Ik word nu zeer ongerust. Ik heb mijn broertje in deze situatie gebracht, ik moest zo nodig naar Harat. We worden een kapotgeschoten gebouw in geloodst, waar een krakkemikkig liftje ons naar een bovenliggende etage moet brengen. Het liftje is benauwd maar werkt tot mijn verbazing nog wel. Het komt piepend en steunend op gang. We staan in de kleine ruimte tegen deze bewapende sjiiet aangedrukt. Ik probeer Wout een geruststellende blik toe te werpen. Hij kijkt me bezorgd en vragend aan. Mijn hart bonkt in mijn lijf. Doemscenario's schieten door mijn hoofd: boven aankomen, op je knieën, een zak over je hoofd en een pistool op je kop. Foto in de krant.

Op wat de vierde verdieping lijkt, knarst de deur open. We kijken een soort kantoortje in. Geen zakken over ons hoofd. Een zucht van verlichting trekt door mijn lijf. De man vraagt ons te gaan zitten op een versleten bank in een warm kamertje.

Cool blijven. Nadenken over je verhaal.

We praten elkaar een beetje moed in door het erover eens te worden dat Hezbollah allang weet dat je niet moet kutten met westerse journalisten, die moet je juist voor je winnen. Zo denken we nerveus een kwartiertje vol.

Een mooie vrouw komt het kamertje binnen. Haar ogen lijken gehouwen uit het koudste ijs. Geen hand geven natuurlijk.

'Why are you here?' vraagt ze.

Goede vraag, denk ik.

Ik leg uit dat ik aan een fotoproject werk in Beirut. Maar dat ik als fotojournalist, en mijn broer als schrijver, natuurlijk wel met eigen ogen wilde zien wat hier gebeurd is. Hoe de wederopbouw verloopt. Dat is ook een verhaal dat verteld mag worden als alle camera's van de wereld weer op een andere oorlog zijn gericht en niemand er meer om geeft wat er met Harat gebeurt. Dat wij dat verhaal willen maken. Ze veinst interesse, maar vindt het zeer merkwaardig dat ik geen perskaart of permit kan vertonen.

Dat is ook merkwaardig, zak! denk ik bij mezelf. Ik leg haar nogmaals uit dat ik op eigen initiatief hierheen ben gekomen, als freelancer, en dat er geen permit nodig is. Dat als er een permit nodig is, ik die graag ga halen. Ze zegt dat een permit wel degelijk nodig is en dat ik die bij het ministerie van Informatie kan krijgen. Tot die tijd zijn we niet welkom. Ik zeg dat ik het ga regelen. We kunnen gaan. Nonchalant lopen we de trappen af.

Ineens staan we weer buiten. Vrij om er per direct vandoor te gaan. We springen in de eerste taxi die we zien, die ons zonder afdingen zo ver mogelijk weg moet brengen.

'Where to?' vraagt de taxichauffeur ongeïnteresseerd.

'Just drive downtown, man!'

We komen veilig aan bij het hotel en gaan direct op zoek naar een koude pint. Die vinden we in de hotelbar. Na een paar diepe zuchten en vloeken van verbazing kijken we elkaar aan en beseffen we dat we ineens toch wel heel dicht bij het vuur zijn gekomen.

'Dat was vrij heftig, broeder,' zegt Wouter.

'Jezus, wat was die chick ijzig kil!'

Door de koude pinten ontspannen we een beetje. Wouter krijgt een sms.

'Het gaat gewoon door,' zegt hij met opgetrokken wenkbrauwen.

'Hoezo dan?'

Hij zegt dat we over een paar uur een afspraakje hebben met twee Libanese dames die we eerder die week hebben ontmoet. Ze willen ons het uitgaansleven van Beirut laten zien.

Rond zonsondergang lopen we met de dames de christelijke wijk in. Ik zit met mijn hoofd nog volledig bij Harat, maar dit is het mekka van de party people uit de gehele regio. Hoewel menigmaal *platgebombardeerd, is Beirut ergens nog steeds het Parijs van het Midden-Oosten. Hier mag alles. Hier vloeit de champagne rijkelijk en rijden de Ferrari's en Hummers met hun veelal Arabische eigenaren in colonne door de straat, elkaar in stevige R&B-beats overtreffend, dingend naar de gunsten van de schaars geklede en lonkende bloedmooie vrouwen. Een nieuwe zwoele nacht in Beirut is begonnen. Was ik vanmiddag in Harat? Was dat echt? De meisjes willen het er niet over hebben. Ze willen drinken en dansen. De hele nacht door.*

In de winter van 1977 besloot ik om naar Parijs te gaan. Ik was toen drie jaar oud. Er lag een fors pak sneeuw. Met een door mijn oma 'Amma' gebreid mutsje en wantjes aan klopte ik op de deur van mijn buurmeisje Aafke. Aafke en ik waren beste vriendjes. Met mijn nieuwe glimmende sleetje deed ik haar mijn avontuurlijke voorstel: de kou trotseren op zoek naar die magische plek, Parijs. Aafke vond het ook spannend en volgde mij zonder te veel tegenwerpingen.

Via het paadje dat achter onze huizen lag, begonnen we aan onze tocht. Met Aafke op het sleetje ging het minder snel dan verwacht. Het duurde lang voordat we aan het einde waren. Hier begon het 'Zwarte Pad'. Nu ging het avontuur pas echt beginnen, want we wisten beiden dat verder gaan betekende: verder gaan dan ooit.

Dikke droge vlokken begonnen op ons neer te dalen. Ze bleven plakken op onze mutsjes en neuzen. Het witte gordijn maakte het onbekende enger maar ook wel spannender. Het begon te schemeren in de stilte van de besneeuwde winteravond.

Twijfel.

Aafke merkte dat natuurlijk. Dit was het moment voor haar om de handdoek in de ring te gooien. Ze vond het toch te eng. Ze moest voor het donker thuis zijn.

Ik zag Aafke langzaam witter worden en het pad dat voor mij lag grijzer. Het sleetje volgde de verse voetstapjes op weg naar Parijs.

Vanaf de vroege lente tot de late herfst verbleef ons gezin op Groenouwe, een landgoed op de Veluwe, waar ooit het chique 'Hotel Zilven' van de familie Broese van Groenou stond. Dat was helaas door de Duitsers aan het einde van de oorlog in brand gestoken. De huizen die toentertijd voor de bediendes van de Broeses waren neergezet, werden nu verhuurd aan de inmiddels fors uitgedijde familie. Wij waren stieffamilie, maar mochten er ook komen. In de idyllische huizen logeerden wij er tijdens lange zomer- en kerstvakanties. Het was er fantastisch. Een mysterieus bos met vele donkere paden en poelen, omgebliksemde bomen en adders onder de ruïne van het ooit majestueuze hotel. Een droom voor elke jongen van vijf. Een nachtmerrie voor ouders van een vijfjarig weglopertje.

Nadat ik voor de zoveelste keer door de Loenense politie was thuisgebracht, werd het mijn ouders te veel. Ze waren als de dood dat ik verhongerd op de Hoge Veluwe gevonden zou worden. Ze namen de rigoureuze beslissing om mij bang te maken voor het bos.

Mijn ouders riepen daarbij de hulp in van het door kinderen meest gevreesde sprookjesdier: de wolf. Als kind weet je voornamelijk één ding over wolven: ze eten je met huid en haar op. Het ergst was de wolf uit *Peter en de wolf*, want die werd begeleid door de duistere klanken van Sergei Prokofiev. Deze plaat werd opvallend vaak opgezet door mijn ouders ter ondersteuning van hun eigen wolvenverhaal.

Mijn ouders waren heel goede verhalenvertellers en overtroffen zichzelf telkens met het nog geloofwaardiger maken van hun verhaal over 'De wolf van Groenouwe'. Die liep rond door de bossen op zoek naar malse kindjes. Zolang ik binnen het hek bleef was ik veilig. Maar daarbuiten zou de wolf mij ruiken en horen en direct verorberen. Dat werkte een tijdje prima.

Uiteindelijk, toen ik door gekscherende opmerkingen van leeftijdsgenootjes over mijn zogenaamde wolf toch begon te twijfelen, werden de elfjes erbij gehaald. Tijdens een zondagochtendontbijt met eitjes bij papa en mama op bed bleek dat zij 's nachts tijdens een boswandeling (de wolf at alleen kindjes dus zij waren veilig) de elfjes op de Sterrenberg hadden horen zeggen dat Jeroen niet meer in de wolf geloofde. De wolf zag nu zijn kans schoon. Hij had een mand met verse bosbessen bij de boomhut neergezet om Jeroen te lokken en hem dan op te eten. De elfjes waren nu zo bang dat Jeroen daarin zou trappen. Dat hij zou worden opgegeten!

Ik twijfelde nog steeds. Toen ik de volgende dag met mijn grote broer Arthur hand in hand door het verboden hek ging om te kijken of het echt zo was, stond ik met knikkende knietjes aan de rand van het donkere bos. Arthur was al groot genoeg dus de wolf zou nu niets doen. Bij de boomhut stond een grote mand met bosbessen.

Het duurde twee jaar voordat ik weer wegliep.

Op mijn tiende wilden mijn ouders op een zomerse avond met ons praten. We moesten om de groene eettafel gaan zitten. We voelden alle drie dat er iets spannends zou gaan gebeuren. Mijn ouders vertelden ons dat ze gingen scheiden. Ik had daar weleens iets over gehoord van vriendjes, maar dat kon natuurlijk nooit bij ons gebeuren. Daarom besloot ik dat het de zoveelste goed voorbereide grap van mijn ouders was. Ik kon er alleen maar hysterisch om lachen.

Na een tijdje zei mijn moeder dat ik even normaal moest doen. Mijn moeder zou gaan verhuizen. Wij moesten mee. In het weekend zouden we naar papa gaan.

Die avond zijn wij met papa gaan fietsen door de weilanden. Het rook naar koeien en gemaaid gras. Er zweefden felgekleurde luchtballonnen met grote vlammen eronder, die we eerst zagen en pas veel later konden horen. Zouden die mensen in die mandjes ook naar ons kijken? Sereen werden ze voortgestuwd door een zomerse avondbries, met hun feestelijke kleuren tussen wolken die langzaam oranje werden. Het was al laat. Ze dreven naar een onbekende landingsplaats. Net als wij.

Tot die tijd was ik een stil jongetje geweest. In een hoekje van de kamer zat ik naar de vriendinnen van mijn moeder te staren tot ze er gek van werden. Zelfs mijn moeder vergat me soms in de hectiek van het jonge gezin. Als mijn broertjes allang in bed lagen, zag ze mij ineens nog doodstil in een hoekje zitten met een paar blokken.

Vanaf die avond in de weilanden werd ik een bijdehand baasje dat alles wilde weten. Ik vond dat ik daar recht op had, nu mijn wereld zonder overleg overhoop was gehaald.

Een geluk bij een ongeluk was dat mijn moeder ging samenwonen met Oom Ad. Die kenden we wel, dat was een sympathieke 'oom', die een tijdje daarvoor toevallig ook gescheiden was. Ook hij had drie kinderen. Die waren allemaal ouder dan ik. We waren buren geweest. Het was raar om ineens een familie te zijn. Dat mama vanaf dan bij Oom Ad sliep. Niet meer bij papa.

Mijn moeder en Ad waren tot over hun oren verliefd. Oom Ad kocht een huis voor ons. Het stond op de Storm van 's-Gravesandeweg in Wassenaar en barstte met het nieuwe gezin erin uit zijn voegen. Niet alleen door ruimtegebrek, maar vooral door de overdosis aan emoties die erin opeengepakt werd.

Onze nieuwe oudste broer heette Marco. Hij was toen zestien en had een supercoole roze Honda met witte stippen. Daar reed hij te hard op in een felgele donsjas. Die jas droeg ik stiekem weleens. Hij was veel te groot. Marco was niet met school bezig. Wel met roken, meisjes en drinken. Maar het meest was hij bezig met niet doen wat zijn stiefmoeder hem vroeg. In mijn ogen was hij een heel stoere gast. Zo wilde ik ook worden.

Voor het eerst hadden wij zussen. Claudia en Lizelore. Claudia was toen achttien. Ze was haar vwo-diploma aan het halen, wat voor de nodige extra stress zorgde. Daarnaast had ze een enorm ochtendhumeur. Hoe leuk het de avond ervoor ook geweest was, 's ochtends moest je uit haar buurt blijven. Met Claudia was ik dikke maatjes. Lizelore verhuisde niet met ons mee. Zij moest bij haar moeder blijven.

Wouter liep om de haverklap weg. Die zat dan weer op de bank bij papa. Dat was ver lopen. Ik zat elke avond na bedtijd weer beneden, omdat ik antwoorden eiste. Mama en Oom Ad deden hun best die te geven. Arthur sloot zich op in zijn kamer en zei verder weinig. Hij was toen al twaalf. Ik wist niet wat Arthur ervan vond.

Terwijl na verloop van tijd het zaakje toch wat begon te draaien, ging het met mijn vader minder goed. Zijn vrouw en zijn kinderen zaten bij een andere man, zijn vroegere vriend Ad. Papa bracht zijn tijd steeds vaker door op de hockeyclub, waar hij zijn nieuwe vriendin Mariëtte leerde kennen. Voorheen kwamen wij nog elk weekend bij papa in ons oude huis, wat zowel voor ons als voor mijn moeder en Ad een zeer welkome pauze in de hectiek van thuis was. Dat hield toen op. Mariëtte was niet zo op ons gesteld. Zij was ook gescheiden en had al twee kinderen. Dat was wel genoeg. Wij zagen onze vader steeds minder.

Vakanties werden op het laatste moment afgezegd om onduidelijke redenen. Er was dan iets met werk, zei hij. Achteraf bleek hij dan met Mariëtte weg te zijn. Door mijn moeder werd ik ingezet om mijn vader op zijn verantwoordelijkheden te wijzen. Ik zat bloednerveus achter mijn pizza te wachten op het juiste moment om papa te vragen waarom hij de alimentatie weer niet had betaald. Mijn broers namen het mij kwalijk dat ik de etentjes verziekte. Die confrontaties zorgden voor nog meer verwijdering.

Ik werd ouder. Zelfbewuster. Op mijn zestiende heb ik het contact met mijn vader verbroken. Hij accepteerde het. Ik vond dat laf.

Gelukkig stond ons nieuwe gezin intussen als een huis. We waren allemaal op een leeftijd gekomen dat we elkaar wat beter begrepen. De ene helft studeerde, de andere helft deed eindexamen en de gesprekken konden op een wat volwassener manier gevoerd worden. Met Ad was er intussen een enorme band ontstaan.

Vrijwel elke avond liepen we met hond Fabian. Ad gaf mij dan adviezen over mijn beginnend liefdesleven. Met mijn moeder kreeg ik confrontaties. Er begon een grote drang naar vrijheid in mij te ontstaan. Ik vond mezelf een behoorlijk bijdehand mannetje.

Ik wilde mijn vwo-diploma halen zodat ik rechten kon gaan studeren. Inmiddels hield ik me aan niet één van de door mijn moeder gestelde regels. Ik vond ze niet reëel. Soms kwam ik nachten niet thuis. Mijn broertje had op de zolder van de garage van Amma een loungebar gebouwd. Zonder medeweten van Amma, laat staan van mijn ouders. Die dachten dat de zolder nog steeds vol lag met planken en prikkeldraad. Eigenlijk was het een zoldertje dat speciaal gebouwd leek om met meisjes te vrijen. Dat deed ik met mijn vriendinnetje. Haar ouders waren ook nogal ongerust over het lege bed in de ochtend. Het was dan aan Ad om mij tijdens een gesprek bij de haard in zijn studeerkamer tot de orde te roepen. Hij begon dan met zoiets als: 'Even goed luisteren, knul… Jouw moeder vindt dat je…' Hieruit sprak al enig meningsverschil tussen mijn ouders. Ik trachtte hem dan duidelijk te maken dat ik zo langzamerhand wel voor mezelf kon zorgen.

Aan het einde van zo'n gesprek beloofde ik altijd beterschap. Daarna informeerde Ad wel altijd even hoe het mij was vergaan tijdens mijn nachtelijke avonturen met het meisje. Daar boomden we dan twee keer langer over door.

Op mijn zeventiende besloten we dat het tijd werd voor mij om te verhuizen naar een kamer in Den Haag. Arthur zag ook zijn kans schoon en ging mee. Ik kreeg ineens wel heel veel vrijheid. Mijn vwo-examen zou ik gaan halen via het volwassenenonderwijs. Dat ik niet zo volwassen was bleek al snel. Het 'twee jaar in één-examensysteem' werd voor mij 'twee jaar in drie'.

Arthur deed het vwo op dezelfde school. Hij volgde nog minder lessen dan ik. 's Avonds draaide hij platen op feesten met zijn drive-in disco Illusion en ik ging vaak met hem mee. We waren goede vrienden. Met zijn en mijn vrienden maakten we Den Haag vele nachten onveilig. We waren aan de jonge kant om op kamers te wonen dus het was de zoete inval op de Galileïstraat in Den Haag. Er werden vrijwel elke avond drankjes gedronken. Daar hadden we centen voor door Arthurs disco.

In Den Haag had ik een baantje bij een cateringbedrijf. Werken in het magazijn en afwassen na de feesten. Er werkte ook een tijdje een Zwitserse jongen, Jurgen, die mij vertelde over zijn reizen. Ik had daar nooit zo bij stilgestaan, dat zoiets kon. Hoe meer hij vertelde, des te meer zag ik mijzelf in zijn verhalen rondreizen. Hij had de mooiste avonturen beleefd en bleef erop hameren: 'Ga de wijde wereld in! Gewoon gaan! Maar wel alleen, dat is het mooist!' Ter plekke besloot ik dat na mijn vwo-examen te gaan doen. Dus zonder mijn vriendin.

Kalinka was beeldschoon. Ik had haar op mijn veertiende leren kennen als cursistje op de Zeilschool. De Zeilschool bestond uit een stelletje tenten en bootjes midden op een weiland bij de Kaag en werd gerund door studenten. Toen ik voor het tweede jaar aankwam zag ik haar zitten op het dek van de Eendracht, de grote motortjalk waar alle cursistjes op sliepen. Kalinka was het mooiste meisje dat ik ooit had gezien. Ze had haar hoofd aan de achterkant half kaalgeschoren. Meer nieuwsgierig dan bang ging ik naast haar zitten.

'Ben jij punker?' vroeg ik.

Ze begon hard te lachen, terwijl ze met haar hand over haar kale achterhoofd wreef.

'Nee joh, hoezo? Jij?'

Zo iemand als Kalinka had ik nog nooit gezien. Zij was toen al zestien en in mijn ogen een volwassen vrouw. Toch vond ze mij leuk. In het korte weekje samen werden we hevig verliefd. Maar zij was leiding en ik cursist. Dat mocht natuurlijk niet. Ik lag tussen de andere cursistjes in mijn kooi in het ruim van de Eendracht te slapen, terwijl zij biertjes aan het drinken was met de leiding. Na een week namen we afscheid. Mijn hart brak. Ik was nog nooit zo verliefd geweest. Zou ik haar ooit nog zien? Ze woonde in Doesburg! Dat haalde ik nooit met mijn zakgeld.

Aan het einde van de zomer kwam Marco thuis van de Zeilschool. Hij had tot het einde lesgegeven en de Zeilschool opgeruimd. Het briljante toeval wilde dat hij verliefd was geworden op Kalinka's oudere zus Vicky. Marco wist het, van mij en Kalinka. Hij nam ze allebei mee naar huis! Na een zondagavonddiner – ik kon mijn ogen niet van Kalinka afhouden – mocht Marco de zussen naar huis brengen. Helemaal naar Doesburg. En ik mocht mee! Uiteraard deden we het zo rustig aan dat het te laat werd om terug te rijden. We bleven bij hen slapen. Hun vader was niet thuis. Die was kapitein op een containerschip. Marco sliep bij Vicky. Ik moest op een apart kamertje. Maar ik was wel bij haar. Een hele nacht.

In de jaren daarna zag ik haar niet meer terug in de zomerzeilweken. Maar ik vergat haar nooit. Toen ik zelf zeilinstructeur werd en naar de eerste borrel van het jaar mocht komen belde ik haar op. Haar andere zus nam op. Ik vroeg naar Kalinka. De hoorn werd op een tafel gegooid en er werd heel hard 'Kal! Telefoon!' geroepen. Na lang wachten kwam haar zwoele stem aan de telefoon. Ze wist zéker nog wie ik was. We spraken af elkaar op de borrel te zien. Toen ik het studentenhuis in Leiden binnen kwam lopen zag ik haar direct zitten op een kussen in de hoek. Ze was nog mooier dan toen. Ik had haar vier jaar niet gezien en ik was inmiddels een jongeman geworden. Het was meteen goed. We dansten de hele avond. Zij reed achter op mijn brommertje mee terug naar mijn kamer in Den Haag. Daar vreeën we de hele nacht. Weer werden we smoorverliefd. Een aantal maanden later vertelde ik haar over mijn reisplannen.

'Kalinka, ik ga op reis.'

'Op reis? Waar naartoe, met wie?'

'Ik weet niet, alleen, denk ik…'

'Je bedoelt met mij,' zei ze beslist.

'Nee, ik bedoel alleen?!'

'Nee, je bedoelt met mij! En anders kun je nu meteen vertrekken,' lachte ze serieus.

Punt uit.

We begonnen te sparen en te plannen. Een jaar samen reizen door Azië. We zouden beginnen in India en helemaal doorreizen naar Indonesië.

Een paar weken voor ons geplande vertrek belde mijn moeder. Ze moest me wat vertellen. Of ik naar huis kon komen. Arthur en Wouter waren er ook. Samen met mijn moeder zaten we op de bank.

'Papa heeft kanker, jongens,' zei ze. 'Het is heel ernstig. En hij wil jullie heel graag weer zien.'

Ik schrok me kapot.

'Papa kanker?' zei ik. 'Hoezo *papa* kanker?'

Dit klopte helemaal niet. Dit kon helemaal niet!

Aanvankelijk voelden we er weinig voor om hem weer te zien. We waren net gewend geraakt aan een leven zonder hem. Ik had hem al drie jaar niet gezien. Hij had toch zijn vriendin die zo belangrijk was? Maar die vriendin bleek niet zo goed tegen ziekenhuizen te kunnen. Ze had weinig tijd.

Mijn moeder vertelde ons over vroeger. Ze liet ons foto's zien. Zij werkte toen en mijn vader zorgde voor ons. Hij beschilderde de eieren voor Pasen. Dat kon hij heel goed. Alle drie kregen we er een met een prachtig sprookje erop, uit *Winnie de Poeh*, of iets van Grimm. Maar pas nadat hij de paashaas met stoffer en blik rennend en gillend het huis uit had gejaagd. Bevend als rietjes zaten wij boven aan de trap te loeren of we de paashaas voorbij zagen schieten met papa erachteraan. De ontbijttafel was door de paashaas volledig door elkaar gehaald en alles stond op elkaar gestapeld. De drie eitjes pronkten bovenaan. In Groenouwe zette hij speurtochten voor ons uit met wollen draadjes aan de bomen. Bij de verschillende tussenstops leerden we over kevers en torren, over de herten en de wilde zwijnen. De zwijnen deed hij 's nachts na als we in ons tentje lagen. Op feestjes in Wassenaar speelde hij trombone in zijn jazzbandje. Wij zaten op drie plastic krukjes vooraan bij het podium. Apetrots dat hij onze papa was. En hij trots op zijn drie zoontjes.

Hij leerde mij golfen. Hij leerde mij tennissen. Hij leerde mij fietsen. Hij leerde mij staan. Die dingen waren we voor het gemak snel vergeten.

Mijn moeder belde hem op. Ze liet hem weten dat hij een week later kon langskomen.

Papa zat ineens bij ons thuis op de bank. Een beetje onwennig en met tranen in de ogen omhelsden we elkaar. Hij vertelde ons over zijn ziekte. Dat het er slecht voor hem uitzag. Dat hij zo veel mogelijk tijd met ons wilde doorbrengen.

Opeens stond ik voor een heel lastige keuze. Ik had net een reis gepland. Ons leven zou nu echt gaan beginnen. Op reis gaan of niet? Ik wist dat mijn vaders ziekte onvoorspelbaar was. De kans was groot dat er iets mis zou gaan als ik in Azië zou zitten.

Ik sprak er met hem over. Wat mijn vader betreft was er geen sprake van niet gaan. Hij vond het een prachtig verhaal. 'Hup, wegwezen met z'n tweeën!' De keuze was gemaakt. Een paar weken later kuste ik hem vaarwel. Zou het goed gaan? Zou ik hem nog terugzien? Ik was twintig jaar jong en op weg naar New Delhi.

Vanaf de eerste nacht in Delhi wist ik dat mijn leven nooit meer hetzelfde zou zijn. We kwamen midden in de nacht aan. Met onze splinternieuwe bergschoenen en rugzakken waren we voor de gehaaide Indiërs op het vliegveld een makkelijke prooi. Met een taxi stopten we onderweg bij een politiepost. Daar vertelden ze ons dat de wijk waar ons hotel lag afgesloten was in verband met een bommelding. Een bommelding? Uiteraard wist de taxichauffeur nog wel een goed hotel. Toen we na een tijdje begonnen te twijfelen over de buurt waar we heen gingen, werden we prompt de taxi uit gegooid.

Midden in de nacht. In Delhi.

In het oranje schijnsel van de straatlampen lagen mensen opgekruld te slapen in het stof op straat. Ik was bang. We liepen voorzichtig rond door de steegjes en straatjes. Er was helemaal geen verkeer op straat. Hoe zouden we hier in godsnaam wegkomen? Ik had geen flauw idee waar we waren. De adrenaline gierde door mijn lijf. Kon ik dit wel aan? In de verte hoorden we het geknetter van een enkele motorriksja. Ik ging midden op de weg staan. We moesten hier weg, een veilige plek vinden. Voor een veel te hoge prijs bracht hij ons naar een plek die we hadden uitgezocht in onze nieuwe *Lonely Planet*. Op elkaar gepropt met onze tassen reden we door de Indiase nacht. Mijn hart klopte in mijn keel. Na een kwartiertje kwamen we aan bij het guesthouse. Ze hadden gelukkig nog plek. In het bloedhete kamertje schoten gigantische kakkerlakken weg van onder de lakens, maar we waren veilig.

De volgende ochtend liepen we de deur uit, om volledig overdonderd te worden door de absolute chaos van India. De hitte. De stank. Het oorverdovende kabaal. Als eerste viel mijn oog op een asceet met rastahaar en een lange baard. Naakt zat hij onder een boom. Hij riep iets. Hij wees naar iets. Ik volgde zijn vinger. Midden op straat lag een man tussen het verkeer in het stof. De riksja's reden toeterend en vloekend om hem heen, zwarte roetwolken achterlatend. De man was dood.

Mijn eerste reis door Azië duurde een jaar. Het voelde als een heel leven. Ik zag de lelijkheid van de wereld en de absolute schoonheid. In dat jaar leerde ik dat de wereld zo fascinerend, zo complex, zo overdonderend was dat ik zou moeten blijven gaan, zou moeten blijven reizen.

Na terugkomst in Nederland ging ik rechten studeren in Utrecht. Ik besloot om lid te worden van het Utrechtsch Studenten Corps. Na dat jaar reizen onderging ik een verhelderende ontgroening. Conclusie: er lopen enorm veel eikels rond bij het Corps, maar nog meer goede gasten. Ik werd gevraagd om te komen wonen op de Parkstraat. Het studentenhuis was mij op het lijf geschreven. Zo leefde ik immers al vier jaar en nu was het toegestaan.

Aan het einde van mijn eerste jaar ging het mis met papa. Die rotziekte was weer terug, heviger dan ooit. Papa had overal uitzaaiingen. Inoperabel. Nog een chemokuur zou niet meer baten, het gevecht was verloren. Arthur was vanuit Den Haag verhuisd naar mijn vader. Hij had zo lang mogelijk voor hem gezorgd. Nu werd papa opgenomen in de Daniel den Hoed Kliniek in Rotterdam. Ik kreeg zijn auto. Vanuit Utrecht bezocht ik hem zo vaak mogelijk. Hij ging hard achteruit en dat kon je zien ook. Hij zou gaan sterven.

In zijn ziekenhuiskamer hadden we lange gesprekken. Naarmate we elkaar beter leerden kennen, ging hij steeds dieper op dingen in. Hij was nooit een goede prater geweest, maar het einde naderde. Hij wist dat we nog maar weinig tijd hadden. Tijd om het goed te maken, om dingen recht te zetten. Met zijn kale kop dacht hij lang na over de directe vragen die ik hem stelde. In zijn ogen zag ik verdriet. Schaamte. Hij pareerde mijn jeugdige verwijten. Hij liet mij zijn kant van het verhaal zien; een verhaal waar ik steeds meer begrip voor kreeg. Over hoe verschrikkelijk alleen hij was geweest na de scheiding. Hoezeer hij ons gemist had. Dat iedereen hem had laten vallen. Hoe blij hij was dat hij weer iemand vond met wie hij zijn leven kon delen. En over het maken van verkeerde keuzes. Dat mensen dat soms deden. Dat hij dat had gedaan.

We praatten tot er een verpleegkundige kwam met een smerig ziekenhuishapje en een stapel medicijnen. Ze zei dat hij daarna moest uitrusten.

'Uitrusten waarvoor, mevrouw?' vroeg hij met een cynisch lachje.

Ik vertelde hem dat ik inmiddels aan het twijfelen was over mijn keuze voor rechten. Dat ik wilde blijven reizen. Dat ik verhalen wilde vertellen.

'Ik wil onafhankelijk zijn, papa.'

Daar dacht hij even over na. Hij zei: 'The bottom line is: volg je hart. Ik heb mijn hele leven het afgebakende pad belopen en gedaan wat er van me verwacht werd, maar nooit wat ik zelf echt wilde.' Hij ging wat rechterop zitten. Dat deed hem pijn, zag ik.

'Pas de laatste jaren, na alle ellende van de scheiding, kreeg ik

27

mijzelf op het juiste pad,' vervolgde hij. 'Ben ik mijn hart gaan volgen. En wat gebeurt er dan? Dan krijg je kanker.' Hij wachtte even.

'Voor mij is het te laat. Ik heb het niet gehaald. Mijn tijd is nu op. Ik heb spijt dat ik mijn hart niet veel eerder heb gevolgd. Dat ik jullie bijna ben kwijtgeraakt. Maak niet diezelfde fout. Doe het beter. Begin er nu mee, Jeroen. Niet morgen. Nu.'

De laatste maanden van zijn ziekte werd papa door mijn moeder, zijn ex-vrouw, verzorgd in ons huis. Het huis van Ad, zijn oude vriend. Ze konden elkaar vergeven toen het er echt om ging. Ze zijn boven aards gekibbel uitgestegen. En zo hebben wij de laatste maanden van zijn leven samengeleefd. Hij sliep in het kleine kamertje naast de kamer van mijn ouders. Elke avond at hij zijn hapje aan tafel met ons mee. We waren een gezin. Een familie.

De nacht voordat mijn vader overleed zat ik bij hem. We wilden niet dat hij 's nachts alleen was. We wisselden elkaar af met waken. Papa kreeg morfine. Soms werd hij toch ineens wakker. Hij zei dan: 'Ben je er nog steeds?'

Die nacht werd hij wakker met een andere blik in zijn ogen. Niet die verdoofde, door morfine mistig gemaakte blik, maar de sterke blik die ik zo goed van hem kende als hij echt iets wilde.

'Ik wil staan!' zei hij.

Dat leek mij onmogelijk, want de tumoren zaten in zijn lies en been, waar door de operaties weinig meer van over was. Zijn hele bovenbeen was praktisch weggesneden. Maar hij moest en zou staan. Het was drie uur 's nachts in het kleine kamertje dat mijn moeder met een schemerlampje en een plantje gezellig had gemaakt.

Met tranen in mijn ogen zei ik: 'Papa, dat gaat echt niet lukken, hoor.' Hij vroeg mij hem te ondersteunen en tilde zijn been over de rand van het bed. Ik sloeg zijn arm over mijn schouder en samen stonden we langzaam op. Hij had mij leren staan en nu hielp ik hem staan. Voor de laatste keer. Wij keken elkaar aan.

Mijn vader stierf op 16 april 1998. Wij zaten allemaal rond zijn bed: zijn drie zoons, mamsje, Ad, Marco en Clau. Wij hielden zijn handen vast terwijl hij vocht voor zijn laatste adem. Dat duurde heel lang. Na een tijd kreeg ik het idee dat we hem letterlijk op aarde vasthielden. Toen hebben we zijn handen losgelaten. En stopte het.

Het overlijden van mijn vader had mij stevig aan het denken gezet over de keuzes die ik gemaakt had. Met mijn rechtenstudie ging het goed. Ik haalde al mijn tentamens, maar ik miste iets. De materie raakte me niet.

Ik vertelde mijn moeder over mijn twijfels. Over het belang van het volgen van mijn hart. Dat wist ze natuurlijk ook allang, al bleek het moeilijk voor haar om het beeld van mij als advocaat of notaris los te laten. Mijn toekomst werd in die zin een stuk onzekerder en daar zijn ouders altijd bang voor. Toch begrepen wij na het overlijden van papa allemaal wat beter dat zekerheden eigenlijk niet bestaan, alleen de illusies van zekerheden. Uiteindelijk kon ik haar duidelijk maken dat mijn hart bij iets groters lag dan bijvoorbeeld de advocatuur. Wat dat dan precies was? Daar was ik zelf ook nog niet uit. Maar er was duidelijk een gevoel in mij dat me niet losliet. Dat ik een verborgen talent, een verborgen drijfveer had die vorm moest krijgen. Ik had sterk het gevoel dat de vrijheid die fotografie mij gaf daarbij kon helpen. De mogelijkheid van het vertellen van verhalen in beeld en woord. Dat idee voelde goed. Ik wilde fotojournalist worden. Uiteindelijk legde mijn moeder zich neer bij mijn keuze. Ze besloot me te helpen door het lesgeld van de Academie voor Fotografie te betalen.

Na een succesvol intakegesprek op de Academie leek alles mogelijk. Het voelde alsof ik aan een nieuw leven begon, met nieuwe inzichten, nieuwe energie. Er werd een geheel nieuwe Jeroen geboren, een betere Jeroen, één die klopte. Ik zou gaan leren over de geschiedenis van de fotografie, over de geheimen van compositie en licht. Over camera's en het werken in de doka. En over het vertellen van een verhaal.

Voor de eerste les was ik te laat. Er liep niemand meer rond in de gangen van de Academie om aan te vragen in welk lokaal ik moest zijn, op één iemand na. Een kleine vent met een vriendelijk gezicht, een beetje als een hamster. Hij bleek op zoek naar hetzelfde lokaal. Zijn naam was Pepijn. Hij was de enige in de klas die ook een studentenleven had en daardoor hadden wij meteen iets gemeen, want er zaten ook kerels van in de veertig in onze klas en meisjes van zestien. Een interessante mix van mensen in vergelijking met het corporale leven in Utrecht.

Het eerste jaar verliep voorspoedig. De vriendschap met Pepijn verdiepte zich. Helaas zat Pepijn in een wat sombere fase van zijn leven, voornamelijk door een stukgelopen liefde. Doordat hij nogal veel blowde, in combinatie met een toch al gitzwarte levensbeschouwing, werd hij er na het eerste jaar bij gebrek aan goed werk alweer uit geknikkerd. Desondanks bleef ik hem veel zien.

In Utrecht was ik intussen in het bestuur gekomen van het fotografiegezelschap van de sociëteit. Er was een doka op zolder. We fotografeerden alle grote gebeurtenissen die op de sociëteit plaatsvonden. En uiteraard het jaarlijkse gala. Op het gala verschenen studenten op hun allerbest, de heren in strak rokkostuum, de dames in mooie galajurken. Dat wilden ze natuurlijk vastgelegd hebben, dus maakten wij mooie foto's, die de leden kochten. Er werd daarmee enorm veel geld verdiend, dat uiteraard meteen werd omgezet in drank en mooie bestuursweekendjes in Center Parcs of een ander ongelukkig vakantieoord.

Toen er op een goede dag een briefje op het prikbord van de Academie hing waarop er naar een galafotograaf werd gevraagd, wist ik: deze is voor mij. De opleiding was reteduur. Je had constant nieuwe apparatuur en materialen nodig en altijd geld tekort, vooral omdat er natuurlijk ook altijd nog drankjes gedronken en reizen gemaakt moesten worden. Tijd voor een bijbaantje in de fotografie. Ik had er wel een partner voor nodig en Pepijn was de aangewezen persoon.

Ons eerste gala was bij de Amsterdamse studentenvereniging ssra. Het vond plaats in een kasteel in Heeze. De locatie moest natuurlijk wel een beetje chic zijn. Ruim voor aanvang van het feest zetten wij onze studio in elkaar. Een donkergrijze brede rol papier die aan een statief hing, diende als achtergrond. We hadden grote flitsers om de groepen studenten mooi uit te lichten. Bij een foto van een paartje zetten we een van de lampen uit om het licht sfeervoller te maken. Ik fotografeerde en Pepijn deed de financiële afhandeling. Naast de set stond zijn tafeltje met een kleine kassa en lijsten waarop we de namen van gefotografeerden bijhielden.

De studenten moesten van tevoren beslissen hoeveel prints ze wilden bestellen en die meteen contant afrekenen. Op zich een goed systeem. Voor ons tenminste, behalve dat een dronken, totaal ongeordende groep studenten zich over het algemeen niet zo aan regeltjes hield. We hadden onze handen er vol aan om de avond enigszins ordentelijk te laten verlopen. Mensen klaagden dat ze te lang moesten wachten, dat ze verkeerd wisselgeld terugkregen. Glazen bier werden over de naamlijsten geflikkerd. Het was chaos, maar we kwamen erdoorheen.

Op de weg terug naar huis midden in de nacht telde Pepijn de dikke bundel geld. 3400 gulden voor een avond werk! We vergaten dat we de foto's nog dagenlang moesten afdrukken. Zoveel verdiende een student toch niet!

Na dit eerste succes besloten we het serieuzer te gaan aanpakken. Op de Parkstraat bouwden we een doka in een ongebruikt washok. Dagenlang stonden we in het rode licht foto's te printen. Het belichten deden we handmatig per print. Het waren er soms duizenden. Onze eerste investering was een afdrukmachine en daardoor werd het proces enorm versneld. Stapels prints werden een week later in één grote doos op naam gesorteerd bij de vereniging afgeleverd. De reacties waren unaniem lovend.

Er was toen maar één 'professionele' galafotograaf in Nederland. Hij deed het werk al jaren en had de hele markt in zijn zak. Gelukkig was het een veertiger uit Brabant, die noch van fotografie noch van het studentenleven een zak begrepen had. Het werd tijd voor een nieuwe galafotograaf. Het werd tijd voor 'Galapaardje'.

Toen we begonnen, had onze concurrent zo'n honderd gala's per jaar. Wij hadden er vijf. Twee jaar later was dat omgekeerd. Omdat wij zelf nog student waren, spraken we dezelfde taal als de galacommissies. Bovendien waren onze foto's kwalitatief stukken beter. En nog wel het belangrijkste: met die gasten van Galapaardje kon je lachen. We maakten er op elk gala een hele act van, vooral met de groepen. Met hulp van menig biertje werd de groep een kwartier lang geëntertaind met slap geouwehoer. 'Jij bent te lang, jij gaat naar achteren. Gast, hoezo ga jij voor je date staan? Wel nadenken, vriend. Jij gaat liggen op de grond. Hup, tempo!' En als iedereen dan eindelijk op de juiste plek stond, kon er een goede foto gemaakt worden.

Alle galacommissies komen op elkaars gala's langs, waardoor het als een lopend vuurtje door het Nederlandse studentenleven ging dat er een nieuwe en veel leukere galafotograaf was. Daarnaast was ik dagenlang aan het bellen naar commissies om ze over de streep te trekken. Met succes. In het tweede jaar van Galapaardje fotografeerden we 112 gala's. Het begin was goed.

De galaroutine begon met een gestreste galacommissie met wie je de weken ervoor al acht keer aan de telefoon had gezeten over niet boeiende details. Op de dag van het gala zelf belden ze langs elkaar heen nog een aantal keer om zeker te weten dat je het niet zou vergeten. Ze organiseerden immers het mooiste feestje ooit. Voor de galacommissie was het altijd de eerste keer. Die verandert elk jaar. Voor ons was het inmiddels allang standaard. Toch zaten er nogal zware gala's tussen. Bijvoorbeeld die van Roeivereniging Poseidon.

We reden naar Amsterdam-Noord, waar al onze spullen lagen. Inladen en de Ring op. De gala's waren op de meest uiteenlopende locaties, van Groningen tot Maastricht. En deze in een kasteel in Vaassen.

Onderweg kwam ook nu het onvermijdelijke belletje van de galacommissie: 'Jullie zouden er toch om negen uur zijn?'

Wij: 'Over welk gala gaat dit?'

Zij: 'Het gala van Poseidon, gast!'

Wij: 'Hoezo, dat is toch morgen?'

In plaats van de afgesproken twee uur van tevoren kwamen we pas een halfuur voor aanvang van het gala aan. Dat was genoeg tijd voor ons. Bij aankomst was er al stress in de tent. Terwijl wij rustig onze lampen en doeken neerzetten renden nerveuze roeiers rond om de laatste slingers en lichtjes op te hangen. Vrijwel altijd was onze ruimte de helft kleiner dan de overeengekomen grootte. Daar begon dan al de eerste irritatie. Dit keer ook, maar op een of andere manier paste het toch weer net. Met een pint in de hand stonden we toch nog ruim op tijd klaar om los te gaan. De eerste slingers dropen alweer van het plafond.

De bussen kwamen eraan en verreweg de meeste studenten waren bij aankomst al beschonken. Ze hadden een chic diner gehad, waar uiteraard al de nodige drank was genuttigd. De een had een nog grotere bek dan de ander. Ze kwamen binnen met een

air van eigenaarschap over het etablissement. Dit tot grote erger-
nis van de uitsmijters, die foute Marokkaantjes en domme boeren
gewend waren en niet de toekomstige intelligentsia van Nederland. En ook niet dat al die vijfhonderd gasten zo zijn en elkaar
allemaal kennen. En dus elkaar allemaal de hand boven het hoofd
houden.

Zoals het een studentengala betaamt zagen de dames en heren
studenten er bij aankomst 'gesoigneerd' uit. Maar naarmate de
avond verstreek en de alcoholinname toenam werd het één grote
teringzooi. Roeiers kunnen niet zuipen, maar zijn wel erg fysiek.
Er ontstaan vechtpartijtjes. Ze schofferen de dames. Dames die
zo hun best hebben gedaan door al weken van tevoren bezig te
zijn met schoenen, jurken, zonnebankjes, wel of geen slipje, wel
of geen galamos, met welke date überhaupt en hoe de rest van de
club eruitziet. Het was de highlight van het jaar. De heren roeiers
trokken zich hier geen hol van aan of stonden er niet eens bij stil.
Die kwamen gewoon om keihard te zuipen met hun maten en
keken aan het eind van de avond wel of ze hun chick nog ergens
konden vinden om in een brakke studentenkamer nog even af te
neuken. Of zelfs dat niet.

Zo'n dame zat dan vaak met verlopen mascara ('Hij stond te
tongen met die hoer uit die andere club!') en slierten bezweet
haar op het voorhoofd geplakt uitgerekend op één van de stoelen
bij de fotograaf uit te huilen.

Hele roeiersdisputen bekogelden elkaar met bierglazen. Ze lieten hun lul zien. Dat is lachen op een foto. Duwen en trekken. Ze
stootten onze lampen omver en deden alsof het niet hun schuld
was. Tegen een uur of drie was ik zelf ook in vergevorderde staat
van dronkenschap. Dat was voor mij de enige manier om nog
enigszins met ze te communiceren. Na een tiental biertjes begon
ik er de grap wel weer van in te zien. Een groep vrouwen schreeuw-
de zo hard hun dispuutslied dat mijn oren er bijna van gingen

bloeden. Ik griste een glas drank uit de hand van een student en trok een adje. Het bleek wodka te zijn. Een longdrinkglas vol. Het gala was afgekocht. Alle drank gratis. Mijn maag protesteerde. Voor het oog van veertig krijsende vrouwen braakte ik zelf de vloer onder. De directe stilte die daarop volgde was oorverdovend. Vol ongeloof staarden ze me aan en eentje fluisterde tegen een ander: 'Deze gast…' Het is de bedoeling dat zij dat doen, niet de fotograaf. Pepijn schakelde snel. 'Hoezo hoor ik niks, dames? Hup, zingen!' Dat lieten ze zich geen twee keer zeggen.

Rond vijf uur 's ochtends hadden we onze spullen opgeruimd. De onvermijdelijke vrouwenclub met alleen maar dikke, dronken, verlepte mannenhaatsters kwam een uur na sluitingstijd schreeuwend eisen dat we alles weer uitpakten en opzetten om van hun supergeile dispuut ook nog een foto te maken. We deden het niet: ruzie met dertig krijsende kenaus. Ik stond bij de garderobe mee te duwen voor mijn jas. Die moest daar per se worden opgehangen. Een warme gloed liep over mijn rechterschouder langzaam omlaag. Naïef hoopte ik even dat het een studente was die mij wilde bedanken. Een arm om je schouder. Maar nee, het was een plakkaat dikke vettige groene kots die rook naar crème de menthe met bitterballen. Aparte keuze. De dader was nergens te vinden. Wel een hoop studenten die het uiterst grappig vonden. 'Deze gast…!'

Net als een paar studenten liep ik nu ook rond zonder shirt. Pepijn nam er altijd twee mee. Hij wisselde halverwege de avond. Ik mocht de vieze aan. Bij de uitgang stond een uitsmijter op het punt om tien studenten in elkaar te rossen die er met een schilderij vandoor wilden gaan. Ik wilde eigenlijk dat hij ze sloeg, maar overtuigde hem ervan dat dit niet zo'n goed idee zou zijn, aangezien er waarschijnlijk wel weer wat rechtenstudenten tussen zouden zitten, die hem de komende drie jaar het leven zuur zouden maken.

Door dikke regen reden we naar huis. Thuis nam ik een lange douche en kroop naast Kalinka. 'Jezus, vanavond weer een gala…'

Tussen het studentenleven in Utrecht en de gala's door liep ik de jaren van de Academie af. Ik kwam erachter dat het beoordelen van artistiek werk nogal een subjectief begrip is. De ene leraar vond het goed, de ander niet. Na het tweede jaar koos ik mijn afstudeerrichting: fotojournalistiek.

Mijn leraar was een zeer goede fotograaf die voor *de Volkskrant* werkte en achter elkaar Zilveren Camera's won. Nogal een autoriteit op zijn gebied. Ik prees mijzelf gelukkig om van deze man les te krijgen. Helaas vond hij mij niet zo'n mooie vent. Het had te maken met mijn instelling, volgens hem. Dat begreep ik niet.

Ik keek aanvankelijk, net als de rest van de klas, enorm tegen hem op. Het was niet makkelijk om aan zijn maatstaven te voldoen. Dat waren de maatstaven die hij voor zichzelf hanteerde. Het grootste compliment dat ik hem ooit aan iemand heb horen geven was: 'Niet slecht.' En dat was niet aan mij. Tegen die tijd had ik bedacht dat een goede fotograaf nog geen goede leraar hoeft te zijn en dat heb ik hem verteld. Sindsdien was de omgang nog wat koeler.

Er ging maar één vinger omhoog toen hij in de klas vroeg wie er een stage bij zijn werkgever *de Volkskrant* wilde lopen. Die van mij. Je kreeg er maar 300 euro per maand voor en daar kon toen niemand van leven. Maar ik had Galapaardje. Dat was 's nachts en in het weekend werken. Op de Academie werd altijd lacherig gedaan over Galapaardje. Dat was geen echte fotografie. Maar mijn vinger kon omhoog. Ik ging stage lopen bij *de Volkskrant*.

Een paar maanden daarvoor was het uitgegaan tussen Kalinka en mij. Na acht jaar bleken we te veel uit elkaar gegroeid te zijn. Ik had zwaar liefdesverdriet en stortte me daardoor met volle overgave op de stage.

Na al het gelul in de klas over fotojournalistiek en wat dat nou echt was, ging het eindelijk om de realiteit. De hele dag door het land racen op zoek naar de juiste plekken voor de beste foto's. Portretten maken van uiterst interessante mensen, leren werken met computers en zien hoe de fotoredactie werkt. Snel, efficiënt, niet altijd even zachtzinnig. Maar avontuurlijk. Het mooiste was dat je foto's de volgende dag in *de Volkskrant* stonden. Dat wat jij had gezien, dat zag het hele land. Al snel kreeg ik een goede band met de hoofdredacteur van de fotoredactie.

Na een halfjaar zat het erop. Ik had heel veel geleerd, was vijf keer naar Engeland gereisd voor reportages en portretten en één keer naar Parijs. Alles werd geplaatst en bekroond met een zeer positief getuigschrift van de krant. Het klopte dus toch. Het kon wel.

Helaas moest ik daarna om af te studeren nog een halfjaar terug naar de Academie, waar dezelfde bullshit rustig doorging. Het bleef lastig communiceren met mijn leraar, van wie ik overigens wel veel leerde. Tot overmaat van ramp besloot hij een week voor het eindexamen dat ik niet mocht meedoen. Speciaal om dit soort willekeur te voorkomen vroeg de Academie een onafhankelijke jury om de kandidaten te examineren, maar dat zat er voor mij niet in. Hij vond mijn werk zo slecht dat het zijn reputatie bij de jury zou schaden. Althans, dat was het argument. Toen ik giftig bij een andere leraar aanklopte bleek dat hij mijn werk meer dan goed genoeg vond. Na een lerarenvergadering werd besloten dat ik toch mee mocht doen. Helaas hadden mijn klasgenoten de expositieruimte al helemaal volgehangen. Logisch, want ik zou niet meedoen. Zo'n expositie organiseren duurt een week en er was geen tijd meer om alles opnieuw in te delen. Het was te laat. Mijn hele klas studeerde in één keer af – zonder mij.

De Academie bood mij aan om een halfjaar later weer mee te doen. Tegen die tijd had ik het zo gehad met die opleiding dat ik het aanbod heb afgeslagen. Met de fijne herinneringen aan *de Volkskrant* in mijn achterhoofd heb ik ervoor bedankt.

Ik was er wel klaar voor inmiddels, dacht ik. Met pijn en moeite deed ik de laatste gala's van het seizoen. Daarna ben ik in mijn Golfje gestapt en naar Kroatië gereden. Ik heb er weken doorgebracht in de kapotgeschoten dorpjes van de Krajina-regio, bewoond door de teruggekeerde Servische vluchtelingen. Ik ging mee met de VN en de OVSE op bezoek bij families die vrijwel niets hadden. Uiteindelijk kwam ik terecht in het dorpje Bobodol, waar slechts drie oude vrouwtjes – Jelena, Staka en Milicá – woonden. De rest van het dorpje was verlaten en feitelijk een ruïne.

Via een tolk legde ik ze uit dat ik hun dagelijks leven in het verwoeste dorpje wilde vastleggen. Dat ik zou proberen om aandacht te krijgen voor hun verhaal, dat in mijn ogen de hele vluchtelingenproblematiek ijzersterk in beeld bracht. Kroatië wilde toetreden tot de EU. Het probleem van 'repatriation and reconstruction' stond hoog op het eisenlijstje van de EU. Uiteraard werden er toezeggingen gedaan door de Kroatische regering, maar hoe ging het er daadwerkelijk aan toe in het veld? De dametjes vonden het goed. Het leek ze wel gezellig.

Daar heb ik mijn eerste serieuze reportage gemaakt. Na jaren in een vluchtelingenkamp te hebben doorgebracht, waren de vrouwen teruggekeerd naar hun geboortegrond. In het dorpje waar ze hun hele leven hadden gewoond wilden ze sterven, ook al hield dat in dat ze zonder electriciteit en stromend water moesten leven in kapotgeschoten huizen in de ijskoude winters en de snikhete zomers. Omringd door mensen die hen haatten.

Drie weken lang heb ik met deze vrouwen door hun dorpje gedrenteld. Elke dag straalden ze weer als ik de hoek om kwam rijden. Met tranen in onze ogen hebben we afscheid genomen. Drie maanden na mijn gemiste eindexamen werd die reportage geplaatst in *de Volkskrant*.

Het bleek al snel dat ik niet kon rondkomen van alleen maar journalistiek werk. Gelukkig had ik Galapaardje, waarmee ik genoeg verdiende, maar het was nooit de bedoeling geweest om daarvan te leven. Ik moest gaan leven van de fotojournalistiek!

Maandenlang gala's fotograferen werd afgewisseld met het maken van reportages in het buitenland. Ik bleef reizen en zocht verhalen die nieuws zouden gaan worden. Ik verdiende er geen zak mee. Sterker nog, ik maakte verlies. Het kon alleen door die verdomde gala's.

Toen wij zelf nog in het studentenleven zaten, vonden we het allemaal best geestig. Maar na een jaartje of vijf, met marathon-sessies van vijf gala's per week, was de lol er wel een beetje af. Ik begon het werk te haten. De studenten begon ik te haten, arrogante rotventjes met een grote bek die er geen flauw benul van hadden dat ik twee dagen ervoor nog in Afghanistan zat om een film te maken. Ik maakte steeds minder goed journalistiek werk. Het een versterkte het ander, leek het. Ik koerste af op een zwart gat. Langzaam maar zeker begon ik mij te realiseren dat ik iets radicaals moest doen om het tij te keren. Maar wat?

Maart 2006. Een van die eerste dagen in het nieuwe jaar dat een waterig zonnetje probeerde boven de daken uit te komen om de winter weg te jagen uit de koude straten. Op een dinsdagochtend, als iedereen aan het werk is, maken Pepijn, Joost en ik gretig gebruik van dit zonnetje om op het Rembrandtplein een eerste Hoegaarden te bestellen. We hadden een weekend met zes gala's achter de rug, dus nu mochten wij even. Door het succes van Galapaardje hadden we een paar andere vrienden in dienst moeten nemen om aan alle aanvragen te voldoen en Joost was er een van. Er werd wat slap geouwehoerd maar mijn gedachten waren er niet bij. Ze dwaalden af naar mijn overpeinzingen over alles anders doen, uit die vicieuze cirkel komen.

Achter een nieuw koud biertje dacht ik terug aan het plan dat ik lang geleden had bedacht toen ik nogal beschonken naar huis liep van de sociëteit naar de Parkstraat en vol op mijn bek ging. Een beetje beduusd door de plotseling andere blik op de straat bleef ik eventjes liggen. Ik keek naar de tegels, naar hun structuur, de ontelbaar vele zandkorrels waaruit ze bestonden. Hoeveel voetstappen zijn er op deze tegel gezet? Aan wie behoorden die stappen toe? Waar liepen die voeten heen? Naar huis, naar het werk, misschien wel in spanning naar een geheime minnares? Of naar een vroegtijdig einde op de hoek van de straat? Zijn het voetstappen van goede mensen? Van slechte mensen? Hoeveel straten zijn er eigenlijk? En hoeveel voetstappen in straten die een eigen verhaal vertellen?

Door mijn eerste reis naar Azië, jaren terug, was ik al gefascineerd geraakt door de verhouding tussen tijd en plaats. Het idee dat de tijd op alle plekken op onze aarde tegelijk doortikt, maar dat je je alleen maar bewust bent van hoe dat gebeurt op de plek waar je dan zelf bent. Toen vroeg ik me al af of het mogelijk zou zijn om die plekken naast elkaar te bekijken, tegelijkertijd, en ze te vergelijken.

Terwijl ik naar die tegel keek zag ik het voor me: straten in alle hoofdsteden fotograferen! Ik had wel vaker briljante ideeën als ik een drankje te veel ophad. De volgende middag besefte ik dan dat ik echt een debiel was om te denken dat zoiets zou werken. Dit keer echter vond ik de volgende dag nog steeds dat het een goed idee was. Ik heb het toen al onderweg naar het zoveelste gala verteld aan Pepijn. Het zou pas kunnen als je je naam had gemaakt in de fotografie, dacht ik. Als je al bekend was en fondsen voor zoiets bizars zou kunnen krijgen.

Ik moest uit de tredmolen, dat was duidelijk, na weer zes van die rukgala's. Ik moest dit gaan doen! Terwijl Joost vroeg of ik nog een biertje wilde sprak ik het voor het eerst uit: 'Yo Pepinos, weet je nog, dat plan van die straten…?' 'Ja, weet ik nog.' 'Dat ga ik nu doen!'

Moldavië, Chişinău
17 juni 2006

In Budapest stap ik vanuit het Malév straalvliegtuig over op een klein Saab propellervliegtuig. Dat vind ik meteen al mooi. De kist is nog niet halfvol. Niet zoveel mensen gaan naar Chişinău, de hoofdstad van Moldavië, zo'n beetje het kleinste land van Europa en officieel nog steeds communistisch. Niemand kent het. Juist daarom heb ik voor Moldavië gekozen.

Wanneer het vliegtuigje om elf uur 's ochtends opstijgt en ik uit de ramen kijk, slaat de angst toe. Waar ben ik mee bezig? Waarom ga ik in godsnaam naar Moldavië? Naar aanleiding van een dronken visioen? Ben ik niet goed bij mijn hoofd? Heb je enig idee van de grootsheid, de omvang van waar je aan begint? Als het al kan. Een fotograaf doet zoiets niet, je bent niet autonoom, je werkt voor mensen, voor kranten, tijdschriften, misschien een persbureau. Wie denk je wel niet dat je bent dat je alleen zo'n megaproject meent te kunnen doen?

Het toestel begint zachtjes te schudden. We vliegen een wolk in en alles wordt wit. Op de achtergrond brullen de turboprops. Verder is het stil, iedereen slaapt. Langzaam drijven mijn angsten de witheid in die mij omringt. One step at a time. Ik zie het wel, denk ik, voordat ook ik in slaap val.

Ik stel me helemaal niets voor bij Moldavië. Daarom ga ik erheen. Met mijn galacenten heb ik een ticket gekocht en ik ben zonder een echt helder idee vertrokken. Ja, ik ga 'de straat' fotograferen. De eerste straat. Dat moet één foto opleveren die iets zegt over dit land. Over deze stad. Daarna ga ik hetzelfde doen in alle landen ter wereld. Dat is mijn plan. Geen flauw idee hoe ik dat ga doen.

Het is al namiddag. Ik stap vroegtijdig uit mijn taxi – de chauffeur lijkt het centrum niet te kennen – en loop de hoofdstraat in. Hier moet het dus gaan gebeuren, de eerste foto.

Is dit de goede straat? Geen idee. Ik zie de hippe jeugd zijn eigen gang gaan. Ik doorkruis de straten van het centrum op zoek naar de sfeer van deze stad. Snel is het einde van de eerste dag in Chişinău daar.

Het WK voetbal wordt gespeeld en ver van huis geeft dat toch wel een lekker gevoel. Ook hier zijn er kroegen waar men de wedstrijden bekijkt, alleen moet ik ze nog vinden. Niet omdat ik zo'n enorme voetbalfan ben maar omdat ze thuis ook kijken. Het is een stukje thuis.

In het restaurant waar ik eet, zit achter mij een Amerikaanse opa met zijn kleindochter. Misschien weten zij meer? Na betaling van de rekening loop ik naar hun tafeltje toe.

'Excuse me, I was just wondering if you know a place where I can watch the soccer game tonight.'

'Sure we do, sit down and have a drink with us. My name's Don and this lovely lady right here is Natalia. What's your name?' vraagt Don vriendelijk.

'It's Jeroen. But that's quite hard to pronounce, it's a typical Dutch name. Call me Jerry.'

'Sure thing, hi Jerry, welcome to my country,' zegt Natalia.

Al snel blijkt dat er een Ierse pub is. En dat ze een relatie hebben. Expats permitteren zich kennelijk behoorlijk wat vrijheden. Want ze zijn toch ver van huis. Ach, ik neem het Don niet kwalijk

natuurlijk. Welke vrijgezelle 65-plusser zou een gewillige Molda-
vische schone de rug toekeren? Alhoewel ik wel een beetje een
onprettig gevoel krijg bij het constante aanhalen van Natalia
door Don en de onophoudelijke stroom van gedeeltelijk aan mij
uitbestede complimenten zoals: 'She's such a sweet little girl, isn't
she sweet?' Ik moet dat dan bevestigen, wat ik uit beleefdheid telkens slaafs doe. 'She's very sweet, Don.' Natalia lacht dan quasi-
verlegen. Ze nodigen me uit om morgen mee te gaan naar een
monument waar volgens Natalia goede foto's gemaakt kunnen
worden. Leuk. En ik ben ook wel nieuwsgierig naar het verhaal
van deze onwaarschijnlijke combinatie. Onze wegen scheiden
zich en ik kijk in een bijna lege Ierse pub de wedstrijd tussen Italië
en de VS.

Ook al heeft dit land de dubieuze eer op een gedeelde eerste
plaats van armste landen van Europa te staan, de hoofdstad is
groen, redelijk georganiseerd en vooralsnog zijn de mensen uiterst vriendelijk. Op de stoep staan bomen, soms zelfs dubbele
rijen aan elke kant. De gebouwen zijn goed onderhouden en er is
veel volk op straat. Het is heerlijk weer, waar vooral de Moldavi-
sche schonen zich schaars op gekleed hebben. Ze doen erg hun
best om onafhankelijk, modern en zelfverzekerd over te komen.
De kerels zijn standaard Oost-Europees: donkere koppen met
donkere confectie. Ze lopen rokend en schreeuwend in hun mobiele telefoons over straat. De jeugd imiteert Amerikaanse grillen
van tien jaar geleden.

Verdrietige trolleybussen uit het communistische tijdperk
vechten om ruimte bij de stoplichten met geblindeerde Merce-
dessen en BMW's met wie weet wat voor 'businessmen' erin. Zij
stuiven weg bij groen, terwijl de bussen jankend en snikkend op
gang komen om de minder rijke mensen naar hun bestemming
te brengen. Ik zit ook in één van die bussen, om te kijken hoe lang

deze hoofdstraat is, de stoffige sfeer op te snuiven en te zien waar eventueel interessante plekken zijn om te werken. Mijn ogen speuren de bus af en de bus gluurt terug.

's Middags heb ik afgesproken met Don en Natalia. Het is licht gaan regenen en er hangt een verblindend witte lucht boven Chişinău. Slechte omstandigheden voor fotografie. De temperatuur is nog wel prima en het tentje waar we hebben afgesproken is relaxed. Don woont al twaalf jaar in Chişinău. Hij vertelt me het een en ander over de grote trots van Moldavië, hun wijnen. Ze moeten uiteraard ook geproefd worden en voordat we het weten hebben we drie flessen soldaat gemaakt. Voor een kerel van 67 zet Don aardig tempo.

Hij legt me uit, terwijl Natalia voor de zoveelste keer aan het bellen is, hoe hij haar ontmoet heeft. Zijn grote vriend Joe (73) woont hier ook en heeft ook een twintiger aan de haak geslagen. Het schijnt een normale gang van zaken te zijn hier dat oudere rijke mannen er met de jonge dames vandoor gaan. Aangezien ze praktisch niets verdienen en kamers huren daardoor onbetaalbaar wordt, blijven ze net zo lang thuis wonen totdat er een geschikte kandidaat langskomt om mee te trouwen. Een oudere kerel kan dan natuurlijk een handige oplossing zijn. Zeker een uit het Westen.

Via Joe heeft Don eerst Tatiana, zijn 'ex-girlfriend', ontmoet. Die was toen 31. Maar er ging iets mis, wat verder onbesproken blijft, en daarna kwam hij Natalia tegen.

'She's a great girl, right?' vraagt hij, met verwachting in zijn blik.

'She sure is, Don.'

Natalia is klein, op het iele af. Ze heeft dun donker haar en bijna zwarte ogen in een hoofdje dat doet denken aan een omgekeerde peer. In combinatie met haar sneeuwwitte huid levert dit een nogal hoog contrast op. Op de huid op haar armen krullen lange zwarte haren. Ze lacht een beetje eng, maar niet onplezierig, en spreekt vloeiend Engels. Ze zegt dat ze het heeft geleerd van het dagenlange tv- en Amerikaanse films kijken. Vooral de 'fuck you's' en de 'go fuck yourself's!' komen er professioneel uit. Typisch, maar ze heeft toch iets leuks.

Tijdens fles nummer vijf raak ik met Natalia aan de praat als Don even weg is.

'How long have you guys been together?' vraag ik.

'What do you mean "together"?'

Het peerhoofdje staart me verbaasd aan. Daar was ze het niet zo mee eens. Don komt alweer terug en Natalia zegt lachend: 'Don, Jerry thinks we're lovers!'

Don kijkt me verwond aan, draait half weg en mompelt iets als: 'No no, we're not lovers.'

Hmmm… even de draad kwijt. Kan te maken hebben met de vijfde fles wijn waarvan de bodem in zicht komt. Of aan hun verwarrende verhaal.

We besluiten nog een drankje te gaan drinken in de Ierse pub. Intussen hoor ik niet zoveel meer van Don. Terwijl het met Natalia steeds gezelliger wordt. Als Natalia voor de duizendste keer een 'friend' moet bellen, legt Don me op subtiele wijze uit: 'Stay the fuck away from my girlfriend!'

Don is niet meer zo heel relaxed en geeft al snel daarna aan dat 'ze' gaan. Natalia, die net terugkomt van het bellen, begrijpt het allemaal niet. Ze zegt dat ze Don naar huis brengt, want die kan intussen niet meer zelfstandig lopen, en daarna terugkomt. En: 'Don't go anywhere, Jerry…'

Sure, whatever. Een beetje beteuterd blijf ik achter in een verder wederom lege pub. Raar verloop van een avond die wat mij betreft leuk begon. Toch aardig beschonken bedenk ik dat het beter is om mijn hotel op te zoeken en die twee verder lekker hun eigen zaken te laten regelen.

In het hotel loopt de warme kraan vast. De hele kamer is in een mum van tijd veranderd in een Turks stoombad. Het zaakje veroorzaakt een ernstige overstroming. Ik begrijp het niet. Uiteindelijk moeten de oude vrouwtjes die de gang bewaken erbij komen om de schade te beperken. Met een hoop geschreeuw en gekrijs wordt het probleem uiteindelijk provisorisch opgelost. De omatjes zonder tanden lachen zich rot.

Even die straat fotograferen blijkt nog lastiger dan ik dacht. Ik heb een aantal elementen gevonden die volgens mij typisch zijn voor Moldavië. Een plek waar het oude communisme een beetje mixt met de nieuwe, vrijere koers van het land. Maar alles en iedereen loopt en rijdt er kriskras door elkaar heen, waardoor er altijd wel iets net niet klopt in de compositie.

Dan gaat mijn telefoon. Tot mijn verbazing is het Don (blijkbaar heb ik mijn telefoonnummer gegeven) die met een vaag verhaal komt over een fout in de rekening van gisteren. We hebben te veel betaald. Dat hoor je niet vaak. Hij stelt voor om elkaar aan het einde van de middag te treffen in een bierkelder. Verbaasd over het telefoontje blijf ik nog een tijdlang fotograferen en ineens zie ik mijn kans schoon. De weinige auto's die er zijn blijven uit beeld, er rijden alleen knoestige prehistorische trolleybussen voorbij. Een meisje kijkt door een busraam. Voor het stoplicht wacht een vrouw met een tas spullen in haar hand. Het kruispunt is verder leeg. Er is rust. In de achtergrond een McDonald's. Dit is het moment dat ik zocht. Mijn eerste straatfoto is gemaakt.

Een beetje ongemakkelijk door het voorval van de avond ervoor kom ik 's avonds aan op de afgesproken plaats om Don en Natalia weer te ontmoeten. We overtuigen elkaar snel: als er al sprake was van enige onaardigheden de vorige avond, dan ontstonden die natuurlijk door het feit dat we zoveel gedronken hebben. En dan gebeuren die dingen weleens. Fine by me. Het geflikflooi begint weer. Natalia is gelukkig weer 'so pretty'.

Toch wel vermoeid van de vorige avond haken we een stuk vroeger af. Don durft het zowaar aan om Natalia met mij in een taxi naar huis te laten gaan. Hij woont om de hoek en zij bij mijn hotel in de buurt.

In de taxi vraagt Natalia direct of we nog een drankje gaan drinken. Ik probeer nog van nee, moe en zo, morgen vliegen, maar bij het hotel aangekomen zit ze midden in een verhaal over 'my heart was broken and then I met Don'. In het barretje om de hoek drukt ze me voor eens en altijd op het hart dat ze niets heeft met Don alhoewel zij natuurlijk ook wel ziet dat hij meer wil. Wat haar betreft was ze hierin altijd duidelijk geweest en ze begrijpt dan ook werkelijk niet dat Don van die rare dingen heeft gezegd. Ik hoef me om hem in ieder geval geen zorgen te maken en ze stelt voor om naar mijn hotel te gaan. Haar raafzwarte ogen dwingen zacht. Tijd voor het laatste drankje.

Het gaat mij allemaal een beetje te hard in Moldavië. Alhoewel Natalia best een leuk meisje is, kan ik me weinig goeds voorstellen bij een nacht in het brakke hotel met dit latdunne grietje met een vrij hoog verwachtingspatroon over wat Jerry haar daarna allemaal te bieden heeft. Nee, toch maar niet, Natalia. We nemen afscheid voor het hotel met een zoen en een glimlach.

'Good-bye, Natalia from Moldova.'

'Good-bye, Jerry from Holland.'

Als ik in Amsterdam aankom, zitten al mijn Utrechtse vrienden in de Wolvenstraat het WK te kijken. Fijn om iedereen tegelijk bij elkaar te hebben.

'Swolfsie!!!' wordt er geroepen. 'Ga lekker zitten, man.'

Ze kijken niet op van de rugzak die ik in een hoek zet. Swolfs is wel vaker op reis.

'Yo dude, waar ben je nou weer geweest?' wordt door de bier-glazen heen gevraagd.

'Moldavië,' antwoord ik.

'Waar?'

'In Moldavië!'

'Moldavië? Wat moet je daar dan?'

Ik vertel over mijn bizarre ontmoetingen. En over de schijnbare haalbaarheid van *Streets of the World*. Want zo heb ik mijn idee intussen gedoopt.

Van Bronckhorst wordt neergehaald. Gebrul over de onte-rechtheid van de gele kaart die rood had moeten zijn. Er is alweer te veel gedronken dus de helft begrijpt mijn concept niet eens. Swolfs heeft weer iets nieuws.

'Ja ja… en dat dan in elk land ter wereld. Mooi plan, Swolfs!'

'Hé! Hoezo krijgt die gast geen rood?!'

Maar voor mij is er iets veranderd. Ik weet nu dat het kan. Ik weet nu dat ik de eerste stappen heb gezet in een nieuw leven. Dat niets mij ervan gaat weerhouden om dit te laten slagen. Ik heb iets gevonden. Een parel. Waarin mijn hele zijn wordt gereflec-teerd. Ik kijk eens om me heen naar het groepje vrienden. Goede gasten. Ik houd van ze. Ze zijn zich er niet van bewust dat Swolfs een andere man is geworden. Maar dat maakt niet uit. Dat komt wel.

Nederland, Amsterdam, Van Walbeeckstraat 10 augustus 2006

Ik kan me niet meer herinneren wanneer het voor het laatst geregend heeft op mijn verjaardag, in het hartje van de zomer.

Vanochtend echter werden Naomi en ik wakker door het zachte tikken van regendruppels tegen de ramen. Het past in het beeld van deze dag. Vorige week kreeg Arthur te horen dat hij kanker heeft. Twee dagen later is hij geopereerd. Helaas aan de late kant, want de dag daarna kreeg hij ook te horen dat hij uitzaaiingen had in zijn longen, en misschien wel op meerdere plekken.

Stadium 4.

Zo staat een leven in het bestek van een week volledig op zijn kop. Een week geleden nog hadden we het over de planning van zijn huwelijk, op 21 september. De vrijgezellendag is afgezegd, maar het huwelijk gaat in verkleinde versie door. En vandaag, de dag dat ik 32 word, gaat mijn 34-jarige broer het ziekenhuis in om aan zijn eerste chemokuur te beginnen. Reden genoeg voor regen.

Het is inmiddels acht jaar geleden dat mijn vader is overleden. Ik sta weer voor een belangrijke keuze. In de afgelopen maanden heb ik het project *Streets of the World* verder onderbouwd. Ik ga alle 194 VN-landen ter wereld bereizen. Het begin is niet eenvoudig. Zeker niet aangezien ik van financiën weinig verstand heb. En financiën staan aan de basis van dit project, al zou ik het graag anders zien.

Gelukkig blijk ik een netwerk te hebben. Dat is stiekem ontstaan de afgelopen tien jaar tijdens het drankjes drinken. Ik wist het niet. De studenten van weleer hebben ineens een echte baan. In de voorzaal van de sociëteit werd naast het gelul over vrouwen en de brakke acties van de avond ervoor weleens gesproken over wat er dan ná onze studententijd zou gaan gebeuren. Maar echt diep gingen we er niet op in. Daar kom je niet voor naar de sociëteit, om over je studie te lullen. Daar kom je om te zuipen.

Een oude studievriend uit Utrecht is Menno. Menno werkt tegenwoordig voor ING. Met Menno heb ik vier avonden rond de tafel gezeten in zijn gezellige huisje in de Wolvenstraat in Amsterdam. Ik had hem overdag al wat ramingen doorgestuurd en kreeg dan mailtjes terug als: 'Ha ha, ik heb er weer zin in vanavond, Schwolfchs!' of 'Schwolfchs betaalt geen belasting, zie ik!' Gewapend met slechts een flesje pinot gris werd ik eerst stevig toegelachen en daarna gingen we snel aan de slag.

'Ik vind het een mooi plan, Schwolfchs,' lachte hij. 'Maar er klopt nog steeds geen zak van. Hoe kom je bijvoorbeeld in vredesnaam aan dit bedrag?'

'Weet ik veel. Dat is een aanname, Menno.'

Zoals dat gaat met cijfertjes en mensen die daar creatief mee om kunnen gaan, twee maanden later was het sluitend. Nou ja, sluitend. 'Over acht jaar ben je miljonair, Schwolfchs!!' Volgens onze aannames. Het gaat niet om het geld. Het gaat om het verhaal. Om het avontuur. Maar je moet het wel verkopen.

Het plan was er, maar nu nog het regelen. Er is zoveel meer dat mis kan gaan dan goed. En dan vergeet je de externe dingen in het leven die je zomaar kunnen overvallen, waar je voor het gemak nooit rekening mee houdt. Bijvoorbeeld dat je broer ineens kanker heeft. En wat nu? Wat is nou echt belangrijk in het leven?

Ik zal het hem vragen als hij straks weer beter is. Mag ik weg? Ik weet het antwoord natuurlijk al. Zo vader, zo zoon. In de kamer hangen de slingers die Naomi toch heeft opgehangen. We hebben afgesproken dat we het rustig houden vandaag. Het is Arthurs dag. Ik kijk naar de wereldkaart die ik intussen aan de muur heb gehangen om mezelf te blijven confronteren met de wereld en met mijn wereldse plan. Zes miljard verhalen. Ontelbare plekken en dromen.

Hij ligt om de hoek bij mij in Amsterdam, in het Antoni van Leeuwenhoek Ziekenhuis, wat voor een kankerziekenhuis nog niet eens zo heel erg kanker is. Sterker nog, volgens mij is dit het meest vriendelijke ziekenhuis dat ik ken. Raar is wel dat iedereen die er rondloopt of ernstig ziek is, of zich ziekelijk zorgen maakt.

In een aparte kamer begint Arthur aan zo'n beetje de zwaarste chemokuur die bestaat. Tweeënhalve maand gif door je aderen pompen. Aderen waar de naald geen plekje meer in kan vinden na een paar weken. Na vijf dagen chemo en intern volgt het rusten op de Konijnenlaan, waar het thuisfront, onder de zoals altijd bezielende leiding van mamsje, Arthur en zijn aanstaande, Saskia, opvangt.

Halverwege de chemokuur wordt er een mooie middelvinger opgestoken naar alles wat slecht is in het leven. Althans, in ons leven op dat moment. Arthur en Saskia trouwen! Met een kale kop maar een scherpe blik kiest Arthur voor Saskia, en zij voor hem. 'Ook al sta ik kotsmisselijk bij het altaar, er wordt getrouwd,' sprak hij.

Marco en ik zijn getuige, Wouter is ceremoniemeester. Een fantastische dag in warme zonneschijn geborgen. Het is even feest.

De dag erna ligt hij weer aan de chemo.

Snel daarna is er gunstig nieuws. Uit de tussentijdse scans blijkt dat er goede resultaten worden geboekt.

Die kuren worden wel steeds zwaarder. Het lichaam kan maar zoveel gif verdragen in zo weinig tijd. En er is weinig tijd. Aan het einde van de rit slaapt hij alleen nog maar.

Ik ga vrij veel langs want het is om de hoek, maar vaak als ik binnenkom ligt Arthur te slapen en verdwijn ik weer stilletjes.

Met de cijfers van Menno op zak is het intussen tijd geworden om aan te kloppen bij mijn volgende Utrechtse maat en huisgenoot van de Parkstraat, Guirec. In Utrecht is hij afgestudeerd in auteursrecht en tijdens zijn studie had hij al grote affectie voor het toneel. Hij wilde acteur worden en heeft een jaar de Toneelacademie in Maastricht gedaan. Maar dat is niet gelukt. Om zijn rechtenstudie toch met de toneelwereld te combineren besloot hij om agent te worden. Zodoende is hij bij Montecatini Talent Agency terechtgekomen in Amsterdam.

Montecatini is het grootste agentschap van Nederland. En het mooie van Montecatini is dat ze ambities hebben die precies aansluiten bij wat mijn project kan bieden, zo had ik bedacht. Sponsoring regelen, management, multimediale marketing, internationale marketing, publiciteit, enzovoort.

Ik spreek met Guirec af om te lunchen. In een tentje in de Negen Straatjes vertel ik hem over mijn nieuwe plan. Dat ik het zelf ga regelen. Dat het vijf jaar gaat duren. En dat ik graag zou willen dat hij daarna mijn agent wordt, omdat er dan nogal veel geregeld moet worden. Er moet een boek worden gemaakt en exposities worden georganiseerd.

Hij kijkt me eens kort aan en zegt: 'Over vijf jaar? Over vijf jaar me hol! Ik ben vanaf nu jouw agent! Wat een beremooi plan, man! Wij gaan dit samen doen!'

Ik weet niet wat ik hoor.

Vanaf dat moment is *Streets* twee man sterk. Guirec heeft drie partners, die het wel eens moeten zijn met de tijd die Guirec hierin gaat steken. Dus ik moet *Streets* bij hen komen presenteren. Mijn eerste presentatie.

Op een zeer regenachtige dag loop ik voor mijn gesprek met de partners naar binnen in hun monumentale pand aan de Herengracht. Ik ben nerveus, want ik heb het idee dat ik iets, mezelf, moet verkopen. Ook al is mijn oude vriend erbij, het blijft spannend. Ik zet mijn idee uiteen.

'De komende vijf jaar reis ik naar alle landen ter wereld om daar het straatleven in de hoofdsteden te fotograferen. Van deze foto's maken we een fantastisch boek. Het zal een uniek beeld van de status van de mensheid opleveren. Zoiets is nog nooit ondernomen. Daardoor is het risicovol, maar ook uitzonderlijk en dus commercieel interessant. Mits je het goed aanpakt, en dat kunnen wij. We maken een product dat wereldwijd verkocht kan worden. Het is een onderwerp dat iedereen ter wereld aanspreekt, namelijk de wereld zelf.'

Anne-Paul, een van Guirecs partners en gelukkig een fotografieliefhebber, lijkt het te begrijpen. Hij zegt: 'Als je dit met alle landen ter wereld kunt flikken heb je wel een mooi project!' We praten lang door over mijn idee en de ervaringen in Moldavië. Uiteindelijk beginnen ze het te zien. 'Dit is een mooi plan, gast, wij gaan je helpen!'

Ik sta er niet meer alleen voor. Er zijn andere, kritische mensen die in dit project geloven. Met een glimlach van oor tot oor fiets ik naar huis, waar mijn lief Naomi met spanning op mij wacht. Ze springt met tranen in haar ogen in mijn armen als ik vertel wat er gebeurd is. Ik zeg haar dat we hebben bedacht dat ik eerst een aantal landen 'voorfotografeer'. Met dat werk maken we een uiterst gelikte presentatie en daarmee gaan we langs potentiële sponsors, want die moeten uiteindelijk betalen natuurlijk.

Op 6 november, precies drie maanden na de onheilstijding, loop ik samen met Wouter om halftien het Antoni van Leeuwenhoek binnen. Vandaag is de dag van de uitslag. Mamsje, Adje en Saskia zijn er al en het lijkt ineens nerveus lacherig gezellig, alsof het de eerste les van het nieuwe schooljaar met je ouwe vriendjes is. Maar de inzet is wat hoger dan het rooster tot aan kerst. Natuurlijk moet er weer veel te lang gewacht worden. Ik kijk eens om me heen en zie dezelfde bezorgde gezichten als die van ons drie maanden geleden. Toen en nu horen we bij die zieke mensen. Eindelijk kan Arthur naar binnen en het lange wachten begint opnieuw. En duurt weer te lang. Zelfs ik heb het intussen zo gehad met dit tyfusziekenhuis.

Een deur gaat open en Arthur komt met een stralende glimlach naar buiten! Wij zijn de uitzondering in dit ziekenhuis. Dit keer dus wel! Mensen kijken naar ons. Glimlachen. Je kunt beter worden.

Eens te meer heeft de afgelopen tijd me gewezen op de kwetsbaarheid van het leven. Maar ook op de maakbaarheid ervan, als je vecht. Dat geldt voor je gezondheid, denk ik, en ook voor je talent, voor je dromen.

Het plan heeft me nooit losgelaten, maar het is na Moldavië door de ziekte van Arthur naar de achtergrond verdwenen. Ik heb de opzet verder uitgewerkt, maar thuis niks besproken. Tegen mezelf heb ik gezegd: op de dag dat hij beter is, ben ik weg. Niet meer wachten. Doen!

Thailand, Bangkok,
16 november 2006

Niet dezelfde dag, maar een week later zit ik op het warme bed in een hotelkamer. In Khao San Road, Bangkok. Ik moet mijn nieuwe leven gaan schrijven. En dat begint hier, in de straten van Bangkok.

Een paar dagen na de uitslag liep ik met Adje over het Wassenaarse strand. Mijn ouders wisten nog niets over *Streets* en over Moldavië had ik ze inhoudelijk ook niets verteld. Het ging om Arthur en ik wist dat vooral mijn moeder zich alleen maar zorgen zou gaan maken over dit idee. Maar Arthur is godzijdank genezen en het werd tijd voor de aankondiging. Ik had natuurlijk geld nodig. Van de gala's kon ik leven, maar daar fotografeerde ik die hele voorfinanciering niet mee bij elkaar.

Het was herfst op het strand. Zoveel tinten grijs in de lucht. Er stond een stevig briesje en de twee hondjes renden het zeeschuim uiteen. Blaffend joegen ze de krijsende meeuwen weg.

We hebben vaak gelopen zo, Adje en ik. Vaak ging het over meisjes. Over mijn studie of dromen. Familiekwesties, er was altijd wel wat. Hij gaf altijd goed advies. Ik paste het misschien anders toe, maar we hebben dezelfde visie.

Ik vertelde hem dat ik vind dat ik eigenlijk alles heb waargemaakt waar ik voor gegaan ben tot dan toe. Ik heb reportages gepubliceerd in *de Volkskrant* en ben succesvol met mijn bedrijfje Galapaardje. Ik kan rondkomen van de fotografie, alhoewel het geen vetpot is.

'Heb jij vertrouwen in mij?' vroeg ik licht bijdehand.

'Ja knul, dat heb ik altijd wel gehad, ja. Maar je moeder en ik maken ons weleens zorgen om jou.'

Ik vertelde hem over mijn plan en vroeg hem om hulp.

Toen we thuis waren, en de hondjes lagen uit te hijgen voor de open haard, haalde ik mijn moeder erbij. Ik pak dat wel vaker zo aan. Eerst bespreek ik de plannen met Ad tijdens een vertrouwelijke wandeling, om vervolgens sterker ten tonele te verschijnen bij mamsje.

Ik legde mijn plan uit. Ad hield wijselijk zijn mond. Mamsje luisterde aandachtig. Scherp keek ze me aan. Een beetje raar. Alsof er bewondering in haar ogen schuilde, met ook wat verdriet. Het leidde me van mijn verhaal af.

'Gaat het, mam?'

'Ja,' zei ze, 'ga door.'

Toen ik het haar zo goed en zo kwaad als het ging had uitgelegd, keek ze me nog eens lang zwijgend aan. Ze zei: 'Mijn god lieverd, wat een plan. Als dit echt je droom is en deze mensen helpen je, dan doe ik dat ook. Ga je tickets maar boeken.'

Zo ben ik in Bangkok beland. Op het bed in deze hotelkamer in Khao San Road. Na de heftige periode van de afgelopen maanden is het gek om ineens helemaal alleen te zijn. Kan het eigenlijk wel? Dé plek in een stad vinden in slechts vier dagen en er een goede foto van maken? Dan meteen door naar het volgende land en weer opnieuw beginnen? Ik heb het allemaal wel bedacht en gezegd met mijn grote bek. Maar kan het wel?

Het is fijn om hier weer te zijn. Het is altijd fijn om op reis te zijn. Maar ik weet wel dat het nu erop of eronder is. Ik kan dit maar één keer doen. Dus het moet lukken. It's now or never.

Ik ga het uitvinden in vijf totaal verschillende landen. Een soort testcase voor het project, maar ook voor het leven dat daarbij hoort: het tempo van het reizen, het constant dingen gaandeweg moeten regelen, tegenslagen verwerken en problemen oplossen. Telkens met een goede foto wegkomen. De lat ligt hoog.

Ik heb besloten om de hoofdstraat van Bangkok, Sukhumvit, te fotograferen. Die is volgens mij typerend voor het Bangkok van nu. Over twee dagen vlieg ik door naar Phnom Penh en daarna via Bangkok weer naar Amsterdam. Niet om even te chillen, maar om nog drie landen aan te doen voor kerst. Welke landen dat zijn, is nog niet eens duidelijk. Dat beslis ik later. Eerst maar eens hier beginnen. Het smaakt goed om weer op pad te zijn in ieder geval.

Toen ik hier tien jaar geleden was tijdens mijn eerste reis met Kalinka bestond er nog geen Skytrain in Bangkok, maar het verkeer stond er toen al muurvast, en dat staat het nog steeds.

Sukhumvit heeft alles te bieden aan de rijkere Thai en farang (blanke). Het leven hier is snel. Het is een straat in Bangkok waar de ontwikkeling hoog is. En dat is de leidraad van *Streets of the World*. Hoe ver is een land op de 'beste plek' in dat land, in het centrum van de hoofdstad. En welke conclusies kun je dan trekken? Ik kom natuurlijk niet alleen in Sukhumvit en daardoor weet ik dat Thailand een stuk meer is dan wat Sukhumvit laat zien. In een reportage moet je keuzes maken, anders wordt het een rommeltje. De keuze is: het straatleven in het centrum van elke hoofdstad ter wereld. Waarom? Daar is de welvaart hoog en daarmee hebben we een gemene deler. Als je alle foto's naast elkaar legt is het een meetpunt voor de status van de wereld.

Intussen is Sukhumvit zo westers dat er bijna geen spoortje van het Bangkok dat ik kende meer te zien is. Het is dat er Thai rondlopen tussen de blanken. Met moeite vind ik nog een setje straatstalletjes dat een laatste poging tot verzet doet tegen de overheersing van de Thaise wolkenkrabbers. Er werken vriendelijke oudere vrouwtjes die noodles bakken voor de gehaaste voorbijganger in deze dure buurt. Zo snel als ze lopen slurpen ze hun soepjes naar binnen. Er is haast om door te gaan. Staan deze stalletjes er over tien jaar nog steeds? Ik zou het leuk vinden, want zelfs hier is nog een stukje authentiek Thailand in de straten te vinden en dat maakt het nou juist zo mooi. Als ze verdwijnen, wat heb je dan? Een Thais New York in de tropische hitte, in de stank van de dampende open riolen, de overweldigende uitlaatgassen en het kabaal, met gehaaste Thai, allemaal op zoek naar dezelfde dromen als wij. Is dat de globalisering? Dat alles overal hetzelfde wordt?

Gelukkig kan ik de stalletjes nog vastleggen. Via een passerende tolk weet ik hoe laat ze er morgen zijn, de dametjes van Sukhumvit. Het oude en het nieuwe in één beeld.

Maar de volgende dag zijn ze er niet. Natuurlijk niet, het loopt altijd anders dan je denkt. En ik heb nog maar één dag over als ik terugkom uit Cambodja.

Cambodja, Phnom Penh
19 november 2006

In een vliegtuig stappen van Bangkok naar Phnom Penh is stappen in een tijdmachine. Het is slechts 55 minuten door de lucht maar je landt twintig jaar terug in de tijd. 's Nachts aankomen in een stad is altijd ongemakkelijk. Je kunt je niet oriënteren en legt je ziel en zaligheid, nieren, camera en laptop in de handen van de eerste de beste soepele tuktuk-driver die jou aanklampt. Nee, je weet wel beter. Stukje weglopen en daar proberen. Maar dat eeuwige gezeik van die gasten!

Dus stap je toch in. Door de stoffige, beklemmend vochtige en onverlichte Cambodjaanse nacht rag je in de richting van een hotel waarvan je niet weet of je er ooit gaat aankomen. Alle doemscenario's schieten door mijn hoofd op de achterbank van het scheurijzer. Bij aankomst op Phnom Penh Airport kreeg ik al een voorproefje. Op het vliegveld kun je een visum kopen, dat wist ik. Maar je hebt ook drie pasfoto's nodig. Daar had ik geen seconde bij stilgestaan. En er moet wel met dollars betaald worden in Cambodja en ik heb alleen maar euro's mee. Expres. Waarom zou ik de wisselkoers moeten betalen als ik uit de eurozone kom? De euro is een veel sterkere munteenheid, dus daar kunnen we ook mee betalen. In Cambodja dus niet. Ik kan alleen in dollars betalen voor het visum. En dan is er nog het ontbreken van pasfoto's.

Mijn kalende douanebeambte blijkt al lang op het vliegveld te werken. Hij slaakt een lange diepe zucht als ik hem vraag waar ik geld kan wisselen.

'After customs,' legt hij uit.

'How do I get there?' vraag ik.

'Pay me visa with dollars.'

Met een opgetrokken wenkbrauw en een tikkende pen blijft hij me leegjes aanstaren. Ik weet het wel. He's got me by the balls. Met een glimlach vraag ik hem: 'Perhaps you can help me with this?'

Zijn rattenoogjes springen open. De paar rottende tanden weten raad. Nu heeft hij mij in zijn klauwen. De vraag is natuurlijk hoeveel mijn fout me gaat kosten. In zijn versleten blauwe uniform met vervaagde epauletten legt hij mij uit dat er wel wat te regelen valt. Terwijl naast hem enige collegae bezig zijn ferme stempels te zetten in paspoorten van medereizigers, vertrouwt hij mij toe dat hij wel kan wisselen.

Hijzelf.

De koers: 1:1.

Hij trekt onzichtbaar zijn portemonnee en zowaar blijken er briefjes in alle kleuren van de regenboog in te zitten. Voor mijn vijftig euro krijg ik vijftig dollar. Dat klopt niet. De wisselkoers staat op 1,48. Dat is kennelijk de prijs die ik betaal voor zijn service.

'For photo we make scan from passport,' verzekert de beste man mij. Ik een visum. Hij vijftien dollar rijker. Probleem opgelost. Een scanner hebben ze niet. Dus die foto kunnen we laten zitten. Het zijn handige jongens bij de douane, regeringsambtenaren. Het neusje van de zalm. Maar ach, ik ben erdoorheen. Moet je maar scherper zijn.

Phnom Penh heeft nauwelijks straatverlichting. Er is veel laagbouw en ik kan me slecht oriënteren. Hoe betrouwbaar is eigenlijk de chauffeur van zo'n tuktuk? In het holst van de nacht. We rijden eerst naar drie andere hotels in plaats van naar het hotel dat ik van tevoren had uitgezocht. Als het lukt om mij daar te stallen krijgen ze een commissie van de desbetreffende tent omdat zij mij daar hebben afgeleverd. Tegen mijn wil in.

'Listen, mister, is this the hotel I asked for? No? I didn't think so either. Take me to the one I told you now, or I will get out. No pay!'

'OK, OK, no ploblem. I take you.'

Als ik binnenkom ligt de receptionist te tukken. Een vuistslag op zijn tafel sleurt hem uit dromenland zo de realiteit in. Hij moet er zelf hard om lachen. In het donkere, rood verlichte halletje vraagt hij: 'Want room?'

'Yes, please.'

'OK, no ploblem. Wite down name and adless.'

Ik krabbel iets onleesbaars op het vettige papiertje van The Lake Inn. Het is blijkbaar genoeg. Hij vraagt: 'My fliend, maybe later want smoke? Gils? Anything you want I get! Fo you good plice too!'

Het houten guesthouse is in elkaar getimmerd aan de rand van het meer dat midden in de zwetende stad ligt. Het minimale briesje dat over het water trekt, geeft ietsje verkoeling. Een heel rijtje van die tentjes liggen er naast elkaar. Deze zag er het gezelligst uit. Luie backpackers liggen met flessen bier in hangmatten of hangen op banken aan de waterkant. Bob Marley zingt *Redemption Song*. Altijd dezelfde muziek in dit soort tenten. De muskieten dansen in honderdtallen onder de gele peertjes boven het schunnig aflopende biljart waarop de barjongens de ballen over ontelbare muggenlijkjes de hoeken in knallen. Sommige mugjes komen te dicht bij het warme peertje en storten neer waar ik bij sta. Eén poot van de tafel is half afgebroken en vervangen door een stapel bakstenen. Een rat schiet weg over een balk. Een dikke kakkerlak met lange voelsprieten zit op een oud bord rijst.

De patio hangt met lossige planken op scheve palen een stukje het meer in. Op oude, vochtige stoelen bij de waterlelies zitten een paar mooie backpackmeisjes. Ze dragen loszittende linnen broeken met tanktopjes erboven. In hun haren hebben ze kralen en om hun armen kettinkjes en armbandjes die ze weken terug gekocht hebben op verre stranden. Dikke plukken gebleekt haar plakken op hun gebronsde huid.

'Hello ladies, can I join you?'

'Sure, have a seat.'

Ze komen uit Zweden. Hun tafeltje staat vol met lege flessen Tiger-bier en een asbak gevuld met lokale peuken. Ik slaak een diepe zucht en neem een lange koude teug. 'It's good to be back, girls.'

In het licht van de hitte is alles natuurlijk een stuk vriendelijker de volgende ochtend. Dit land ligt inderdaad twintig jaar achter, daar kan daglicht helaas weinig aan doen. Het valt me op dat er een vriendelijke, zachte sfeer heerst. Het is moeilijk je voor te stellen wat voor verschrikkingen zich hier hebben afgespeeld niet zo heel lang geleden. In de oude gevangenis en tevens het martelcentrum van de Rode Khmer is een museum. Een kwartier buiten de stad liggen de Killing Fields, waar vrijwel iedereen die in de gevangenis zat uiteindelijk naartoe werd gebracht. Mannen, vrouwen, baby's.

Ik heb geen tijd om erheen te gaan en ik ben er eerlijk gezegd blij om. Maar wat doet het met de nationale psyche? Ze zijn allemaal hartelijk, de Cambodjanen. Bijna iedereen die ik hier op straat zie is wel iemand verloren tijdens die hel. Hoe doen mensen dat? Doorgaan.

Fotograferen is geen enkel probleem. Het is een stuk makkelijker dan in Bangkok. Daar zijn de lijnen wat onduidelijker en ik moest zoeken naar het echte Thailand. Hier is alles nog overduidelijk echt Cambodja.

Als de avond valt, neemt de nachtelijke moraal het automatisch over. Ik zit achter op een brommertje. Zonder helm natuurlijk, want dat mag hier wel. De zachte avondlucht stroomt langs mijn wangen en suist in mijn oren. Ik sluit mijn ogen, houd me goed vast, en luister naar de geluiden om me heen. Het geratel van de brommer, het toeteren van vrachtwagens, onverstaanbare stemmen die langzaam komen en snel voorbijschieten. Ergens lacht een kind en vlak voor me vraagt een stem: 'Want pussy?'

De ogen gaan weer open. 'Excuse me?!'

'Have vely nice pussy fo you! Is vely small!'

Een hand gaat los van het stuur en met zijn vingers geeft hij aan hoe klein het kutje echt is.

Ik vraag: 'Jezus Christ man, how old is she?!'

'No ploblem! Almost pifteen!'

Hij lacht zich kapot als ik hem zeg dat ik juist op zoek ben naar een vrouwtje van achter in de tachtig.

'No no, no good fo you! Too ol, too ol!' schreeuwt hij lachend tegen de wind in.

Terug in het hotel schuift James ongevraagd bij mij aan met een drankje bij de waterlelies. Initiatief wordt beloond, denk ik. Ik vind het gezellig. James is een soepele Jamaicaanse Engelsman uit Londen. Hij heeft mooie verhalen. Precies de drinkebroeder op wie ik zit te wachten. Hij vraagt me waarom ik hier ben en dat leg ik hem uit: 'It's quite an amazing story actually, James. I'm traveling around the world for five years, man! I'll be on this fantastic mission to travel to all the countries of the world and I actually mean ALL the countries. I'll take photos of street life in each one and make a huge book of photographs. I'm just getting started, man! How about you?'

James draait zich langzaam naar me toe en zegt: 'I'm on a similar mission, man. I want to fuck a local girl in every country I visit!'

Ik ben terug in Bangkok. Wat fotografie betreft is het goed gegaan in Phnom Penh. Gehaast vertrek ik van het vliegveld naar Khao San Road. De meest beruchte backpackers-hangout van Azië, waar ze in alle soorten en maten vermoeid rondsloffen. Sommigen doen echt Aziatisch door het dragen van onnodig vuile kleding en meterslange rasta's.

Ik moet tempo maken en mijn spullen afleveren in een van tevoren gereserveerd hotel. Dan snel achter op een brommer de hele stad door terug naar Sukhumvit. Als het goed is, is het licht nu perfect, staan de stalletjes er, en is er veel verkeer.

Het is inderdaad zoals gehoopt. Ik maak foto's. Boven op de fly-over van de Skytrain is ook een mooi plekje. De Skytrain verdwijnt daar met hoge snelheid in de oneindigheid op weg naar Thailands glorieuze toekomst. En op de voorgrond lopen gehaaste Thai op weg naar weet ik waar. Diezelfde toekomst, denk ik. Alles is er perfect, al lijkt het net wat te gelikt allemaal. Helemaal aangezien er op de trap op de hoek een bedelaar ligt die wel degelijk deel uitmaakt van de Thaise realiteit, maar die verdomme net buiten mijn ideale compositie valt. De gedachte schiet door mijn hoofd om hem te betalen om een stukje te verkassen. Maar dat is wel heel erg brak natuurlijk. Zeker zonder benen. Alhoewel? Dan verdient ie wel wat extra vandaag... al kan ik hem dat natuurlijk ook geven zonder hem te vragen te verkassen. Verdomme!

De rust van de druilerige winter die maar niet op gang wil komen in de Van Walbeeckstraat te Amsterdam. Het is een stille, grijze straat met rijen identieke huizen waar stille mensen wonen. Raar om ineens weer thuis te zijn. Even terug bij Naomi. Ze vindt het prachtig wat ik doe. En dat het erop begint te lijken dat het daadwerkelijk gaat lukken. Maar voordat ik weer een beetje in mijn Nederlandse leven zit is het alweer tijd voor Nairobi.

Kenia, Nairobi
30 november 2006

Voor de testproductie heb ik besloten om naar een paar uiteenlopende landen te gaan. Zo wordt het hopelijk meteen duidelijk dat het contrast tussen de verschillende foto's dit project zo spannend maakt. Ik ga naar Azië, Afrika en het Midden-Oosten.

Nairobbery. Zo wordt deze stad ook wel genoemd. Dat is wel een lekker idee als je met een professionele camera van 3000 euro op straat moet gaan staan. De aankomst is prima. Ik heb een hotel geboekt en word opgehaald van het vliegveld. Wat een luxe. Geen gezeik met taxichauffeurs.

Al snel blijkt dat ik in een te dure hut zit die te veraf ligt van het centrum. Hierdoor moet ik steeds taxi's pakken. De taxichauffeurs verneuken je standaard. Dat gaat kluiten kosten. Daarnaast ligt het hotel aan 'Carjacking Road', waardoor je er 's avonds ook niet weg kunt, tenzij je een erg avontuurlijk type bent. De gezellig door tl verlichte bar sluit om elf uur.

Reden genoeg om de volgende dag eens rond te kijken bij wat andere tenten. Ik vind al snel een veel beter en goedkoper hotel om de hoek van wat ik denk dat de hoofdstraat is. Ik loop er naar binnen en voor de dag erna reserveer ik een kamer. Daarna loop ik vanaf het nieuwe hotel, tegen alle waarschuwingen in, de heuvel af naar Kenyatta Avenue. Dat is de straat. Ik heb alles, behalve de kleren die ik aanheb, achtergelaten in het hotel. Elke minimale aanleiding is blijkbaar reden genoeg voor een overval door een bende jeugdcriminelen of zwendelaars.

Ik ben inderdaad de enige blanke die er loopt en trek nogal veel bekijks. Je gaat er vanzelf wat sneller door lopen, iets waar ik niet zo van houd.

En route naar Kenyatta Avenue komt een rijzige Keniaan naast me lopen. Hij zegt me net gezien te hebben in het hotel en vraagt of ik downtown loop. Ik mompel iets van ja en negeer hem verder. Hij ziet er nogal onverzorgd uit en ik heb zo mijn twijfels of hij daadwerkelijk voor het deftige hotel werkt. Na een tijdje achter me te hebben gelopen is hij ineens verdwenen. Zal wel.

Ik loop Kenyatta Avenue een paar keer in hoog tempo op en neer en blijf op wat plaatsen staan om te kijken of de compositie goed is. De straat is niet erg lang, waardoor ik al snel de beste plek heb gevonden. Intussen ben ik wat gewend aan de omgeving en ik heb een paar andere blanken gezien. Misschien valt het toch wel mee?

Na een uurtje loop ik weer terug naar het hotel om mijn spullen te pakken en een taxi te nemen naar het brakke hotel waar ik nog een nachtje zit. Ineens is mijn vriend van de heenweg er weer. Zijn shirt was ooit wit, maar plakt nu bruinig tegen zijn lijf. Zweet parelt op zijn voorhoofd. Er klopt iets niet met zijn ogen. Hij komt naast me lopen en zegt dat het warm is. Ik mompel iets van: ja, inderdaad warm, ja.

'Friend, can you help me push my car?' vraagt hij ineens.

'Sorry? I don't understand.'

'Help me push, no more gas.'

Ik vind het een raar verzoek. Ik stop met lopen en kijk hem recht aan. Mijn hartslag schiet omhoog.

'I'm sorry, I have an appointment now.'

'Then give me some money for gas.'

'No man, I'm sorry.'

Zijn ogen worden leeg. Zijn blik verhardt. Hij zet een stap naar mij toe. Ik ruik zijn zweet. Hij blijft mij aankijken. Ik hem.

'Fuck you, motherfucker, I will kill you next time!'

In het hotel vraag ik hoe handig het is om met mijn apparatuur in mijn eentje op straat te gaan fotograferen. Het wordt me zwaar afgeraden. Dacht ik ook al, ja. Er zit weinig anders op dan een bodyguard huren. Nai-fucking-robbery.

Ze hebben het verzoek nog niet eerder gehad en moeten gaan kijken wat ze kunnen regelen. Uiteindelijk halen ze de Chief of Security erbij, die zelf wel meewil. Het lijkt hem ook wel zo verstandig. Hij heet Julius. Het is een sympathieke vent. Ik spreek met hem af om twaalf uur op 6 december. Nu ga ik eerst naar Rwanda.

Rwanda, Kigali
3 december 2006

Uit het raampje van het vliegtuig kijk ik naar de ontelbare witte, grijze en soms blauwe daken op de groene deken van Afrika. Miniatuurautootjes rijden over de roestige kloppende aders richting hun bestemming met vastgesjorde lading achterop, in de gaten gehouden door de altijd aanwezige twee of drie sjouwers in de laadbak.

De beelden van twaalf jaar geleden schieten door mijn hoofd. Hier is het allemaal gebeurd. Ik kan een koude rilling niet onderdrukken, terwijl het vliegtuig gestaag daalt naar 1500 meter boven zeeniveau. Zo hoog ligt Kigali, hoofdstad van le Pays des milles collines.

De vriendelijke taxichauffeur rijdt me door de kleiige rode straten van Kigali. Het is zondag. Er zijn weinig mensen op straat.

In een absurde gedachte verwacht je lijken op straat en dronken, ronddolende Interahamwe-milities die de straten nog steeds onveilig maken met hun machetes op zoek naar nog meer verkrachting, verminking en moord. Maar dat is niet wat ik zie door deze taxiruit.

Mijn chauffeur vraagt in zacht Frans waar ik vandaan kom en hoe lang ik blijf. Door het linkerraam zie ik een blauwe lucht met donzige lage wolken. Roofvogels zweven sereen op de thermiek

boven de stad. Door het rechterraam zie ik zware, zwarte regen-
buien aan komen drijven over een paar van de duizend heuvels
van Rwanda.

Ik verblijf in het Hotel des Milles Collines en dat heb ik niet
zomaar uitgekozen. Het is het hotel waar de film *Hotel Rwanda*
op gebaseerd is. Het is een hotel met een schokkend verleden.

De problemen tussen de Hutu's en Tutsi's gaan ver terug. In een
vrij recent verleden hebben de koloniale machten in Rwanda er
een niet heel zuivere rol gespeeld. Uiteraard hadden ze vooral hun
eigen belangen op het oog. Volgens de Belgische kolonisator was er
een verschil tussen de Hutu's en de Tutsi's. De Tutsi's zagen er 'Eu-
ropeser' uit: een lichtere huidskleur, scherpere gelaatstrekken. Ze
kregen een voorkeursbehandeling, terwijl de Hutu's ruim in de
meerderheid waren. De echte reden was natuurlijk van politieke
aard en kwam neer op een verbasterde verdeel-en-heerspolitiek.
De Hutu's kregen het hierdoor een stuk slechter dan de Tutsi's en
een ferme bodem voor vele moorddadige exercities was gelegd.

Toen Rwanda onafhankelijk werd in 1962 kwam de Hutu
meerderheid aan de macht. Gevluchte Tutsi's bleven vanuit de
buurlanden aanvallen uitvoeren op Hutu gemeenschappen in
Rwanda, met als gevolg dat Hutu's vele Tutsi's vermoordden in
Rwanda zelf. Dit is allemaal nog voor de genocide van 1994.

Toen een grootscheepse aanval van Tutsi's vanuit Zaïre grote
overwinningen in Rwanda begon op te leveren, ging Frankrijk zich
er ook mee bemoeien. Franse, Belgische en Zaïrese troepen werden ingevlogen, met het vermoorden van Tutsi's als resultaat. Na
nog een, beter voorbereide, invasie van Tutsi's vanuit Zaïre kwamen de Tutsi's met hun rebellenleger tot 25 kilometer buiten Kigali. Toen was het tijd voor een staakt-het-vuren. We spreken 1993.

Begin 1994 vloog de toenmalige Hutu president, Habyarima-
na, met zijn Burundese ambtsgenoot naar Tanzania voor vredes-

besprekingen. Op de terugweg naar Kigali werd zijn vliegtuig vlak voor de landing met raketten uit de lucht geblazen. Dit was voor de Hutu's de aanleiding om eens en voor altijd af te rekenen met alle Tutsi's. Het kwam goed uit dat er al maanden daarvoor duizenden machetes en ander wapentuig waren ingeslagen, volgens sommigen met de hulp van Frankrijk. Het moorden kon dus meteen en op grote schaal beginnen.

Hier begint het verhaal van *Hotel Rwanda*. Vlak voordat de geschiedenis hier een verschrikkelijke wending zou nemen, was dit een populaire plek voor de rijke Rwandezen en westerlingen van elke pluimage. De manager van het hotel, Paul Rusesabagina, was een vooraanstaande maar gematigde Hutu, getrouwd met een Tutsi vrouw. Zoals een handige manager betaamt, onderhield hij goede contacten met al zijn prominente gasten.

Toen het drama begon werd zijn hotel ineens overspoeld door bevriende en hooggeplaatste Tutsi's, maar ook door gematigde Hutu's, die zonder genade vermoord zouden worden als ze maar een voet op straat zouden zetten. Met behulp van al zijn contacten en zijn menselijke karakter heeft hij de uiteindelijk twaalfhonderd vluchtelingen tijdens de honderd dagen van moorden weten te beschermen. Alle buitenlanders waren allang vertrokken en hadden Rwanda aan zijn lot overgelaten. Een veel te klein contingent van de VN kon niets beginnen tegen de enorme overmacht. Versterking werd de Canadese VN-kolonel ontzegd. Zoals altijd was een Afrikaans leven een stuk minder waard dan een westers leven.

Begin juli slaagde het Tutsi rebellenleger, dat veel professioneler was, onder leiding van Paul Kagame erin om de Hutu milities en het Rwandese leger uit Kigali en uiteindelijk uit Rwanda te verjagen. Dat dit met evenveel wreedheden gepaard ging spreekt intussen voor zich. De vluchtelingen in Hotel des Milles Collines hebben het overleefd. Dankzij een zeer moedig man.

Kleine regendruppels worden langzaam steviger als we de oprit van het hotel op rijden. Van al het voorgaande heb ik niets kunnen terugvinden tijdens de een halfuur durende rit door Kigali naar het hotel. Paul Rusesabagina woont intussen met zijn gezin in België. Na de val van de Hutu regering hebben de troepen van Kagame het land overgenomen en hij regeert nog steeds. Ik vind geen enkele herinnering in het hotel aan Paul Rusesabagina. Raar, want hij is een held. Komt dat omdat hij uiteindelijk toch een Hutu is?

Ik trek al meer dan genoeg aandacht in de straten van Kigali, helemaal als ik mijn camera uit mijn tas haal. Ook hier is een blanke op straat een hoge uitzondering. Die komen al twaalf jaar niet meer, laat staan dat er eentje een paar uur lang op dezelfde plek foto's gaat staan maken van een straat die voor de bewoners vrij tot volledig oninteressant is. Het blijft lastig om door driehonderd negers te worden aangestaard en te doen alsof er niets aan de hand is. Ik ben me zeer bewust van mijn houding, van hoe ik sta. Ik ben gespannen en dat wil ik niet zijn.

Kigali is een oase van rust vergeleken bij Nairobi. Maar het is een schijnrust, denk ik. Je ziet het in de ogen van de mensen op straat. Iedereen viert de rust. Nog steeds, twaalf jaar na dato. Maar die rust wordt ook verzekerd door de vele automatische wapens op straat. Voor elke bank, elk regeringskantoor, en in de achterbakken van voorbijrijdende pick-ups, overal zie je mannen met AK-47's. Blijkbaar is de schijnbare rust niet zo vanzelfsprekend. Ach, als blanke heb je weinig om je zorgen over te maken.

Maar onderhuids is hier veel nog niet in orde. Ik hoop dat de tijd de wonden zal helen, voordat er genoeg reden is om ze weer open te rijten.

Na een halfuurtje staren, wijzen, lachen en roddelen over die rare witneus geven de meesten het toch maar op, want er moet gewerkt worden. Ze kijken me allemaal bits aan in het voorbijgaan. Met jaloerse blikken gefixeerd op mijn camera, die hun zware leven op korte termijn een stuk eenvoudiger kan maken, denk ik bij mezelf.

Als ik het eens met een glimlach probeer in plaats van mijn allerbeste bitse blik, breekt meteen het ijs en lachen ze warm terug. Meestal volgt een half verstaanbaar 'B'njour'. Ik krijg al snel het gevoel dat ze blij zijn dat ik er ben. De moordenaars.

Even terug in de tijd. Voor Rwanda heb ik een visum nodig. De dichtstbijzijnde Rwandese ambassade is in Brussel. Na de treinreis stap ik uitgerekend bij een Afrikaan in de taxi. Ik probeer hem in mijn roestige Frans uit te leggen dat ik naar de Avenue des Fleurs moet, waar de Rwandese ambassade gevestigd is. Hij zegt: 'You want to go to my embassy!' Ladislas is een Rwandees van begin dertig. Een Hutu. Ik vraag hem over zijn land.

Hij vertelt: 'Iedereen denkt altijd dat de Hutu's verschrikkelijk zijn, maar er is nog een hele voorgeschiedenis. Tegenwoordig heerst de Tutsi minderheid weer over de Hutu meerderheid. Hutu's verdwijnen de gevangenis in en niemand hoort ooit nog van ze! Hutu's worden vermoord in de gevangenissen en geen haan die ernaar kraait. Daarom heb ik gedemonstreerd toen Kagame in Brussel was. Er zijn foto's van mij gemaakt. Hij is een slechte man. Een moordenaar! En nu gooit hij alle Fransen eruit. Mijn land gaat eraan. Het is een schande!'

Terug in Kigali vind ik een bar waar het gezellig is en waar ik de enige blanke ben. Het is een tent in de deftige buurt dus de Rwandezen zijn automatisch ook deftig en spreken Frans en Engels. Ik wil er zo langzamerhand toch het mijne van weten, ook al heeft Ladislas me afgeraden om over politiek te praten in Rwanda. Na twee dubbele whisky's stap ik op de grootste Rwandees in de tent af en begin een gesprek. Dat je het niet moet forceren is duidelijk.

Gelukkig is Aimable ook al aangeschoten en gaat het gesprek zonder al te veel problemen de goede kant op. De kant van de genocide.

Ik vraag met een halve dubbele tong hoe het nu gaat in Rwanda. Volgens Aimable is alles oké. Het antwoord op mijn vraag of er een beetje gelijkheid is in Kigali is een volmondig ja. Iedereen is gelijk.

Als ik hem vertel over Ladislas in België antwoordt hij kil: 'That's why all the cowardous Hutu murderers are hiding in Belgium!'

Aimable. Dronken mensen en kinderen spreken de waarheid.

Ik ben hier maar drie dagen. Ik kan en zal nooit begrijpen hoezeer de haat hier nog leeft en of die ooit zal verdwijnen. Ik kijk ook nog steeds met een scheef oog naar Duitsers, of ik dat nou wil of niet, en dat is inmiddels zestig jaar geleden. Wat de nazi's een jaar kostte, het vergassen van een miljoen joden in Auschwitz, is de Hutu milities in honderd dagen gelukt: het vermoorden van een miljoen Tutsi's en gematigde Hutu's, voornamelijk met machetes, bijlen en hamers.

's Ochtends om vijf uur kom ik erachter dat mijn horloge al drie dagen een uur voor loopt. Er is blijkbaar een uur tijdverschil tussen Rwanda en Kenia. Dus sta ik om vier uur 's ochtends te wachten op de shuttle van vijf uur naar het vliegveld. De nachtportier schrikt er ook een beetje van. Hij denkt dat hij fout zit en daardoor de rest niet tijdig heeft gewekt.

Met een Engels stel vertrek ik een uur later naar het vliegveld. Zij zijn gekomen om naar de berggorilla's te kijken. Dat kan hier prachtig. Intussen kleurt in de ijle lucht de voorzichtig opkomende zon de laaghangende wolken zachtroze. Kigali wil nog niet ontwaken. Ik zie heel vroege brommertaxichauffeurs slaperig wachten op een absurd vroeg ritje. Er zitten veel uren in een dag. Thuis wrijft waarschijnlijk een groot gezin zich de slaap uit de ogen.

Julius weet het nog. Vandaag gaat hij mijn 'protection' verzorgen in Nairobi. We lopen van de chique hilltop waar mijn hotel is naar de straat van het gewone volk. Tijdens de wandeling vertelt hij me dat hij negen jaar bij een paramilitaire eenheid heeft gezeten. Grenscontrole en dergelijke. Het klinkt een beetje schimmig dus ik vraag maar niet door. Daar houden types als Julius niet van.

Op straat word ik in twee uur tijd zo'n twaalf keer aangesproken door gasten die achter mijn geld aan zitten. Aan sommigen zie je het meteen. Anderen zien er goed verzorgd uit. Professionals. Ze lijken aanvankelijk een goed verhaal te hebben. Een vriendelijke uitstraling. Ver komen ze niet met hun verhalen. Julius haalt ze er meteen uit en poeiert ze verbaal hardhandig af. Hij vraagt ze: 'Why do you want to talk to him, why not to me?' Ik schaam me er een beetje voor en sta er vrij knullig bij, alsof ik niet voor mezelf kan praten. Ik kan in ieder geval zo wel lekker doorwerken zonder veel te lange gesprekken met mensen tegen wie je beleefd wilt blijven, terwijl je allang weet dat ze je willen verneuken.

In het hotel bekijk ik op mijn laptop de foto's. Ze zijn mooi geworden. In de foto van Kigali zie je de vooruitgang, de bedrijvigheid, de energie, maar in de hoek van het beeld een man met een afgehakt been. Zoals ik er zoveel heb zien rondstrompelen. Ik heb hem helemaal aan de zijkant gezet. Een stuk verleden waar je niet omheen kunt, maar dat het beeld niet meer moet domineren.

Ik pak een ijskoud biertje uit de minibar. Vanaf mijn balkon kijk ik uit over het zwembad, met daarachter Kenyatta Avenue. Ik zie de vele zwarte figuurtjes hun kant van het leven op lopen. Ik stuur een mail naar mamsje, Naomi en Guirec dat het goed met me gaat. De foto's in Kenia en Rwanda zijn gelukt. Mijn project lijkt uitvoerbaar, lijkt te gaan lukken. En ik maak dingen mee. Spannende dingen. Dat ik ze mis. Ik klap mijn laptop dicht, pak mijn tas en sluit de kamerdeur achter me.

Nederland, Amsterdam, Montecatini, Herengracht 257
13 januari 2007

De foto's liggen bij Montecatini aan de Herengracht op tafel. Ik heb grote prints laten maken. Chişinău, Bangkok, Berlijn, Phnom Penh, Kigali, Nairobi, Beirut. Voor het eerst kijken we met z'n drieën naar de foto's. Naar het zichtbare, tastbare concept van *Streets*. Anne-Paul zegt: 'O, zo wil je het doen.' Ik vraag me af wat hij dan in gedachten had. Het kan toch alleen maar zó, denk ik.

Ik vind dat ze een verhaal vertellen zo naast elkaar. Zeven verschillende verhalen over zeven verschillende steden met hun inwoners, hun geschiedenis, hun toekomst. Wie zal zeggen hoe ze er over twintig jaar uitzien?

Hoe dan ook zijn we enthousiast. Dit kan zeker wat gaan worden. Dit plus nog eens 187 straatbeelden. Overweldigend.

Nu de foto's al een verhaal vertellen, en het project een beetje vorm begint te krijgen, vinden Guirec en Anne dat *Streets* veel meer is dan een verzameling foto's. Het is een machtig avontuur, een uitdaging, iets wat nog nooit gedaan is! Dat zoiets nog kan in deze tijd is al bijzonder. Uniek. Ook daar willen ze wat mee doen en dat ben ik helemaal met ze eens. We besluiten dat we een korte film moeten maken, waarin duidelijk wordt hoe het proces in elkaar steekt, zodat potentiële sponsors kunnen zien hoe ik per

stad tot het beeld kom en wat voor problemen ik daarbij tegenkom. En overwin.

Het moet exotisch zijn en niet te makkelijk, vinden we. Maar
ook niet te ver weg, anders wordt het echt te duur. Er moet wel
een filmploegje mee en het kost allemaal gewoon heel veel geld.
Montecatini betaalt de productie. Wederom sta ik versteld van
het vertrouwen dat deze mensen in mij hebben. Van Guirec weet
ik het, maar zijn partners kennen mij nauwelijks en gaan puur
op Guirecs overtuiging af. Ze investeren wel ruim 10.000 euro in
deze film. Caïro lijkt ons allen een goede keuze. We gaan naar
Egypte.

Naomi en ik gaan uit elkaar.

Egypte, Caïro
18 maart 2007

Caïro is een goede stad voor deze film. Een metropool met twaalf miljoen inwoners, een koloniale geschiedenis en religieuze problemen. Genoeg om te proberen vast te leggen in één foto. Voor vertrek maak ik kennis met Lotte, die de productie verzorgt, en Martijn, die gaat filmen. We zijn alle drie gezond gespannen als ons avontuur begint. Voor mij is het intussen enigszins normaal om naar een vreemde stad te vliegen om er foto's te gaan maken, maar nu staat er een cameraploeg te filmen op Schiphol en dus is het weer volledig nieuw en het is te bizar om te beseffen dat ik al zo ver gekomen ben.

We besluiten dat ik eigenlijk gewoon moet doen wat ik altijd doe en dat zij dat proces vastleggen. Als er bepaalde shots gemaakt moeten worden, geven zij dat aan en dan ensceneren we wat of doen we dingen een paar keer over. De eerste dag levert al behoorlijk wat materiaal op: een extreem vroege aankomst op het vliegveld in Caïro, Jeroen op zoek naar de juiste straat, leuke stadsbeelden. En we hebben nog twee dagen om de film af te maken.

's Nachts begint de misselijkheid. Ik ken het gevoel. Voedselvergiftiging. Een paar uur later blijven het braken en de diarree echter uit en begint de pijn zich langzaam naar mijn onderbuik te begeven. Krampen. Obstipatie? Ik denk aan de tip die mijn moeder me ooit gegeven heeft: het zeeppennetje…

Ik kijk in de spiegel, schud mijn hoofd en slaak een diepe zucht. Met mijn duimnagel duw ik een stukje Egyptische zeep naar een puntje en met enige tegenzin duw ik het stukje zeep in mijn anus. Die werkt instinctief tegen maar dan glijdt het zure er toch ineens in. Dat kutzeeppennetje schijnt voor acute diarree te zorgen en daarmee verlichting van de intussen hevige krampen te kunnen brengen.

Een verplicht diarreetje verder wordt de pijn nu toch echt stukken heftiger en steeds duidelijker rechtsonder. Wat mij betreft is er maar één conclusie mogelijk: acute blindedarmontsteking.

Met heel veel tegenzin klop ik als een oud mannetje krom staand van de pijn aan bij Martijn en Lotte, die de clips van vandaag aan het bekijken zijn. Dat zijn meteen de laatste, denk ik bij mezelf. Het wordt tijd om er een arts bij te halen. Een arts in Caïro om twee uur 's nachts.

Sneller dan menige kip is ene dokter Shariff erbij nadat hij de hotelmanager heeft horen zeggen dat het een westerling betreft. Hij komt sympathiek over en laat bovendien meteen het visitekaartje van de Nederlandse consul aan mij zien. En dat moet wat impliceren? Dat hij te vertrouwen is? Het zal mij jeuken, ik verga intussen van de pijn. Al snel stelt hij de diagnose dat het waarschijnlijk een blindedarmontsteking is en dat ik naar het ziekenhuis moet voor een operatie. Operatie? Operatie! Kutzooi!! Daar gaat die film. Daar gaat het hele project. 10.000 euro naar de haaien. Bovendien begint dokter Shariff zelf ook over geld te zeiken. Ik zeg dat hij ervoor moet zorgen dat ik tempo naar het ziekenhuis word vervoerd en dat het geld geen enkel probleem is. Maar hij wil nu al cash omdat hij van alles moet regelen en dat blijkbaar zelf cash moet voorschieten. Jaaja. Het gaat volgens Shariff om maar liefst 2000 euro. Ik ruik aan alle kanten dat we erin geluisd worden, maar wat moet je? We komen uit op 250 euro voor de directe kosten en de rest komt later. Hij neemt er maar mondjesmaat genoegen mee. Ik vind het ondanks de helse pijnscheuten een zeer leerzame ervaring. Het gaat weer alleen maar om geld. Wat ben je enorm kwetsbaar als je echt ziek wordt. Eindelijk word ik naar het American Hospital gebracht.

Tegen een uur of vijf 's ochtends lig ik kermend in een ranzig ziekenhuiskamertje in Caïro. En dan is dit nog chic. Tot overmaat van ramp krijg ik geen pijnstillers, want het wachten is op de chirurg, die zelf de diagnose moet stellen. Die is er om zeven uur! Twee uur lang ga ik door pijn waarvan ik niet wist dat die bestond.

Uiteindelijk komt om halfacht dokter Galil binnen, die vaststelt dat het om een acute blindedarmontsteking gaat. Really? Dan volgt de verlossende shot morfine en is het leven weer goed. Ik hoor in de verte weer wat gelul over geld, maar ik weet dat Martijn en Lotte het goed regelen. Heerlijk. Ik val in een diepe slaap en word wakker met kleuren en mijn moeders stem in mijn rechteroor. Dan naar de operatiekamer. Op mijn verzoek filmt Martijn alles. Als ik wakker word, ben ik een blindedarm armer en een litteken rijker.

De volgende dag gaat de deur langzaam open en om de hoek komt het hoofd van… mamsje! Gezien de ziekte van mijn broer was er weinig voor nodig om haar te bewegen om naar Caïro te komen en er persoonlijk op toe te zien dat dit goed zou aflopen.

'Het zal toch niet zo zijn dat Arthur kanker overleeft en jij eronderdoor gaat aan een appendix in Caïro!'

Mamsje heeft jarenlang gewerkt in Bronovo op verschillende afdelingen, dus kent ze het medische jargon en dat helpt. Bovendien is het een extreem pittige tante die vrijwel altijd haar zin krijgt. Martijn en Lotte vliegen de volgende dag terug. Alles was natuurlijk goed gekomen, maar ik vind het wel heel erg fijn dat ze er is. Helemaal wanneer dokter Shariff nog een paar trucs uit zijn mouw tovert.

Gelukkig krijgen we hulp van Yvonne, een dame die werkt voor de ambassade en de reputatie van Shariff als charlatan allang kent. Samen met mamsje zet ze het halve ziekenhuis op zijn kop en Shariff heeft een paar dagen later enorme spijt dat hij het bij ons geprobeerd heeft.

Zowel dokter Galil als de anesthesist dokter Layla blijken erg vriendelijke mensen te zijn. Vooral met dokter Galil is het hard lachen. Een zeer gedistingeerde, strak geklede en aimabele man van in de zestig die prachtig Engels spreekt. Wij denken dat hij niet-praktiserend homo is. Mamsje is er absoluut zeker van. Als hij met mijn verwijderde blindedarm in een potje mijn kamer komt binnengelopen zegt hij: 'Jerome, I'm very sorry, I accidentally cut off your willy!'

Na een stevig stukje overtuigingskracht van mamsje krijgen we het voor elkaar dat ik een paar dagen eerder het ziekenhuis uit mag dan normaal. Een uitermate relaxed verblijf in het Marriott met mamsje begint. We nemen afscheid van de oude martelvrouwtjes die mijn armen dagenlang als speldenkussens hebben gebruikt en de giechelende meisjes van de verpleging en spreken met Yvonne, Galil en Layla af dat ze een paar dagen later komen dineren in het hotel.

De dag voor vertrek naar Amsterdam moet ik me nog een laatste keer melden bij Galil voor een controle. Hij voelt intussen als een oude vriend. Alles is in orde, maar ik moet het uiteraard zeer rustig aan doen. Hij is nog steeds niet helemaal te spreken over mijn vroege vertrek uit het ziekenhuis, maar mamsje verzekert hem dat we ons keurig aan de regeltjes hebben gehouden. Galil gelooft er terecht geen snars van. Als laatste vraag ik hem wanneer ik mijn willy weer mag gebruiken. Hij antwoordt: 'As long as you don't jump on the lady from the cupboard, you should be fine.'

Ik heb gelukkig de videocamera van Arthur meegekregen. Hiermee zouden we alsnog het einde van het voorgenomen script kunnen filmen. Het gaat ver, maar ik moet het proberen. Alleen nog de juiste straat vinden, mamsje kan dan filmen.

Tegen het uitdrukkelijke advies van Galil in gaan we dus toch de kokende straten van Caïro in. Ik met een grote buikwond en onder de pijnstillers en mamsje met haar Wassenaarse tropenoutfit tot in de puntjes verzorgd en geheel opgemaakt. 'Het mag hier dan wel islamitisch zijn, ik blijf een Wassenaarse, dus ik zie er verzorgd uit!'

De omstandigheden zijn natuurlijk verre van ideaal, dus ik houd het niet erg lang vol. Maar toch valt mijn oog tijdens een taxirit naar een andere straat op een aandoenlijk tafereel. Bij een markt vol met verse etenswaren scharrelt een straatjochie rond op zoek naar iets eetbaars tussen het vuilnis. Koloniale gebouwen op de achtergrond. Ik spring uit de taxi en mamsje filmt hoe ik de Caïro-foto maak. Onze film is gered dankzij dit anonieme straatjochie.

Samen vertrekken we vanuit Caïro terug naar huis, waar ik na een aantal dagen weer langsga op de Herengracht. Iedereen is enorm geschrokken van de berichtgeving uit Caïro. Martijn heeft de clips van voor en net na de operatie laten zien dus ze zijn wel op de hoogte van hoe ernstig het was. Fijn om te merken dat ze oprecht meeleven. Het zal ongetwijfeld niet de laatste keer zijn dat er dingen goed misgaan.

Nederland, Amsterdam, Montecatini, Herengracht 257
21 april 2007

De film is af. Het is een combinatie geworden van de shots van Martijn op dag één in Caïro, de shots van mijn moeder tijdens de laatste dag na de operatie en een gefaket interview in een Amsterdamse shoarmatent die voor Egyptisch door moet gaan. Met Egyptische straatgeluiden erachter geplakt lijkt het net echt! Als je niet beter weet, word je er zonder meer van overtuigd dat ik daadwerkelijk vier dagen in Caïro ben gevolgd door een filmploeg.

Nu begint de lange weg naar de financiering van *Streets*. Dat een aantal dromers uit de artistieke hoek erachter staat wil natuurlijk niet zeggen dat harde zakenmensen er net zo positief over denken. Op naar de eerste partij.

Ik laat voor 1000 euro aan galageld (de studentengala's gaan intussen onverminderd door) grote prints maken. Vervolgens leer ik met vallen en opstaan hoe je een PowerPoint-presentatie in elkaar zet, die ik telkens verbeter. Met een hyperlink naar het filmpje en een slideshow waarmee je kunt inzoomen op details in de foto's is het al met al een heel professionele presentatie geworden. En natuurlijk heeft Menno een aparte, nog veel beter uitgewerkte (na vele extra avondjes Wolvenstraat), bijlage betreffende de financiën in Excel. Daarmee durf ik wel op pad. Maar op pad naar wie?

Tijdens onze vele besprekingen op de Herengracht besluiten Guirec en ik dat we het eerst bij bedrijven moeten proberen. Daar zit het geld en we hebben ook wat te bieden voor bepaalde multinationals, vinden we. Maar hoe kom je bij die jongens binnen? We hebben een groot netwerk, maar het valt toch nog tegen hoeveel mensen we kennen op posities waar we echt wat aan hebben. Het moeten natuurlijk wel bedrijven zijn die internationaal opereren, maar die het liefst ook een beetje een product maken dat niet haaks op de filosofie van *Streets* staat, en dan vallen er meteen een hoop af.

Een van de eerste partijen bij wie we het proberen is TNT. Die versturen de pakketjes van hun klanten naar de verste uithoeken van de wereld. Via de uiterst deftige Amstel Club, een club van ondernemers en industriëlen die borrelen in het Amstelhotel, waar de get-togethers op niveau worden gegeven, proberen we in contact te komen met de commercieel directeur van TNT. Na twee bevlogen speeches voor het aanwezige establishment door Chiel van Praag en door onze TNT-man vind ik op de valreep een kans om hem te interrumperen tijdens een gesprek en hem kort te vertellen over de inhoud van *Streets*. Het lijkt hem allemaal leuk en zo en hij zegt dat ik contact moet opnemen met zijn secretaresse. Want daar kom je toch niet doorheen. Wat hij niet weet is dat die secretaresse het nieuwe vriendinnetje van mijn broertje Wouter is. Zij stelt voor om de volgende ochtend een dvd'tje met de presentatie erop neer te leggen op zijn bureau.

Hij heeft de presentatie bekeken en ons daarna een nette brief gestuurd en daarin uiteengezet waarom TNT ons project niet kan sponsoren: ze sponsoren World Press Photo al, te veel risico, het project duurt te lang. De eerste tegenvaller is een feit.

Intussen is Guirec druk bezig met andere partijen zoals Google, TomTom, Philips, Sky Team, AmEx enzovoorts. Allemaal zonder enig resultaat. Vervolgens vertelt een vriend van mijn maatje Mark van Eeuwen mij dat een project dat vijf jaar duurt, door maar één persoon wordt uitgevoerd en vele risico's kent, niet zo'n heel aantrekkelijk verhaal is voor zeer commerciële bedrijven.

Die komt hard aan. We zien zelf inmiddels namelijk ook wel in dat hij hier een puntje heeft.

Na een halfjaar beginnen we ons een beetje zorgen te maken.

Terwijl de efforts voor corporate sponsors doorgaan besluiten we om onze pijlen ook te richten op de fondsen. Een stuk minder commercieel, wat aan de ene kant goed is en aan de andere kant gezeik, want dat houdt in het invullen van legio formulieren, uiteenzettingen van het project binnen kaders waarin dat niet kan, praten met mensen die de grootsheid ervan noch bevatten noch appreciëren en eigenlijk toch al niet het budget beschikbaar hebben waar we om vragen.

De ene na de andere presentatie volgt, waarbij wel altijd enthousiast gereageerd wordt op het idee, maar het vervolgens unaniem wordt afgewezen om genoemde redenen. In het begin ben ik bloednerveus voor die presentaties. Het gaat toch om mijn hele toekomst en om mijn droom.

Bij de achtste presentatie ken ik het verhaal praktisch uit mijn hoofd en kan ik de teksten van de film volledig mee playbacken. Dat is nog uitkijken geblazen, want je moet het wel enthousiast blijven brengen natuurlijk. Soms heb ik er drie in een week.

Ik probeer het bij het Fonds BKVB, het Prins Bernhard Fonds, het Fonds voor de Journalistiek, de Stichting Fonds Anna Cornelis, het Amsterdams Fonds voor de Kunsten, het VSB Fonds, en het SNS Reaal Fonds.

Vooral bij die laatste kom ik een heel eind. Het hele traject duurt acht maanden. Zo langzaam gaan de processen van het invullen van de benodigde papierwinkel, het bekijken ervan, het oordeel van een jury en het terugkoppelen van de uitspraak.

Vanuit India, waar ik op reis ben met mijn nieuwe vriendinnetje Eveline, blijf ik bellen en mailen, smachtend naar de verlossende uitspraak van de heren juryleden betreffende de toekomst van mijn leven. De uitspraak blijkt ruim een halfjaar later ook hier negatief. Na alle energie die erin is gestoken is het om gek van te worden. Intussen ben ik weer terug in Nederland en beginnen de studentengala's weer. Het volgende ellendige seizoen van nachtwerk breekt aan.

Gek hoe snel de tijd verstrijkt als er niets gebeurt. Voordat ik het weet zijn we een jaar verder na het laatste avontuur in Caïro, alweer twee jaar na Chişinău, maar geen stap dichter bij het startschot van *Streets*. Hier en daar ontstaat een beetje gemor, bijvoorbeeld bij de partners van Guirec bij Montecatini, die een investering hebben gedaan en geen enkel resultaat zien. Guirec komt onder druk te staan en dat baart mij natuurlijk zorgen, want hij is de enige die ik heb, die erin gelooft. Als hij afhaakt, kan ik het wel vergeten.

Tijdens het jaarlijkse kerstdiner van de Parkstraat in Utrecht vraag ik hem of hij er nog in gelooft. Zonder enige twijfel vertelt hij me dat het gaat lukken. Vrienden en familie beginnen er na anderhalf jaar ook een hard hoofd in te krijgen. Dit levert een aantal vervelende confrontaties op. Vrienden vragen: 'Dat plan met die foto's, ben je daar nou nog mee bezig?' Of: 'Ik zie gewoon een foto van een straat. Wat is daar zo bijzonder aan dan? Hoe ga je dat verkopen?' Inmiddels hebben ze allemaal wat je noemt 'een goede baan' en een vrouw. Ze beginnen huizen te kopen en te praten over kinderen. Ik ben daar totaal niet mee bezig. Ik zie dat als iets voor later, nadat ik mijn droom heb waargemaakt. Ze begrijpen mijn zoektocht niet. 'Je hebt het geprobeerd, Swolfs, maar dit gaat gewoon niet werken.' Ze zien niet dat het niet om een baantje gaat maar om een missie. Om iets wat ik moet doen, waar alles wat ik ben zich in bundelt. Iets wat een diepere betekenis geeft aan mijn leven, het compleet maakt. Zoiets geef je niet op. Maar dat krijg ik ze niet uitgelegd.

Ook thuis worden de duimschroeven aangedraaid. De aanvankelijke steun slaat weer om naar bezorgde vraaggesprekken. Dat zo'n project niet van de ene op de andere dag van de grond komt, wordt nog wel begrepen, maar na anderhalf jaar had het toch wel geregeld moeten zijn. Anders spoort het idee gewoon niet. Mijn ouders beginnen over 'plan B'.

'Heb je een plan B?'

Ik leg uit: 'Plan B? Er is alleen maar plan A! *Streets*. Je bezighouden met plan B is zelf al toegeven dat het misschien niet gaat lukken. Als ik dat toegeef, hoe kan ik dan ooit andere mensen overtuigen van het succes van *Streets*? Dat het haalbaar is moet ik als eerste vooral uitstralen. Iedereen heeft het door als je ook maar enigszins twijfelt. Dus natuurlijk is er geen plan B. En ik geloof er ook echt in!' Als ik mijn ouders al niet eens kan overtuigen… Gaan zij nou ook al zeggen dat ik het moet opgeven? Mijn droom? Dit zijn mijn ouders nota bene.

Het lijkt alsof niemand het meer ziet zitten. Het aanvankelijke enthousiasme is volledig verdwenen. Alleen Guirec en ik geloven er nog in. En Eveline. Lieve Eveline. Tegen haar spreek ik natuurlijk wel mijn twijfels uit. Mijn angst dat het niet gaat lukken.

'En wat moet ik dan in godsnaam gaan doen? Die kutgala's voor de rest van mijn leven? Mezelf daarmee helemaal naar de klote zuipen en werken?' Telkens wanneer ik twijfel, stimuleert ze mij om door te gaan. Om toch weer mensen te gaan bellen.

Ze zegt: 'Het is wel een goed plan, lieffie. En het gaat je hoe dan ook lukken. Je moet alleen de juiste mensen vinden. Maar die zijn er wel. Die bestaan! Door blijven gaan!'

Zij helpt zo mee aan het einde van ons samenzijn, want als het inderdaad lukt, ben ik vijf jaar weg. Ze is 24. We willen niet dat ze vijf jaar van haar leven gaat wachten op mij. Daar is tijd te waardevol voor. Als het echt goed zit vinden we elkaar daarna wel weer, redeneren we.

Guirec en ik kunnen bijna geen nieuwe partners meer bedenken. Ik moet er constant aan alle kanten aan blijven trekken om
mezelf en Guirec gemotiveerd te houden en toch nieuwe presentaties te kunnen doen. De nachtelijke ellende van de gala's gaat
maar door. Na een presentatie bij het BKVB Fonds Live, waar Guirec en ik dertig minuten hebben, worden we al na achttien minuten afgekapt. De jury kijkt ons vol ongeloof aan.

Zowel Guirec als ik hebben wel in de gaten dat het met die
fondsen nooit gaat werken. Het plan is te groot. Het denken te
klein. Na de dramatische presentatie staan we buiten op de
gracht in het zonnetje. Guirec zegt: 'Rukkers. We gaan dit helemaal anders doen. We gaan dit naar Alex brengen.'

Dat is de eerste keer dat ik de naam Alex Mulder hoor vallen.
Ik heb geen idee wie hij is. Guirec legt me uit dat Alex een belang
heeft genomen in Montecatini en een passie heeft voor kunst en
kunstzinnige projecten. Hij heeft een investeringsbedrijf genaamd Amerborgh, dat helpt bij de totstandkoming van projecten. Montecatini en Amerborgh hebben elkaar eerst een beetje
leren kennen. Het klikt goed. Samen zijn ze in het avontuur van
de musical van *Soldaat van Oranje* gestapt. Volgens Guirec is Alex
de man bij wie we het moeten gaan neerleggen. Ik heb er een hard
hoofd in.

Weer een paar maanden later treffen Guirec en ik elkaar voor
de deur van Amerborgh Holding in Amsterdam-Zuid. We hebben een afspraak met Michel Vrolijk, de financiële man van
Amerborgh en feitelijk de zaakwaarnemer van Alex Mulder.

Als ik zijn hand schud en hem aankijk heb ik meteen een heel
ander en veel beter gevoel dan bij alle voorgaande presentaties bij
elkaar. Michel is uiterst nieuwsgierig en straalt een natuurlijk enthousiasme uit. Ik word er zelf ook extreem gemotiveerd door.
Dat soort dingen werken aanstekelijk. Al na twee minuten heeft
hij honderd zinvolle vragen. 'Jezus, wat een mooi plan, man! Niet

alleen de fotografie maar ook het avontuur. Het lef, het onbekende ervan. En ook de commerciële kant.'

Ik weet niet wat ik meemaak. En Michel is geen kleine jongen
in de financiële wereld. Ex-directeur ING Private Banking en ex-
directeur Merryll Lynch Nederland onder andere. Nu adviseert
hij in de beleggingen van het vermogen van Amerborgh. Wel een
zakelijke en reële kerel maar met die heerlijke positieve insteek.
Hij weet *Streets* op waarde te schatten. Iemand die het grotere
plaatje ziet, die mij begrijpt. Hij gaat het met Alex overleggen.

Na het gesprek staan we een uur later met trillende beentjes
weer buiten. We hebben eindelijk een kans, een heel goede kans.
Het geld is hier geen probleem. Ze moeten erin geloven. En daar
leek het wel op. Ik heb er geen woorden voor en Guirec kan zijn
vreugde ook niet meer op. Ook voor hem was dit inmiddels een
grote zorg geworden. Maar nu is ineens alles anders. Nu hebben
we succes gehad! Twee heel blije gasten omhelzen elkaar in Amsterdam-Zuid. Ruim tweeënhalf jaar na Caïro.

Thuis weten ze niet wat ze horen. Tranen door de telefoon.
Eveline schrikt zich een hoedje van blijdschap en naderend on-
heil. Vrienden vinden het ineens allemaal weer een briljant plan
en Montecatini is opgelucht. En ik, ik ben nog nooit zo blij geweest met mezelf.

Maar het werk begint nu pas echt. We hebben een heel goede
kans, die moeten we nu niet verspelen. Michel heeft ons gevraagd
de financiën bij het volgende gesprek te presenteren zodat hij
daarmee naar Alex kan. Met de financiën zijn we al een heel eind,
maar deze jongens lopen daar vrij minutieus doorheen dus het
moet weer beter. Er volgen wederom meerdere avondjes op de
Wolvenstraat en Menno maakt er nog iets veel mooiers van. We
besparen maximaal.

Pas drie maanden later volgt het tweede gesprek met Michel.
Waarom duurt alles zo lang? Het is dan eind 2008. De financiën,

die ik uit mijn hoofd heb geleerd, gaan goed. We hebben het voornamelijk over de legio mogelijkheden die het project nog meer biedt en wederom geniet ik van het oprechte enthousiasme van Michel. Hij begrijpt echt precies wat ik bedoel, waarom ik het zo doe en waar ik heen wil. Daarnaast begint hij zelf ook allerlei nieuwe dingen te bedenken die 'we' ook kunnen doen. Er wordt gesproken in de wij-vorm. En dat voelt heel goed. Michel zegt dat het tijd wordt voor een afspraak met Alex.

Twee maanden later breekt het belangrijkste gesprek van mijn leven aan. Na de twee voorgesprekken met Michel, die alles op zijn beurt weer aan Alex heeft doorgespeeld, wordt het tijd voor de presentatie aan Alex en zijn partner. Nu is het erop of eronder. Dit is de man die bepaalt. De spanning is gekmakend. Ik kan nergens anders meer aan denken. Het is maart 2009. Drie jaar na Chişinău.

Gelukkig is natuurlijk Guirec erbij en Michel ook. Hij is inmiddels oprecht fan van *Streets*. Als Alex binnenkomt heb ik eigenlijk dezelfde ervaring als met Michel een halfjaar eerder. Alex straalt uit dat we gaan bedenken hoe we iets kunnen laten lukken in plaats van bedenken waarom iets niet kan. Heerlijk vind ik die instelling. Suzan, directeur van Amerborgh en partner van Alex, geeft een heel fijn en warm gevoel. Ook zij begint meteen hardop mee te denken.

Maar zo simpel is het nu allemaal ook weer niet. We geven wederom de hele presentatie, waar we intussen natuurlijk wel vrij goed in zijn geworden. We komen ontspannen over en de situatie is dat ook. Alleen de presentatie duurt al ruim een uur door de constante vragen maar ook ideeën van Alex.

Als het 'officiële gedeelte' erop zit, begint het brainstormen. Ook hier wordt al vrij snel in de wij-vorm gesproken en zo praten we nog anderhalf uur verder. Alex is een zeer drukbezet man. Als hij hier zoveel tijd voor neemt... Zo langzamerhand begin ik het ondenkbare te denken, te voelen.

Alex sluit af met: 'Het is heel simpel, we doen het wel of we doen het niet.'

Wederom sta ik met Guirec buiten. Voor de deur kijken we elkaar eens goed aan. We glimlachen en omhelzen elkaar. Zou het dan toch echt gaan lukken?

Guirec zegt: 'In the pocket.'

Ik zeg: 'Rot op!'

Hij zegt: 'In the pocket.'

Ik geloof het pas als ik het hoor. 'Hoezo, we doen het wel of we doen het niet?'

Drie weken lang slaat mijn hart over bij elk telefoontje dat binnenkomt. De spanning thuis is om te snijden. Ook Eveline wordt er kriebelig van, want ons leven samen staat op het spel. Als het doorgaat, weten we allebei, gaan we uit elkaar.

Na 22 dagen belt Guirec me thuis op. 'Ga je ticket maar kopen... Ze vinden het fantastisch!'

Eveline kan alleen maar zeggen: 'Schatje, dit lul je! Dit lul je!'

Mamsje wordt volledig hysterisch aan de telefoon.

Adje zegt: 'Dat heb jij goed gedaan, knul.' Het is echt waar. *Streets of the World* bestaat!!

Thailand, Bangkok, Sukhumvit, Soi 22/2 18 juli 2009

Het gaat beginnen. Het gaat echt beginnen. Ik heb de wereld in vier fases ingedeeld. Azië/Oceanië, Amerika, Afrika en Europa/Midden-Oosten. Ik begin in Azië. Daar ben ik al veel geweest. Ik hou van dat continent. De mensen zijn voornamelijk vriendelijk en het is betrekkelijk veilig. Je hebt er supercoole steden en verlaten eilandjes midden in de Pacific. Een goed begin om erin te komen en te wennen aan deze nieuwe levensstijl die ik voor mezelf gerealiseerd heb.

Ik heb nu acht landen. Dat betekent dat ik er nog zo'n 195 te gaan heb in de komende vijf jaar. Ik heb de VN-telling losgelaten. Taiwan zit niet eens in de VN. Eerst alle landen van Azië. Dat zijn er 56, zonder het Midden-Oosten. Officieel hoort dat bij Azië, maar die regio combineer ik met de laatste fase Europa. Dat heeft te maken met het weer. Ik wil redelijk tot goed weer op elke foto. Bij slecht weer zijn er geen mensen op straat. Regen is niet goed voor mijn apparatuur. En ik wil de wereld op een positieve manier laten zien.

Na Azië is het Amerikaanse continent aan de beurt. Vanaf Argentinië heel Zuid-Amerika door en via Midden-Amerika en de Cariben helemaal omhoog naar Ottawa, Canada. Als dat af is ben ik anderhalf jaar zoet in Afrika, 65 landen. En daarna dus Europa, waar ik een jaar over doe. Dan wordt het winter en tijdens die winter doe ik het Midden-Oosten. Dan is het 2014 en maak ik mijn laatste foto, in Amsterdam.

Ik ben weer in Bangkok! Ik ben hier voor mijn eigen project, voor mijn droom! Khao San Road is intussen niet meer de plek waar ik moet zijn. Te veel verveelde backpackers met een toch aanstekelijke drang naar party time en drank. Ik heb mezelf beloofd niet meer zoveel te drinken. Nu, aan het einde van het galatijdperk en het begin van het *Streets*-tijdperk, is het wel zo verstandig om wat gezonder te gaan leven. De expatbuurt is nu mijn 'thuis'. Ik woon op Sukhumvit, Soi 22/2. Sukhumvit is de langste straat van Bangkok en de sois zijn de dwarsstraatjes waar van alles gebeurt. Hier heb ik drie jaar geleden de Bangkok-foto gemaakt. Grappig dat ik jarenlang voor het blad *The XPat Journal* heb gewerkt in Nederland en nu eigenlijk zelf een expat ben. Met Naomi maakte ik toen artikelen over vrijetijdsbesteding in Nederland. Zo konden expats in Nederland zien en lezen wat voor leuke dingen er te doen zijn in dat kleine landje.

Helaas is hier niet zo'n blad, maar Naomi is er wel. Nadat wij uit elkaar zijn gegaan is ze verbluffend snel getrouwd met een Fransman. Ze zijn in Bangkok gaan wonen. Het leek haar beter om elkaar niet te zien. Niet omdat dat niet fijn is, maar omdat dat juist wel fijn is. Dus moet ik het toch allemaal zelf uitzoeken en dat is ook het beste.

Ik kijk eens om me heen. De studio die ik heb gehuurd is prettig. Een van de vele in dit grote koloniaal aandoende huis genaamd House by the Pond. Met tropische planten en bomen en een klein meertje, in het centrum van de stad. Dit is nu thuis, denk ik. Want een echt thuis heb ik niet meer. De Van Walbeeckstraat, waar ik acht jaar woonde, is eruit. Ik heb mijn auto en een groot deel van mijn spullen verkocht of weggegeven. De rest heb ik weggeflikkerd: keukenspullen, glazen, borden, wasmachine, koelkast. Allemaal weg. Het bed waarin ik heb geslapen en gevreeën. Een leven.

En Eveline. Die is ook weg uit mijn leven.

Naast me staat het koffertje met wieltjes. Je kunt er ook nog een rugzak van maken. Dat leek me handig voor trappen of stranden. En het kleine rugzakje met mijn camera en laptop. Dat zijn alle aardse spullen die ik nu bezit. En een moneybelt met twee dubbeldikke paspoorten erin. Dat is wel weinig op je 34e, Swolfs, denk ik glimlachend. Ik heb me uitgeschreven in Nederland. Dat kost alleen maar geld. Ik sta nergens ingeschreven, want ik blijf nergens. In die zin besta ik dus niet. Volgens de planning ben ik de komende vijf jaar elke week in een ander land. Het klinkt ineens absurd. Maar het voelt ook heel licht, vrij. En zo is het, Swolfsie! En het is zaterdagavond. Dussss… wat gaan we doen?!

Ik ga maar eens informeren bij de receptie van House by the Pond. Die verwijst me naar Soi 11, waar het blijkbaar allemaal gebeurt en waar de expats een beetje gaan drinken. Achter op een brommer ga ik erheen. Heerlijk.

Het is meteen duidelijk dat dit wel het goede straatje is. Op links zie ik een leuk barretje met een aantal lallende types. Daar moet ik zijn dus. Het tentje heet Cheap Charlies. Aan de bar wissel ik een paar blikken met een goedgeluimde lange gast met dikke blonde krullen. Als hij na mij zijn drankje bestelt, blijkt uit zijn accent onmiddellijk dat we met een Nederlander van doen hebben. Dus ik zeg: 'Nederlander zeker?' De avond is begonnen.

Ruud werkt voor een multinational en is regional manager. Een goedlachse Amsterdammer, net als ik eigenlijk, dus we zijn al snel de beste vrienden. Na een paar pinten blijkt dat hij een afspraak heeft met een Thaise dame, Amy. Ze hebben afgesproken in een straat die Route 66 heet. Ik heb er nog nooit van gehoord. Ja, die in Amerika. Ruud bevestigt dat praktisch geen enkele blanke het kent. Dat belooft wat. Uiteraard ben ik erbij want ik kies het avontuur. Na twintig minuten rijden met een taxi vraag ik me af waar we in godsnaam zijn. Maar gelukkig komen we in donker Bangkok aan bij een door neon felverlichte straat met een dreunende beat en gezellige dranghekken ervoor. De taxichauffeur zegt alleen maar: 'Enter.'

Route 66 is moeilijk uit te leggen. Zo heet die straat ook niet eens, volgens mij. Het is een rij van zo'n tien tenten, maar er zitten geen muren tussen. Je kunt dus een kwartiertje rechtdoor lopen en dan kom je allerlei verschillende tenten met een geheel eigen stijl tegen. Een briljant concept.

Er gebeuren rare dingen bij binnenkomst. Na de metaaldetector krijg je namelijk uit het niets een soort thermometer op je voorhoofd geplakt, die moet aangeven of je Mexicaanse griep hebt. Ruudje scoort 34 graden. Ook niet echt lekker. Ik krijg mijn score niet te zien, maar mag doorlopen nadat ik verplicht mijn slippers inruil voor een paar blauwe All Stars bij een vrouwtje voor 90 baht.

Na wat zoeken vinden we Ruuds dame. Bier wordt er niet gedronken in Route 66. Iedereen heeft een eigen statafeltje met daarop een aantal flessen sterk en frisjes, ijs en limoentjes. Het allermooiste is dat Ruud een creditcard heeft van zijn multinational, waardoor we de gehele avond drinken op kosten van zijn goede werkgever. Beter wordt het niet.

Al snel blijkt dat Ruud en zijn dame allang met elkaar naar bed gaan, wat mooi voor hem is, maar matig voor mij want haar vriendinnetjes zijn een ietsiepietsie minder aantrekkelijk. Toch heb ik na niet al te lange tijd een Thaise tong in mijn mond. Ze is lief maar zoent als een brugklassertje. Dat is lang geleden. Niet zo verwonderlijk, want eigenlijk is het extreem liberaal dat er überhaupt seks is voor het huwelijk in Thailand. Afgezien van de seksindustrie natuurlijk, maar dat is een verhaal apart.

De meisjes in Route 66 zijn echter vrijgevochten studentes die zich dat wel een beetje kunnen permitteren, al zijn ze wat onwennig. Ik probeer het haar een beetje uit te leggen, maar ze blijft een nerveuze zoener. Dat weerhoudt mij er wel van om een tweede deel aan de avond te breien wanneer Ruudje zegt dat het nou wel tijd wordt om te neuken. Dat mijn Thaitje inmiddels staat te kotsen helpt niet. Nou nog even terug naar huis. Where the fuck am I? Boeit niet. Ik ben in Bangkok, waar Jeroen Jerry is. Waar Jerry is voor zijn eigen project. Dat moet gevierd! Met mijn nieuwe vrienden. Wat een mooie avond! Dit wordt feest!

Japan, Tokyo
26 juli 2009

Na een motiverende start in Bangkok vind ik mezelf, nog steeds een beetje wollig, terug in Tokyo. Voor het eerst sinds drie jaar ga ik weer een foto van een straat maken.

Eigenlijk ben ik weer meteen in mijn element. Inmiddels voel ik me net zo thuis 'op reis' als wanneer ik 'thuis' ben. Thuis ben ik Jeroen. Op reis ben ik Jerry.

Na een slapeloze nacht in het Thai Air-toestel (ik kan bijna niet slapen in vliegtuigen of welk ander transportmiddel dan ook) val ik in een zwart gat. Het wordt al snel duidelijk dat Engels hier in Tokyo een zeldzaamheid is, en dat in een land dat zo enorm geïndustrialiseerd is. Gelukkig heb ik de route vanaf het vliegveld naar mijn hotel in mijn hoofd gestampt, dus het gaat eigenlijk nog voorspoedig, al ben ik er vier uur zoet mee.

Dat komt ook omdat Tokyo megagroot is en heel erg verdeeld in aparte wijken, met allemaal hun eigen gezicht. Dat maakt het natuurlijk nogal lastig om de hoofdstraat te vinden. 's Avonds besluit ik om er een mailtje uit te gooien om eens te kijken of we hier via via iemand kennen die mij op extreem korte termijn (lees: morgen) kan helpen. En ja hoor, de oud-huisgenoot van een vriendje uit Groningen van mijn huisgenoot woont in Japan en ik heb hem de volgende ochtend aan de telefoon.

Thijs en ik spreken 's avonds af voor een drankje. Terwijl ik sta te wachten op het drukste verkeersplein van Tokyo doemt er in de verte tussen de ontelbare drommen krioelende Japanners een gigantische kerel op. Hij is ruim twee meter lang en anderhalve meter breed en de bange Japanners springen voor zijn bulderende stappen weg. 'Thijs van der Schroeff,' brult hij terwijl ik mijn nek in een tot dusverre onbekende hoek probeer te draaien. We gaan samen eten in een typisch Japans tentje, schoenen uit en zittend op kussens. Het is natuurlijk meteen goed met bier en sterke verhalen en Thijs spreekt uiteraard ook vloeiend Japans. Het blijkt ook al snel dat Thijs nogal dorstig is en mij Tokyo by night wil laten zien. Daar hoopte ik natuurlijk al enigszins op. Na een paar pinten verlaten we het restaurantje op weg naar wat de vetste club van Azië moet zijn: The Womb. Onderweg krijgt Thijs neuken aangeboden en ik pijpen. Dat had ik even niet verwacht in Japan.

Thijs vertelt me dat Japanners een gen missen, waardoor ze alcohol minder snel afbreken dan wij westerlingen, en dat het daardoor altijd een grote puinhoop wordt, want ze drinken wel rustig door in Japan. Thijs wordt behandeld als een soort wereldster, omdat de steeds lammere Japanners er gewoon niet meer bij kunnen dat hij zo lang is. Vermaak van de bovenste plank. Het grenst soms echt aan hysterie, vooral van gasten met hoge piepstemmetjes. Meisjes bieden zich aan Thijs aan en vragen zich af of de mythe waar is. Thijs heeft zelfs eens een serieus huwelijksaanzoek gehad op een metrostation, puur gebaseerd op zijn lengte! Die metro's stoppen om twaalf uur 's nachts en beginnen pas weer om zes uur te rijden. Tot die tijd moet je het zien uit te houden. Taxi's zijn hier onbetaalbaar. Rond een uurtje of zeven pakken we een taxi naar huis na een wel heel bizarre avond in The Womb.

Zo kan het dus ook met die doorgaans zeer gedisciplineerde Japanners. Ze leven volgens eeuwenoude tradities en werken zich helemaal kapot. Alles is leuk. Altijd lachen. Ik zie oververmoeide Japanners op elkaar gepropt in de duizenden metro's. 's Avonds moeten ze tot diep in de nacht acte de présence geven op chique, met sake doordrenkte zakendiners. 's Ochtends dienen ze om acht uur achter hun bureau te zitten. Japan heeft met afstand het hoogste percentage zelfmoorden in de moderne wereld.

Het is een land met vele gezichten en het zal nog lastig worden om het allemaal in een foto te krijgen, maar ik heb er intussen wel een idee over.

Het is ook duidelijk geworden dat ik het mezelf een stuk makkelijker maak door meteen iemand te ontmoeten die woont in zo'n megastad. Ik schrijf me dus voordat ik naar Seoul ga in op couchsurfing.org.

Zuid-Korea, Seoul
1 augustus 2009

Couchsurfing. Je schrijft jezelf in op couchsurfing.org, maakt een profiel aan en je slaapt overal ter wereld bij dames thuis op de bank. Of bij heren. Ik slaap liever bij dames. Het is helemaal niet opgezet als seksuele datingsite. Het idee is dat je bij iemand kunt logeren. Misschien kunnen ze je de stad laten zien, misschien niet. In ieder geval heb je een slaapplek en iemand die je kent in een onbekende stad. Het kan natuurlijk ook heel gezellig worden. Een briljant concept. Het is eigenlijk het toch al bestaande gemak van expats maar dan wat meer gereguleerd. Je komt meteen in contact met fijne mensen die veel van de stad weten en altijd wel zin hebben in een drankje. Daar ben jij dan bij.

Lauren uit de States wordt mijn eerste 'host'. In haar profiel staat dat ze houdt van veel drinken, party time, niet van tempels en dat ze hier al twee jaar woont. Leuke foto. Ze lijkt me een ideale kandidate voor een eerste couchsurf-experiment. Volgens haar aanwijzingen pak ik de bus vanaf Seoul Airport. Na Tokyo met de reus uit Groningen ben ik zo moe dat ik in de bus in slaap val. Dat is nog nooit gebeurd. De chauf had beloofd dat hij me zou wijzen op mijn halte. Ik schrik me kapot als hij vol op zijn remmen gaat staan om me ver na de halte uit zijn bus te gooien. Hij legt me gelukkig in het Koreaans uit hoe ik terug moet lopen.

Een halfuur later kom ik aan bij Lauren. Ik klop aan en na lang wachten gaat de deur langzaam open. Er doet een gebogen oud dametje open, die wel Lauren is. Dat was niet de afspraak. Ik loop haar ieniemienie en nogal onwelriekende appartementje in. Het blijkt dat ze erg ziek is. Als ik beter kijk zie ik dat ze inderdaad Lauren is. Dat ze bij betere gezondheid voor 27 door kan gaan. Lauren heeft een soort acute maagzweer (door het zuipen, denken we achteraf) en de drukkende hitte in haar toch al smerige appartementje maakt het er niet beter op. Ondanks haar ziekte blijkt al snel dat ze wel een leuke tante is. Nadat ik wat bouillon en water voor haar gehaald heb, raadt ze me aan om haar vrienden die wel in de stad zijn te ontmoeten. Ik krijg haar reservemobieltje mee zodat ik ze kan bereiken. Zo werkt het met couchsurfing. Binnen no time heb je nieuwe vrienden.

Malia, Matthew en Tiffany wonen in een extreem relaxte appartemententoren midden in centraal Seoul. Matt en Tiff geven beiden Engelse les en Malia is journaliste en dichteres. Ook Dan komt aanlopen door de tuinen tussen de complexen. Hij is ook aan het couchsurfen en iedereen wordt er constant bij gehaald. Dan is een Australiër en we zijn meteen dikke vrienden. We gaan drankjes drinken in het appartement van Malia en na een paar lokale wodka's wordt het plan geopperd om even een kijkje te gaan nemen op de helicopter pad.

'Helicopter pad?'

'Yes, helicopter pad... on the roof.'

Boven kijk ik vanaf de 65e verdieping uit over een nachtelijk Seoul dat verlicht wordt door ontelbare lampjes en waar het kabaal van de stad over me heen spoelt. Dannyboy klimt al snel over de reling om bijna zijn dood tegemoet te storten. Tiffany vertelt dat dit de beste plek is waar ze ooit seks heeft gehad.

Ik crash samen met Dan bij Malia. Met Danny ga ik de volgende dag de sfeer van de stad ontdekken. Ergens moet er ook nog een foto worden gemaakt. 's Middags ontmoeten we Matt met een paar Koreaanse vriendinnen. Matt spreekt vloeiend Koreaans.

Ze nemen ons mee naar een oude tempel die is omgebouwd tot een heel deftig restaurant. Daar overleggen we wat mijn straat moet worden en we gaan er ook meteen een kijkje nemen. In Jonggo blijkt dat dit zeker wel gaat lukken. Oude mannetjes, jeugd, en Koreaanse architectuur. En natuurlijk veel verkeer.

Tegen die tijd is het alweer tijd voor een drankje.

Gisteravond heb ik Matt met mijn lamme bek op de helicopter pad zover gekregen om samen met mij de blues te gaan spelen op de talentenjacht van een of andere Australische pub. En niet lam zeggen en dan vervolgens niet doen. Na een slecht verlopen repetitie staan we dan ook vrij snel op het podium om – hij op gitaar, ik op mondharmonica – er een toch vrij strakke blues uit te gooien. Een groot succes. Ik slaap weer bij Malia. Gisteren stond ik nog op het vliegveld.

Het is beter dat ik verhuis naar het centrum zodat ik wat efficiënter kan werken, want ik ben hier al twee dagen en heb nog geen foto genomen. Bij Lauren ga ik mijn spulletjes ophalen. Zij voelt zich gelukkig een stuk beter en ik voel me een stuk slechter.

Het blijkt midden juli vrij druk te zijn in Seoul. Ik beland in een zogenaamd Love Motel. Net als in Japan woont de jeugd hier lang thuis waar het nogal lastig vrijen is. Een gat in de markt voor handige ondernemers, die zogenaamde Love Motels hebben opgezet, waar je een kamer kunt huren voor minimaal vier uur om te vrijen met je lief. Je hebt ze in allerlei thema's. Die van mij is Griekse mythologie met gespierde beelden, laurierbladeren en naakte cupido's met kleine pikkies in roze licht. Ik kan ook een kamer huren voor drie dagen en ik zit daarmee meteen om de hoek van mijn straat. Een perfecte deal dus. Helaas ben ik waarschijnlijk wel de enige hotelgast die niet vrijt. De muurtjes zijn dun.

Na een dag fotograferen heb ik een aantal goede foto's. Eerst echter meeten met mijn nieuwe vrienden, want we gaan naar een marionettenshow en dan naar een water party.

De marionetten geven een fantastische Michael Jackson-show weg. De Koreanen die samen met mij op het veld voor het podium zitten worden gek. Daarna snel naar Club Oi. Het is een soort fantasiewereld met nissen en grotten en donkere hoekjes gevuld met een halve meter water. Gooi er een paar supersoakers en wat drankjes in om volwassenen direct weer kinderen te laten zijn. Hier word je helemaal snel vrienden en ik sta al rap te zoenen onder een rubberen opblaasbootje met ene Vicky uit Schotland. Bewapend met twee supersoakers verandert Danny in een soort marinier die ik urenlang niet meer zie en ik probeer vier Koreaanse dames vijf keer uit te leggen wat ik hier eigenlijk doe.

Taiwan, Taipei
3 augustus 2009

Volgende stop: Taiwan. Ik ben erg benieuwd naar Taipei. En naar Shin Lee, mijn gastvrouw in Taiwan, die ik ook via couchsurfing heb gevonden. Ze haalt me op bij de bushalte. Shin Lee is een superschatje. Eerlijk is eerlijk, ik selecteer er wel op. Maar die foto's kunnen nogal misleidend zijn. We gaan naar haar huisje om spullen te droppen en beter kennis te maken. Ze woont in een typisch Aziatisch appartementencomplex van een jaar of dertig, veertig oud. Rommelige bedoening en zes trappen op naar de bovenste etage. Een tweekamerappartementje met airco in de slaapkamer.

Shin Lee heeft een comfortabel bed en daarnaast staat een heel klein bankje. Nadat we elkaar wat beter hebben leren kennen en ik het een en ander heb uitgelegd over *Streets* is het al best laat en Shin moet de volgende dag werken en om zes uur op. Dat wordt het ieniemienie bankje dus. Dit is de grap van couchsurfen. Vrouwen zijn in hun eigen omgeving en zij bepalen wat er gebeurt. Aangezien je te gast bent kijk je wel beter uit om initiatief te nemen, want voordat je het weet sta je midden in de nacht in een stortbui op straat, eigenlijk zoals het altijd gaat. Vrij vermoeiend, maar wat moet je dan?

Het bankje is 1,20 meter lang en heeft van die knopen die het rode Chinese nepleer snoeistrak spannen. Het is eigenlijk een keihard opblaasbed. Ik zie er de charme wel van in. Het heet toch couchsurfen.

Anyway. Ik ben er natuurlijk in de eerste plaats om te fotograferen. De volgende ochtend vertrek ik tijdig naar de plek die Shin me heeft aangeraden. Een goede plek. Het is ongelofelijk warm, zo'n graadje of 38. Dat hakt er wel in en ik begin ook weer last te krijgen van die uitlaatgassen. Aan het eind van de dag heb ik met Shin afgesproken en tegen die tijd is mijn hele keel verziekt. We gaan wat lokaals eten met een vriend van Shin die zichzelf Jasper noemt (zij meten zichzelf ook allerlei Engelse namen aan). Daarna voel ik langzaam maar zeker mijn maag zichzelf omkeren. Ineens gaat het niet meer zo lekker met Jerry. Dat uit zich tevens in het steeds stroever verlopende gesprek. Logisch. Ik heb even geen zin meer in die investering, want ik begin ook nog koorts te krijgen. En zij hebben natuurlijk weer nul teksten. Ook zoiets.

Als verrassing heeft Shin een scooter geregeld, waarmee we naar huis crossen. Dat is natuurlijk heel fijn. Achterop bij zo'n schattig Taiwaneesje. Ik druk mezelf heel stevig tegen haar aan. In de eerste plaats omdat ik anders van die scooter af lazer, want ik ben enorm duizelig. Gelukkig duurt het ritje terug maar zo'n drie kwartier. Het begint ook fors te regenen. Tegen de tijd dat we er zijn wil ik alleen nog maar mijn keiharde bankje.

Die nacht is op zijn zachtst gezegd onprettig. Ergens rond drie uur, als ik badend in het zweet een half kastje omver lazer op weg naar de plee, besluit ik (en ik denk Shin ook) dat ik echt wel verhuis naar een hotel om eens even rustig uit te zieken in de privacy die je daarvoor zo graag wilt hebben. Intussen zijn er namelijk ook een stevige diarree en wat braken bij gekomen.

Als het ochtend is, overleg ik met Shin. Alhoewel ze het rot voor me vindt, is ze er volgens mij niet echt rouwig om dat ik besloten heb om te verhuizen. Ze vraagt of ik hulp nodig heb want ze moet ervandoor dus ik lieg van nee, komt wel goed. Helaas trapt ze daarin of doet ze alsof en smeert hem, waardoor ik volledig uitgedroogd (water op) en behoorlijk duizelig in die kuthitte al die trappen af moet met die zware kutspullen. Laag gaan is mooi. Na een taxiritje kom ik aan in een superrelaxed kamertje bij mijn straat om de hoek. Eerst uitzieken dan maar.

De volgende dag voel ik me nog slechter. Via CNN verneem ik dat er een stevige tyfoon aan komt. Dat betekent een week regen, dus geen foto, dus falen en weer terug moeten komen op een later moment. Nu is het nog goed weer. Laatste kans. Ik sleep mezelf die tent uit en ga nog een paar uur fotograferen. Met dezelfde lichaamstemperatuur als die van de omgeving, namelijk 39 graden, is het nog lastig werken. Gelukkig maak ik toch goede foto's. Die nacht breekt de storm los en het stopt niet meer tot aan mijn vlucht, die ik voor de zekerheid een dag heb uitgesteld.

Naar het ziekenhuis is natuurlijk het beste. Maar ik weet precies hoe het gaat. Er heerst nu Mexicaanse griep. Aziaten hebben de neiging om extreem paniekerig te reageren op alles wat met ziekte of gevaar te maken zou kunnen hebben. Ik heb natuurlijk meteen overwogen of het die griep was en online wat informatie opgezocht. Het zou kunnen, maar het kunnen ook duizend andere dingen zijn. Als ik hiermee naar het ziekenhuis ga, lig ik meteen een week in quarantaine, mis ik mijn vlucht en de vlucht daarna. Onnodige ellende. Dus ik zing het twee dagen uit. De koorts zakt een beetje, maar mijn keel blijft grof schuurpapier. Ik heb het wel een beetje gehad. Mijn vlucht naar Bangkok vertrekt over twee dagen. Er staan hittecamera's in Bangkok op het vliegveld. Met deze koorts word ik er daar zeker uit gehaald. De koorts moet zakken.

Een dag later voel ik me goed genoeg om naar het ziekenhuis te gaan. Daar blijkt dat ik een acute keelontsteking heb met heel veel pus. Vandaar dat braken. Want die pus slik je door. Lekker.

Gelukkig is het te verhelpen met wat stevige antibiotica en ik krijg wat sterkere pijnstillers mee. Ik ben toch blij dat ik gegaan ben en voel me de volgende dag een stuk beter. Vanuit mijn raam zie ik intussen de tyfoon Morakot stevig huishouden. Daken vliegen van huizen, bomen breken als rietjes af. In mijn hotel zijn alle ramen afgeplakt met grote kruizen tegen het inwaaien. Heel veel schade blijft hier gelukkig uit. Het oog van de storm trekt over het zuiden van Taiwan. Daar wordt wel enorme schade aangericht. Achteraf blijkt dat er meer dan vijfhonderd doden zijn gevallen. Taipei ontspringt de dans dit keer. En ik vlieg naar huis. Naar Bangkok.

Het is 10 augustus. Vandaag word ik 35. Jezus, wat een leeftijd. Normaal word ik er altijd een beetje nostalgisch van. Maar nu voelt het eigenlijk wel goed, want ik ben lekker bezig.

Bij aankomst op Bangkok Airport loop ik zonder koorts langs de camera's. Ik spring in een van de felgekleurde taxi's die zo typerend zijn voor deze stad. Naar Sukhumvit, Soi 22/2. Wat een fijn huisje heb ik hier. Met internet, zodat ik kan verjaardags-skypen. Mamsje zit al de hele dag te wachten op mijn belletje. Er wordt voor me gezongen via Skype over een afstand van 10.000 kilometer. Ik zie ze thuis zitten op de bekende bank waarop ik zelf zat toen ik ze om hulp vroeg. Ik hoor de irritante klok slaan. Ze lijken dichtbij. Maar achter het computerscherm ligt het hele Aziatische en Europese continent aan afstand. Op 5 september gaat mijn zus trouwen. Dat is een goede reden om twee weken naar huis te gaan. Iedereen weer even bij elkaar. De rust van thuis. Als we ophangen voel ik me meer alleen dan voor het belletje.

Online boek ik mijn ticket naar Kuala Lumpur voor morgenochtend. Daar ga ik fotograferen en mijn vriend Jasper ontmoeten, die een paar weken gaat reizen. Ik doe mezelf een superfijne massage cadeau in een chic wellness-center. Zonder happy end,

dat kan daar niet. Ik voel me nog niet supergoed met die keelontsteking, dus is het niet zo verstandig om uit te gaan, maar het is
wel mijn verjaardag. Om de hele avond alleen op de bank te gaan
zitten lijkt me een nog slechter idee. Toch even naar Cheap Charlies?

Een halfuurtje later sta ik in mijn inmiddels favoriete barretje
in Bangkok. Het is een in elkaar getimmerd tentje dat vol hangt
met allerlei rare spullen – een waterbuffelkop, een opgezette
python – en er rijdt ook een modeltreintje doorheen. Het is er
heel klein, maar fijn. Het barretje is buiten en dat is zeldzaam in
Bangkok. Alle bars zijn altijd ijskoude aircotenten met sportwed-
strijden op gigantische tv's. Cheap Charlies is gezellig. Zoals
thuis, maar dan iets warmer en vochtiger. Ik ontmoet er altijd
nieuwe relaxte mensen. Het credo is er: 'Nobody drinks alone at
Cheap Charlies!' Vanavond tref ik er weer een volledig nieuwe
crowd aan.

Bij binnenkomst kruist mijn blik die van een kleine blondine.
Soms weet je meteen dat het goed zit. Ik ga wat nonchalant aan
de bar hangen en trek in no time een paar pinten weg. Dan word
ik door haar vriendin uitgenodigd om erbij te komen. ''Cause nobody drinks alone at Cheap Charlies!' 'What? It's your birthday?
Let's get more drinks!' Heerlijke tent. Blonde Kim is 29. Ze schil-
dert, komt uit Canada en is een liefje. Ik voel me ineens stukken
beter.

Al snel wordt er besloten dat we een kijkje gaan nemen in de
Afrikaanse buurt in Soi 3. Lachen. Vijfduizend negers. Natuurlijk
ben ik meteen enthousiast. Het klinkt onvoorspelbaar. Met Kim
dans ik de hele nacht tussen zwetende zwarte lijven. Na een paar
uur hitsig tegen elkaar aan geschuurd te hebben besluiten we dat
het tijd is om naar haar huisje te gaan. Als we haar trap op lopen
zegt ze: 'It might be your birthday, but don't think you're gonna
get laid tonight, Jerry!' De nacht eindigt in een heftige vrijpartij.
Toch nog een happy end.

Daardoor mis ik bijna mijn vlucht naar Kuala Lumpur. Nogal gestrest zit ik achter op het taxibrommertje en ga in moordend tempo de stad door om mijn spullen te halen. Bij aankomst thuis blijkt mijn sleutel bij Kim te liggen. Gloeiende hel! Snel reserve-sleutel erbij, vergoeden en wegwezen. Taxi ook weer vol gas. Net op tijd door de douane, rennen naar de gate en drijfnat neerplof-fen in de zachte vliegtuigstoel. Op weg naar Kuala Lumpur. En Jasper.

Vietnam, Hanoi
20 augustus 2009

In sommige steden ben ik niet meer geweest sinds die eerste backpackreis in 1995 met Kalinka. Ik was 21 toen ik veertien jaar geleden rondliep in Hanoi. We hadden het fijn in die serene, zwoele stad. Meisjes met gitzwarte haren en doorzichtige witte hemdjes zwevend in de tropische avondlucht fietsten door de stad naar hun huisjes, wie weet waar. De zware geuren van spring rolls en momo's. Rinkelende fietsbellen. Je kon een fietstaxi huren met erop een oude fauteuil gemonteerd die heerlijk zat. In elkaar verstrengeld reden wij door dit romantische spektakel en waren verliefd. We reisden zonder ook maar één gedachte aan de toekomst.

Nu ben ik weer terug in Hanoi. Ik herken het stille meer in het centrum en de smalle straatjes met vettige, tropische bomen, maar het straatbeeld en het straatgeluid zijn totaal veranderd. Alle, maar dan ook alle fietsen zijn tijdens de afgelopen vijftien jaar vervangen door scooters. Alhoewel de charme van het Hanoi van toen nog wel een beetje zichtbaar is, is het eigenlijk een stad als elke Aziatische stad geworden. Dertien in een dozijn. Alleen de architectuur maakt nog het verschil. Mijn bek valt open bij het scootergeweld. Mijn keel en longen protesteren heftig. Ik realiseer me dat de foto van deze straat heel anders gaat worden dan ik dacht. Met een biertje in de hand op een dakterrasje denk ik aan toen. Wij samen, overtuigd van onze liefde. Ons samenzijn tot het einde. Alles is nu anders. Zelfs deze stad is anders.

Maar dit is wel het Hanoi van nu en dat is een boeiend verhaal. Via een vriendje ben ik in contact gekomen met Duong, een Vietnamese consultant. Ik ontmoet hem in het hotel dat hij heeft aangeraden. Hij doet soms ook wat met film en is daarom erg geïnteresseerd in *Streets*. Na een koffie en een kennismakingsgesprekje gaan we op pad om een rondritje te maken door Hanoi. Ik leg hem uit waar ik naar op zoek ben. Vervolgens brengt hij me naar plekken die niets te maken hebben met waar ik naar op zoek ben.

Het blijft me keer op keer verbazen hoe anders Aziaten denken dan wij. Die mensen hebben serieus totaal geen gevoel voor esthetiek whatsoever. Dat mag je niet zeggen, maar dat vind ik wel. Daarnaast hebben Aziaten totaal geen gevoel voor humor en Duong is daar wederom een goed voorbeeld van. Mag je niet zeggen, maar ik vind het wel.

Behulpzaam is hij zeker wel en per ongeluk komen we op een plek terecht die toch best het Hanoi van nu weergeeft. Duong begrijpt er geen hol van en bestelt verward een kopje thee. Ik begeef me langzaam maar zeker meer de straat op om het juiste beeld te krijgen en word pardoes omvergereden door vloekende brommerrijders. Het levert woedende scheldtirades op met waarschijnlijk een inhoud als: 'Kuttoerist, wie staat midden op de weg tijdens het spitsuur dan?' Maar zij weten niet van mijn missie.

Die avond zit ik op een Vietnamees terrasje tussen tropische bomen en kleine plastic krukjes op de stoep met lauw bier bij een oude koloniale kerk als er een bebaarde jonge blanke gast op het terrasje naast mij gaat zitten. Ik zit alweer voor de vierde avond alleen en het lijkt me wel een relaxte kerel.

'Do you mind if I join you?' vraag ik.

Het blijkt dat Roman in de hooglanden werkt voor een irrigatieproject. Zijn dag begint om halfzeven met een paar stevige rijstwijntjes bij de eerste boer waar hij aanklopt met zijn verhaal. Zonder rijstwijn wordt er namelijk überhaupt niet geluld. Dat is hier het gebruik, altijd eerst drank. Hij is nu even in Hanoi en doet het rustig aan met de drank aangezien hij meerdere boerderijen per ochtend af gaat en dagelijks rond een uur of twaalf vrij dronken is. Hanoi is bijkomen voor Roman.

De bebaarde 25'er vertelt me echter ook over een ander gebruik in de bergen. Het drinken van slangenbloed. Dit wordt hem naast de rijstwijn ook standaard aangeboden. Nee is wederom geen optie. Anders worden er geen zaken gedaan. Ik hang aan zijn lippen. Koningscobra's komen hier zoveel voor dat het een pest genoemd kan worden. Bovendien kunnen ze ruim twee meter lang worden en dan zijn ze echt bloedjelink. Dus als een boer er eentje te pakken kan krijgen, en dat kunnen ze blijkbaar, dan bewaren ze hem voor een speciale gelegenheid. Intussen gooien ze een keer per maand een rat in het hok.

Mooi verhaal. Dat wil ik zien. Ik overleg met mijn Vietnamese vriend Duong. Eigenlijk kennen we elkaar helemaal niet maar we doen alsof we de beste vrienden zijn.

Duong kent het verhaal vanbinnen en vanbuiten en weet natuurlijk een dorp in de buurt waar ze dat ook doen. We gaan erheen en de eigenaar zegt dat de slangen volkomen 'harmless' zijn. Hij heeft een volledig mismaakte hand; toen hij jong was lette hij nog niet goed op en had hij een staart te pakken. Het beest bleek een dikke twee meter lang te zijn en beet zijn halve arm af. De spanning stijgt. De eenarmige moet daar een beetje om lachen.

Er komt een knul aan met een vale paarse zak waarin iets beweegt. Ik begrijp ook wel dat het nu gaat gebeuren, maar Duong vindt het nodig om het nog even te bevestigen. Als ik aan Duong vraag of hij kan vragen hoe dichtbij ik mag komen voor foto's knikt hij ja, maar regelt vervolgens niks.

Er moeten foto's gemaakt worden, dus dan maar op gevoel. Als Hollandse rukker heb je natuurlijk geen kaas gegeten van slangen. Lintworm in de verhalen van opa. Hazelworm misschien een keertje in het bos. Geen cobra's. Dus als zo'n beest ineens die zak uit wordt gelazerd en meteen zijn nekje spant, is dat wel even schrikken. De slang is ineens heel dichtbij! En duidelijk not amused.

Gelukkig houdt de slangenjongen hem even goed vast zodat ik een foto kan maken. Behalve dat de slangenjongen hem ineens loslaat! Ja, want dat is grappig, dat is lachen, kijk die witneus eens schrikken. Kijk hem wegrennen. Eikels. Ik schrik me de tyfus! Dat beest sjeest recht op me af en is pislink!

Echter, als de heren hun lol hebben gehad is het wel tijd om de tafel van slangenvlees te voorzien en begint het ongezellige gedeelte van de middag. Het leven van de cobra houdt nu op. Leuk is anders, maar hypocriet gelul heeft ook geen zin natuurlijk, of het nou een slang is of een kip. Kip eten we ook allemaal.

Dan begint het machogedoe met het bloed van de slang. Het is namelijk potentieverhogend. Dat is ook zoiets hier. Hele dierenrassen worden uitgemoord omdat sukkelige Chineesjes denken dat ze dan een harder pikkie krijgen. Zo gaat het ook met de cobra's. Eerst wordt het bloed opgevangen, dan de gal, en dan wordt het nog kloppende hartje eruit gesneden. Even schrikken als ik het krijg aangeboden. Het hartje blijft in mijn hand doorkloppen. Doen? In één keer doorslikken? Ik wacht te lang. Het hartje gaat naar de oudste aanwezige, opdat die nog maar lang sterk en vooral potent mag blijven.

Iedereen krijgt een klein glaasje met slangenbloed gemixt met wat rijstwijn en na een toost trekt iedereen een adje. Eigenlijk proef je er weinig van.

Gelukkig is er ook nog een rondje slangengal voor de liefheb-bers. Deze is wel wat zwaarder. Ik word er een beetje licht in het hoofd van zo langzamerhand. Is het de losgelaten cobra, het af-tappen van het bloed, de gal, het kloppend hartje of toch de rijst-wijn?

Thailand, Bangkok
29 augustus 2009

Ik ben weer thuis in de veilige thuishaven van House by the Pond in Bangkok. Het eerste gedeelte zit erop. Althans, sinds *Streets* echt bestaat en ik gefinancierd rondreis. Tokyo, Seoul, Taipei, Kuala Lumpur, Hanoi en Vientiane.

In Bangkok is Kim. Er gaan een paar zenuwachtige sms'jes over en weer. Ze heeft veel aan me gedacht en vindt het heel fijn dat ik er weer even ben. Ik heb ook veel aan haar gedacht. We spreken af om elkaar te treffen tijdens de paar dagen die ik heb voordat ik naar Nederland ga. Ik kom op een zaterdagmiddag aan in Bangkok en heb om acht uur met haar afgesproken. Het is meteen weer genieten met z'n tweeën in deze fantastische stad. Kim kent Bangkok goed en loodst me van de ene tent naar de andere onder het genot van drankjes, muziek en vele vrienden. Licht in het hoofd door de zwoele avond, crossend in een slalom door de straten van de stampende stad achter op brommertjes. De hectiek en de nachtelijke zwemen. Zelfs de stank ruikt lekker.

Als ik zondagochtend wakker word met Kim in mijn armen vertelt ze me dat ze een droom heeft gehad. Iets waar ze de afgelopen weken over heeft gefantaseerd. Uit het kastje naast haar bed pakt ze twee doekjes en ze bindt mijn polsen vast aan de spijlen van haar bed. Ik geniet al van het initiatief en geef me totaal aan haar over. Zo goed ken ik haar niet. Daarna pakt ze een derde doekje, waarmee ze me blinddoekt. Het wordt donker. Ik kan alleen nog maar voelen. Ik voel haar handen, haar tanden die zachtjes bijten, haar haren over mijn huid, haar tong over mijn lijf. De tijd verdwijnt terwijl Kim haar spel speelt.

De volgende ochtend zoenen we elkaar gedag. Jerry gaat naar huis.

Nederland, Amsterdam,
Oudezijds Voorburgwal
2 september 2009

Ik heb Saskia twee maanden voor mijn vertrek naar Azië leren kennen en dat is in de zomer tegen beter weten in toch een vrij heftige liefdesrelatie geworden. Een paar maanden daarvoor zijn Eveline en ik met veel verdriet uit elkaar gegaan. Tegen de tijd dat ik een beetje aan dat idee gewend was en ik er bijna vandoor ging, kwam ik Saskia tegen op een feestje in mijn oude studentenhuis. De volgende ochtend reed ze mee naar Amsterdam. Bij het afscheid in de auto spraken we af om elkaar snel weer te zien. Maar ja, ik ging weg. Ik had net een relatie beëindigd, omdat dat met dit leven niet haalbaar is. Dan ben je elkaar 90 procent van de tijd aan het missen. Volgens mij is dat geen goede basis. Bovendien zit je met allerlei regeltjes van wat er wel en niet kan. De hele dag sms'jes: Ik denk aan je, Ik mis je, Wat ben je aan 't doen? Met wie? Zo wil ik niet vijf jaar weg zijn. Deze reis moet in volledige vrijheid plaatsvinden. Dat begreep Saskia allemaal ook wel. Ze wilde het er niet over hebben. Vooral genieten nu het nog kon. We spraken af dat we elkaar vrij zouden laten.

Saskia staat met tranen in haar ogen bij Arrivals 3 om zes uur 's ochtends. Wat een lieve verrassing! Ik vind het heerlijk om haar te zien. Terwijl ik haar omarm schieten er echter wel scènes door mijn hoofd van mij slechts een etmaal geleden vastgebonden op het bed van Kim. Kutzooi. Saskia is wijs. Ze vraagt nergens naar. Ik trouwens ook niet. Don't ask, don't tell.

Om twee uur diezelfde dag heb ik een afspraak bij mijn oude vriend Arno, mijn mentor van de fotoredactie bij *de Volkskrant*. Hij heeft geen flauw idee waar ik mee bezig ben geweest de afgelopen drie jaar, want ik heb me voorgenomen dat ik het er pas over zou hebben als het echt rond was en ik een verhaal te vertellen had. Nu vind ik de tijd rijp.

Ik kom zoals altijd enigszins gespannen aan en Arno ontvangt mij allerhartelijkst. Bij de krant is het altijd druk en is er alleen maar tijd voor deadlines. Toch weet ik Arno in een klein halfuurtje te vertellen waar ik mee bezig ben. Ik laat hem de *Streets*-site zien. Hij weet niet wat hij hoort. Ik ben toch een beetje zijn protegé en hij vindt het een briljant verhaal aangezien hij mijn verleden kent bij de Academie, mijn stage en de galafotografie. Arno vindt het bijzonder hoe ik het voor elkaar heb gekregen. Daar wil hij wat mee doen. Hij wil mij laten interviewen. Wat? Een interview in *de Volkskrant*? Ik hoopte op het plaatsen van een fotootje. Dit is te mooi om waar te zijn. Een interview in de krant waar ik zelf stage heb gelopen. Waar mijn leraar, die mij een faler vond, voor werkt en die in heel Nederland gelezen wordt. Ongelofelijk.

Hij zegt dat er binnenkort een journalist langskomt om mij te interviewen. Dat we er iets moois van gaan maken.

En Montecatini heeft een live radio-interview geregeld bij de VPRO op donderdagavond.

Een paar dagen later sta ik buiten veel te vroeg te wachten bij het Bimhuis. De VPRO heeft, nota bene in samenwerking met *de Volkskrant*, een thema-avond georganiseerd over de verstedelijking die mondiaal plaatsvindt. Ze willen mij spreken over mijn reis en mijn mening horen over steden. Ik ben vereerd maar ook onwennig. Wat weet ik nou? Bij nader inzien weet ik misschien wel vrij veel over steden. Ik reis alleen maar naar steden. Binnen maak ik kennis met een aantal bekende gezichten van televisie, die mij gaan interviewen. Ik onderga dat de voorbereiding van zo'n interview uitermate minimaal is. Uit eigen beweging ben ik er een uurtje eerder heen gegaan omdat ik niets van ze hoorde. Ik wilde op z'n minst even weten waar we het over zouden gaan hebben. Het is wel live, hè, en voor mij de eerste keer. Daarom wil ik dat het goed overkomt. Ze kijken me raar aan. Voorgesprek? Niets van dat alles. Voordat ik het weet zit ik achter de microfoon live in de uitzending. Ze vragen naar de steden die ik gezien heb en of de verstedelijking zichtbaar is. Het wordt een prima gesprek en daarmee de eerste keer dat het project *Streets of the World* de ether in wordt geslingerd.

Een week later komt Arno zijn belofte na en laat mij weten dat het artikel de volgende dag in *de Volkskrant* staat. Die nacht ga ik varen met mijn goede vrienden Mark en Klinky om het te vieren. Na de eerste maanden van reizen zijn ze benieuwd hoe het mij vergaan is.

'Swolfs, trek je het een beetje?' vraagt Markie.

'Trekken, trekken, het gaat eigenlijk wel vanzelf. Je moet niet vergeten dat ik dit al jaren doe, hè. Het is alleen iets intensiever omdat ik natuurlijk wel iets moet maken. Het is geen backpacken.'

'Nee, maar nog wel drinken en naaien, hoop ik. Sterker nog: neem ik aan, sterker nog: eis ik, Swolfs!' zegt Klinky.

'Tuurlijk Klink, je kent me toch, maar ik moet je wel zeggen dat die combinatie nu wel wat lastiger wordt. Dat kennen jullie ook.'

'P'cies,' zegt Mark. 'Het mooie is dat we dus nog wel op een dinsdag om twee uur 's nachts door de grachten varen. Als enigen. Iedereen ligt te tukken!'

'Dat is dus wat ik bedoel, wel hard werken en mooie dingen maken, maar ook genieten van de vrijheden die de keuzes die we gemaakt hebben ons geven. Bovendien is het voor mij eigenlijk essentieel om mensen te ontmoeten en verhalen te horen. Over het algemeen moet je daarvoor toch 's avonds op pad. Op die manier kom ik via via op bijzondere plekken en stuit ik op verhalen die ik anders niet zou horen, weet je wel. En die heb ik wel nodig. Dat is het mooie van drankjes drinken. Dus in die zin is het functioneel.'

Begripvolle blikken. Klink steekt de zoveelste peuk op. Mark pakt wat pinten.

'Pint?'

'Lekker.'

'Iets minder is dat je de volgende ochtend om zes uur met de brandende zon op je kop en een miljard toeterende brommertjes om je heen in een stoffige straat staat. Dat wel.'

De volgende ochtend word ik rond elf uur wakker in het achterhuis op de Oudezijds Voorburgwal waar ik bij mijn vrienden woon. Ik heb 23 berichten. Ik was 's nachts even vergeten dat de plaatsing van zo'n artikel wel enige reacties kan opleveren. Reacties waarop ik weer moet reageren.

Mark en ik gaan de boot ophalen waar we hem hebben achtergelaten, ergens op de grachten. We waren zo dronken dat we het onverantwoord vonden om terug te varen. Dus zo dronken waren we niet. We vinden hem terug in de Jordaan.

De berichten blijven binnenstromen. Ik heb de krant zelf nog niet eens gezien. Samen met Markie loop ik naar de lokale AH, waar blijkt dat het artikel in *de Volkskrant* veel groter is dan ik ooit had gedacht! Ik schrik me een hoedje. Een groot portret en een briljant artikel over hoe ik zover ben gekomen. Is het toeval of ligt onze boot met een reden in de gracht waar de Academie voor Fotografie gevestigd is? De Academie waar ik er een week voor het eindexamen uit gegooid ben.

Mark is goed in dit soort dingen. Hij zegt tegen mij: 'Swolfs, we halen nog een krant en jij gaat er een bij die Academie afleveren!'

Ik loop voor het eerst sinds vijf jaar de Academie binnen. Ik lever *de Volkskrant* af met mijn verhaal erin. Ik weet wat dat daar betekent. *De Volkskrant* is het hoogste. De lieve dame van de receptie herkent me en vraagt: 'Hé, hoe gaat het met jou?!'

Ik zeg: 'Heel goed! Kijk maar,' en laat haar het artikel zien.

'Zoo, lekker bezig!'

'Thanks, kun je dit aan de directeur te laten zien?'

Ze belooft me de krant aan hem te geven. Samen met Markie loop ik nogal tevreden de Academie uit.

Na de plaatsing in *de Volkskrant* volgen er die week nog vijf interviews, bij onder andere Ruud de Wild en Dolf Jansen. Iedereen is lyrisch over *Streets* en wil me gaan volgen de komende tijd. Ik weet niet wat ik meemaak.

Maar de klok tikt door. Het wordt weer tijd dat ik op pad ga. Vlak voor vertrek terug naar Azië tref ik Michel van Amerborgh op het tienjarig bestaan van Montecatini. Het is mooi om hem weer te zien. Michel heeft de vorderingen aan Alex en Suzan doorgeven. Hij vertelt me dat ze het geweldig vinden, dat ze alles bijhouden. Ik vertel hem een paar avonturen. Ook de pikante. Hij vindt het helemaal top.

Bij Departures 2 neem ik afscheid van Saskia. Het begint wel een beetje verwarrend te worden. Voordat ik het weet zit ik in het KLM-toestel op weg naar Singapore. Niet Bangkok deze keer, want ik ga Oceanië in om daar alle eilandstaatjes af te reizen. Eerst Singapore en Indonesië, dan Australië en Nieuw-Zeeland en daarna de uitgestrekte Pacific.

Singapore, Singapore City
18 september 2009

Na zoveel sociaal geweld is de eenzaamheid ineens weer verbluffend stil. Bovendien word ik meteen ziek. Ik kan het me niet permitteren om hier even twee weken op eigen kracht te gaan uitzieken en ik moet dus wederom aan een antibioticakuur, wat ik echt te snel vind. De vorige was pas een maand geleden.

Maar al snel voel ik me beter en ik spreek af met een vriend van Menno die al drie jaar in Singapore woont. Het Formule 1-circus is in de stad. Het hele centrum is een week lang afgezet. Dat maakt het voor fotografie niet echt makkelijk. Stein wijst me de weg naar de night market, waar ik beslis dat ik de foto wil gaan maken. Ik sta er twee nachten te fotograferen en de kop is eraf. Jerry is back.

Midden in de nacht sta ik bij de douane in Jakarta. Het zweet breekt mij uit. Ik heb toch wel een visum nodig. Tijdens vorige bezoeken was dat niet nodig. Nu wel dus. Er wordt mij verteld dat je geen visum kunt krijgen op het vliegveld. Ik kom er niet in.

Mijn koppige douanebeambte is onvermurwbaar. Het is een jonge gast van midden twintig, schat ik. Als ik vraag hoe we dit kunnen oplossen denkt hij een tijdje na. Als het wat rustiger is geworden zegt hij: 'Do you have chocolate?'

'Sorry? Chocolate?'

'Yes, you give me chocolate, I give you visa.'

Right.

Ik vervloek mezelf dat ik geen chocolade heb gekocht bij de taxfreeshops voor de douane. Die zijn nu dicht. In mijn hoofd loop ik door de inhoud van mijn spullen. Dan schiet het me ineens te binnen. Drop. Dubbelzoute drop! Saskia heeft me voor vertrek een grote zak dubbelzoute drop meegegeven zodat ik elke dag een stukje Holland heb.

'I have something that's even better than chocolate... It's a very special delicacy from Holland called "drop". Very expensive too.'

Hij kijkt me een beetje wantrouwend aan. Van die zogenaamde 'drop' heeft hij nog nooit gehoord. Ik pak de dikke zak drop uit mijn tas en zijn interesse neemt toe. Ik zeg tegen hem: 'If you give me a visa, you can have this whole bag.'

Inmiddels komen zijn douanevrienden er ook bij staan. Nu wordt het spannend. Wordt het ja of nee?

'Listen, you can have the bag, but first try one. If you don't like it's very expensive for me.'

Ik geef ze allemaal een droppie. Vreemd kijken ze naar het kleine zwarte blokje in hun hand. En naar mij. Ze durven het niet. Ik moet eerst. Ik pak twee dubbelzoute jongens en gooi ze in mijn mond.

'Hmmm, very yummy...' zeg ik smakkend.

De stoerste volgt eerst en dan de anderen. Een seconde afwachtend gekauw. Dan worden ze helemaal lijp! Lachen, proesten, vieze gezichten. 'This very dirty!' Twee rennen er naar de wc om ze weg te spoelen. Ze lachen tranen met tuiten om dit smerige 'snoepje'. Ik neem er nog een paar.

'I like, very good!'

'No very bad! You crazy!' houden ze vol. Het is genoeg. Ze hebben hun verzetje gehad, het ijs is gebroken. Ik krijg de zak terug en een visum voor drie weken.

In Jakarta krijg ik weer contact met Kim, die in de maand oktober vakantie heeft. Ze gaat drie weken naar Nepal, maar heeft de eerste week geen plannen en wil een beetje relaxen in Bangkok. Na Jakarta vlieg ik door naar Australië, maar ik kan prima even stoppen en bijkomen van de hectiek en een nog steeds zeurend keelpijntje op Bali.

Ik skype haar met de vraag of het niet leuker is om een weekje naar Bali te komen. De volgende dag is het geregeld en nadat ik de foto van Jakarta heb gemaakt vlieg ik als de wiedeweerga naar Bali om Kim te treffen in het uiterst luxueuze (maar daar goed betaalbare) resort direct aan het strand. Kim zit er al beeldschoon te wachten met een cocktail in haar hand als ik het terras op loop terwijl de zon in de zee daalt.

Ik heb een leuk programma in elkaar gedraaid voor de komende vijf dagen. Bali ken ik goed van vorige reizen en ik weet wat verscholen plekken waarvoor je je best moet doen om er te komen. Lekker rustig dus. 's Avonds lopen we over het strand naar een eettentje, waar we elkaar vertellen over de laatste maanden.

In het hotel besluiten we dat de enorm mooie kamer kan wachten en bedrijven we de liefde op het balkon. De volgende dag staat er een surflesje op het programma en staan we aan het eind van de dag beiden op een plank de golven te bedwingen.

Op het program staat ook Amed, een verlaten strandje aan de oostkust dat ik nota bene vijftien jaar geleden met Kalinka heb ontdekt. Ons eigen baaitje met een paar hutjes die ver genoeg uit elkaar geplaatst zijn voor ongestoord wilde dagen en nachten. Je kunt er ook duiken en zeilen.

Na een hemels midweekje Bali scheiden onze wegen zich en hebben we geen idee wanneer we elkaar weer gaan zien. Over een paar maanden vlieg ik terug vanuit Singapore, niet Bangkok. Pas op zijn vroegst begin 2010 ben ik weer in Bangkok, maar ook dat staat niet eens vast.

Een innige zoen en wat traantjes op het vliegveld en weg is ze, de bergen in van Nepal. Ze heeft stiekem een plekje in mijn hart veroverd.

Ik blijf nog een nacht alleen in het hutje in Kuta. Die plotselinge stilte weer. Terug naar dat barretje waar we samen heen gingen is net even minder leuk nu. Toch maar nieuwe plekken dan, nieuwe dingen. De volgende ochtend vlieg ik door naar Australië en daarna Nieuw-Zeeland. Daar ben ik drie weken bezig.

Als ik op Fiji aankom check ik mijn mail. Terwijl ik inlog vraag ik me af waarom ik niets meer van Kim heb gehoord. In mijn inbox zit het volgende schokkende bericht van haar:

Hello my love,
I wanted to update you on Nepal, Pokhara. I haven't written to anyone yet except my friend who is coming in a couple of days...Things haven't turned out very well.

On my first day of hiking, I was brutally assaulted by two Nepali men, hit with a lead pipe twice in the head and across the arms while I shielded my face. They were dragging me to push me off the cliff, I fought, thrashing and screaming until they ran. It was close to a village. 400 meters of stairs to a village, where I was taken to a clinic. Stitches and bandages, two American hikers stayed with me through the night.

They found one of the attackers... Two days of police and hospitals... Pokhara has a CT scanner and there is no bleeding under my skull, nothing is broken. I'm badly bruised, my wrist is dislocated but will recover.

I am scared but will recover.

The rest I'll fill you in on later. There is so much more but I'll start with this. I'm with friends and am safe,

x

Not such a tough Canadian girl after all, am I?

Ik wil natuurlijk meteen naar haar toe! Voor haar zorgen, haar troosten. Wie doet zoiets? Mijn tickets zijn al gekocht voor de komende drie weken en Nepal is vanaf hier ook tien uur vliegen. Ik kan helemaal niet naar haar toe. Kim begrijpt dat natuurlijk en verwacht het ook niet. Maar ik voel me toch machteloos. Het gevoel dat ik de mensen die ik liefheb in de steek laat, bekruipt me weer.

Ik besluit in ieder geval te proberen om iets eerder klaar te zijn hier en dan nog een paar dagen langs te gaan in Bangkok voor kerst. Dat lijkt haar heerlijk. Ik merk aan hoe ze praat dat ze helemaal in de kreukels ligt. Een paar dagen later krijg ik weer een mail:

Oh my darling, I am so sorry for leaving you in suspense!

I had a full check-up and the police caught the second man so, after writing to you, I set out to do the hike the following day, in seven instead of ten days – just returned. We practically ran down the mountain: 3000 meters in two days! My porter is a friend-of-a-friend and during the past week has helped rinse my stitches, pack my bags, etc. – he's an angel with limited English but kept me laughing nonetheless (even as I jumped out of my skin at every porter and farmer who passed). A good man.

Thank you for being in my life, if I hadn't told you that before. I really wish you were here too but am happy that you are on your adventures and making stories! You are incredible. I'd like to say, 'don't worry about me', but I'll admit, it feels nice that you are and for how I'm feeling, I'll hold that close to me like a blanket. Thank you for your letters, I miss you terribly and know you are close, even if not so close. I will go to sleep tonight with you in my heart, big kus.

I'll write again soon – really!

Yours, Kimmie

Ik verzet mijn hele schema tot kerst en zorg dat ik voor vertrek naar Nederland in Bangkok ben. Maar dat is pas over zeven weken!

Intussen dreunt mijn project door en ik moet wel verder. Ik ben aangeslagen en heb geen zin om die straten in te gaan. Maar ik heb geen keus. Dit is mijn droom, mijn werk, mijn verplichting.

Volgende land: Samoa. Een maand geleden raasde er een golf van zes meter hoog het strand op en vonden honderdvijftig mensen de dood. Tientallen dorpjes werden verwoest en duizenden mensen zijn verdreven van hun thuis.

Daar moet ik naartoe. Ik probeer Kimmie een beetje naar de achtergrond van mijn gedachten te krijgen en pak mijn spullen.

Samoa, Apia
22 oktober 2009

Samoa stond gewoon op het lijstje als een van de tropische eilandjes in de Pacific waar ik een kijkje zou gaan nemen. In Australië hoorde ik pas over de tsunami. Weer een tsunami? De schade aan het kleine eiland blijkt groot. Er zijn veel mensen omgekomen. De planning zat eigenlijk anders in elkaar, maar ik wil er zo snel mogelijk heen. Het is de drang om zo'n verhaal in beeld te brengen, te proberen het gepubliceerd te krijgen zodat mensen kunnen zien wat er gebeurt. Dat zuigt me naar dat soort plekken toe. Plekken die anderen juist vermijden. Op Fiji, waar ik een tussenstop heb, ontmoet ik veel mensen die hun trip hebben aangepast en Samoa niet meer gaan bezoeken. Dat is meteen de schade aan het toerisme.

Op 22 oktober kom ik aan op Samoa. Ik verwacht ellende. Als ik aan de chauf vraag hoe het gaat in Samoa, zegt hij: 'It's fine!'

Dus ik zeg verbaasd: 'But what about the tsunami…?'

'Yes, that is very bad… but only one side of island, rest OK.'

Ik wil meteen naar het rampgebied maar moet eerst de straatfoto maken. Wat ik me afvraag is of er in het straatbeeld van de hoofdstad Apia iets te zien is van het drama dat zich aan de zuidkust heeft afgespeeld. Ik stel me voor dat het een komen en gaan is van internationale organistaties, NGO's, kerken, en de overheid, die allemaal aan het helpen zijn en opereren vanuit Apia. Ik zie er niet een.

Het leven in Apia heeft wel een dreun gekregen, maar een maand later hebben de mensen de draad weer opgepakt, zo blijkt uit mijn gesprekken met taxichauffeurs, hotelmanagers en voorbijgangers. Ik moet uitkijken want mijn Hollandse directheid wordt niet overal gewaardeerd. Niet iedereen loopt met het hart op de tong. Na wat langer doorvragen blijkt dat menigeen wel degelijk zijn zorgen heeft over wat er is gebeurd, hoe het nu gaat en waarom vooral de regering zo inadequaat handelt.

Ik ben zeer benieuwd naar wat hier allemaal aan de hand is. Ik maak de foto van een rustig straattafereel in Apia: een familie die in de kleine hoofdstraat in het centrum een grilltentje runt.

's Avonds zit ik in een restaurantje, waar naast mij een meisje, Martina, aan het schrijven is. We raken aan de praat en het blijkt dat ze Engels is, rondreist en hier al een paar dagen vrijwilligerswerk doet voor het Samoaanse Rode Kruis. Ze nodigt me uit om de volgende dag mee te gaan.

We verzamelen om zes uur 's ochtends bij het kantoortje van het Rode Kruis. Binnen ontmoet ik Martina weer en een paar andere vrijwilligers, voornamelijk Samoanen maar ook een paar westerlingen. Rond een uurtje of halfzeven begint het langzaamaan licht te worden en stappen we allemaal in de achterbak van een vrachtwagen. Er worden hesjes uitgedeeld. Nu ben ik een Rode Kruisvrijwilliger. Terwijl de zon de lucht kleurt in alle tinten rood, vertrekken we langs de kustweg omhoog naar de bergen. Samoa is een schitterend eiland. Woeste donkerblauwe golven slaan kapot op de rotsen, bekeken door vochtige palmbomen in turkooizen lagunes. De bloemen vechten aan de bomen met de ochtendlucht om de mooiste schakeringen in roze, terwijl wij elkaar met een beetje zeewind door ons haar beter leren kennen. In de achterbak van de vrachtwagen roepen we tegen elkaar waar we vandaan komen en wie we zijn. We steken de bergketen over die midden over het eiland loopt en het wordt een beetje kouder. Het uitzicht wordt nog veel weidser.

Je hebt het niet echt in de gaten totdat je er al in rijdt. Ineens verdwijnt het groen en wordt alles bruin. Grijs. Kapot. Uitgedroogde aarde daar waar groen gras stond en verdorde bomen die het zeewater niet konden verdragen. De vrolijke, open huisjes liggen door elkaar heen gestrooid als speelgoed in een kinderkamer.

Niemand spreekt terwijl het vrachtwagentje ons verder voert naar ondergelopen vlaktes waar in elkaar gebeukte auto's in doodse bomen hangen en naar uitgestrekte velden van afval met een verleden.

Stank. Hitte. De zachte zee kabbelt op de achtergrond en lonkt. Ze belooft koele verfrissing. Maar de schijn bedriegt. Hier en daar scharrelt iemand rond door de ravage op zoek naar wat ooit stond op een kastje, een boek dat lag naast een kussen, een brief, een verschoten foto van reeds lang gestorven familieleden. Herinneringen aan een leven, een samenzijn en een bestaan. Alleen de fundamenten van een ooit hecht dorpsleven zijn nog herkenbaar in een woestenij van dikkige modder met een gesprongen hard laagje erop, onherkenbare troep, en rottende huisdieren. Vissen.

Wij hebben geluk, want wij komen hier aan de late kant. De benen en armen van honderdvijftig mensen zijn al uit de puinhopen getrokken en beweend in onze afwezigheid. Wij horen bij het stadium van opnieuw beginnen. Opbouwen. Waar begin je?

Hoe gaat dat vrijwilligerswerk? Het begint met het vaststellen van een base camp vanwaaruit alle operaties worden georganiseerd en uitgevoerd. Via portofoons hebben de verschillende teams contact met elkaar. De binnengekomen hulpgoederen liggen daar ook opgeslagen. Er zou een getrainde manager moeten zijn, maar die is er voor zover ik kan zien niet. Er is wel een timmerman uit Canada die voor het Internationale Rode Kruis werkt en blijkbaar regelt hij de zaken. Maar hij is zelf meestal ook ergens aan het werk.

De vrijwilligers – zowel Samoanen als buitenlanders – worden ingedeeld in verschillende groepjes. Wij zijn in totaal met zo'n twintig man. Dat is bizar weinig als we zien hoe uitgestrekt het getroffen gebied is. Het is de bedoeling dat we watertanks gaan plaatsen. Daar moeten eerst betonnen bases voor gestort worden, wat een nogal professioneel werkje is, waardoor je veelal staat te wachten. Er moeten wat planken heen en weer gezeuld worden. Dan is het alweer lunchtijd en gaan we terug naar het base camp. Ik begrijp intussen van een aantal mensen die al langere tijd mee-werken dat ze toch wel een beetje gefrustreerd raken over de trage progressie. Er moet enorm veel gebeuren maar de mensen, mid-delen en tijd worden heel inefficiënt gebruikt.

Na de lunch breekt weer een periode aan van wachten op wie weet wat en ik besluit door het gebied te gaan lopen om te foto-graferen. De lichtgroene zee komt rechtstreeks uit de posters van tropische bestemmingen die thuis op de ramen van reisbureaus geplakt zijn. Dat is nou net het sfeertje dat ik niet wil overbren-gen. Juist die zee heeft voor deze nachtmerrie gezorgd. Ze moet dreigend en grauw zijn. Ik kies ervoor om de reportage in zwart-wit te maken. Je kijkt dan heel anders dan in kleur en laat mensen andere dingen zien waardoor ze veel beter de essentie van het verhaal begrijpen. Kleur kan enorm afleiden. Misschien krijg ik het wel ergens geplaatst. Waarschijnlijk hebben die mensen daar meer aan dan aan mijn klusvaardigheden of aan mijn staan wachten op wie weet wat.

Ik struin door de rommel van de verdwenen dorpjes en maak korte praatjes met de weinige mensen die er nog zijn. Ik vraag hoe het met hen gaat en of ze geholpen worden. Ze vinden dat fijn. Dit was een toeristisch gebied, waardoor mensen niet opkijken van een blanke en redelijk goed Engels spreken. Ik voel me overal welkom en na een praatje mag ik foto's maken van hun ellende. Samoanen zijn wel bijzonder, want ondanks alle ellende blijven ze toch lachen en grappen maken. Natuurlijk zit daar enorm veel verdriet achter maar ik heb ook wel andere reacties gezien in moeilijke tijden. Dat verlicht toch een beetje. Ik vind het knap.

Als ik aan het einde van de dag terugkom, hoor ik dat de rest de hele middag geen zak gedaan heeft. Dat schiet natuurlijk totaal niet op. Vooral de blanken vinden dat alles slecht geregeld is. Ik kom er steeds meer achter dat er wel meer aan de hand is met de hulp die er hier zou moeten zijn. Er zijn verhalen over verdwijnende fondsen en zelfs over hele verdwenen containers uit de haven. Maar het meest opvallend is nog wel de totale afwezigheid van de overheid. In de drie dagen dat ik er ben zie ik niet één keer een duidelijke actie van de Samoaanse regering. Die zijn blijkbaar al een maand hun strategie aan het bepalen, terwijl er intussen duizend basisdingen geregeld moeten en ook kunnen worden, zoals onderdak, water en sanitaire voorzieningen. Ook andere hulporganisaties zijn er niet of nauwelijks te bekennen. Dat betekent dat ons inefficiënte zooitje eigenlijk de best vertegenwoordigde NGO is. Twintig man waarvan driekwart staat te wachten.

De volgende dag help ik eerst weer mee met zo'n tank en met wat andere dingen die we met z'n zessen doen, maar waarvoor drie man ook genoeg was geweest. Daarna ga ik weer fotograferen. Intussen ontstaat er wel een goede serie over hoe het er is, een maand na dato.

Die avond ontmoet ik een Samoaan die uit hetzelfde getroffen dorpje komt als de premier. De afgelopen tien jaar heeft hij in Australië gewoond. Hij zegt dat de premier vijf minuten heeft rondgereden, niet is uitgestapt en de verzamelde pers ook niet te

woord heeft gestaan. Ze waren klasgenootjes. Hij kan het niet geloven. Wat hij ook niet kan geloven is dat hij zijn Australische be-
drijf zover heeft gekregen om een miljoen Australische dollars
over te maken aan nota bene het Samoaanse Rode Kruis. Dat geld
is weg. Hij is het geld achterna gereisd en het is verdwenen. Verdampt. Niemand weet waar het is. Hij is furieus. Hij heeft drie familieleden verloren.

Na nog een dag fotografie in het rampgebied moet ik door en
is mijn tsunamiserie af. Ik probeer haar geplaatst te krijgen in *de
Volkskrant*. Helaas lukt dat niet. Samoa blijft een onbekend
rampgebied. Te klein. Te ver weg. Te weinig doden.

Fiji, Suva
2 november 2009

Next stop: Suva, de hoofdstad van Fiji. Ik boek via een aanrader-
tje van de *Lonely Planet* online een kamer in het Five Princes
Hotel aldaar. Ze beloven een goede internetverbinding, wat handig is voor het uploaden van het werk van de afgelopen weken.
En lekker skypen met Nederland natuurlijk.

Ik krijg direct een mailtje van het hotel terug dat is ondertekend met 'Groetjes', gevolgd door de Fijische naam Tarei.
Typisch.

Er zit ook een mailtje van Kim in mijn inbox. Ze is inmiddels
weer terug in Bangkok en weer aan het werk op de Thaise school
waar ze schilderles geeft. Ze zegt dat het goed met haar gaat.

Voor Samoa ben ik al een paar dagen op Fiji geweest, maar niet
in de hoofdstad. De vorige keer dat ik hier was, zat ik weer eens
tussen de ongeïnteresseerde backpackers en onbenaderbare stel-
letjes. Beetje boekje lezen, dan maar. Tot overmaat van ramp zal
ik hier acht dagen vastzitten, in verband met de vluchten naar de
volgende locatie, het illustere Tuvalu.

De laatste tijd begin ik te merken dat vooral die eenzame ses-
sies me toch wel behoorlijk raken. Ik ben intussen twee maanden
op pad en ik begin mensen te missen, zeker als er geen afleiding
is. Over het algemeen lul je dagenlang met niemand en zit je drie

keer per dag alleen aan een tafeltje met een boek of een beetje voor je uit te staren. Tussendoor is er natuurlijk werk aan de winkel maar uiteindelijk ben je toch in je uppie. Dan begin je bijvoorbeeld hardop tegen jezelf te praten. Er ontstaat zelfs hardop onenigheid met jezelf. Of je maakt grappen waarvan je de clou allang weet want je hebt ze zelf bedacht. En dan nu acht dagen in Suva, waar men toch al niet te lovend over schrijft.

Maar dat loopt dus even heel anders.

Als ik aankom blijkt het hotel een oud koloniaal pand te zijn, gelegen op een heuvel met een weids uitzicht over Suva en daarachter de zee. Ik ontmoet er de uiterst charmante Tarei, die mij uitlegt dat ze getrouwd is met een Nederlander, Roderic, die hier een teakplantage heeft. Zij runt het hotel waar hun twee kindjes ook rondrennen. Tarei heeft tijdens Roderics studietijd in Amsterdam met hem samengewoond op de Prinsengracht. Daar heeft ze gewerkt en Nederlands geleerd. Dit maakt het natuurlijk een stuk leuker in het Five Princes en ze zegt dat Roderic een biertje met mij wil drinken.

Ik ontmoet hem die middag. Roderic is een relaxte gast van 41. Weer zo'n 'het zit meteen goed'-moment. Hij nodigt mij uit om mee te komen naar de Suva Yacht Club, waar ze heen gaan om te kijken naar de Melbourne Cup paardenrace in Australië. Het is een chic feestje. Vooral de dames doen hun best, met hoedjes en mooie jurken. Iedereen plaatst weddenschapjes. Wij wedden op een paard dat achtste wordt. Het is gezellig en vanaf drie uur 's middags vloeien de drankjes rijkelijk. Roderic kent de halve Yacht Club, waarin hij erg actief is. Eens te meer verbaas ik me erover hoe dingen altijd anders lopen dan je je voorstelt. Het blijkt nota bene dat Roderic een jeugdvriend is van Feijo, een oud-huisgenoot van de Parkstraat, en dat we beiden in Den Haag onze eerste biertjes hebben gedronken.

Tegen de tijd dat de kinderen beginnen te zeuren over voedsel is het dermate gezellig dat ik besluit om te blijven. Ik zal wel zien waar het schip strandt, als het al strandt. Net als Ro en Tarei ervandoor gaan komt er een zeer interessante dame binnengelopen. Ik zeg haar gedag en vraag hoe het gaat. Aan haar accent te horen is ze Duits, maar als ik dat tegen haar zeg krijg ik meteen op mijn flikker. Want ze is namelijk Russisch. Kijk, is dat even leuk.

Voordat ik het weet zijn we in een nogal heftige discussie gewikkeld over communisme versus kapitalisme. Katharyna heeft daar een zeer uitgesproken mening over. Ik daardoor ook. Een leuk gesprek, maar je moet het niet te lang over politiek hebben als je een andere agenda hebt. Het valt me steeds meer op dat ze een heel aparte schoonheid heeft. Naarmate ze lammer wordt – ze drinkt in Russisch tempo – wordt ze steeds bijdehanter en geestiger. Al snel vraag ik of ze wil bevestigen dat we samen naar huis gaan. Ze antwoordt dat ik me daar geen zorgen over hoef te maken, maar wel over de staat waarin we tegen die tijd verkeren, want ze is pas net begonnen. Een vrouw naar mijn hart.

Vijf uur en honderd drankjes later gaan we eindelijk naar huis, wel pas nadat we een lokale 'barbecue' hebben gehaald en een doos bier. Zwalkend vinden we onze weg naar het Five Princes, waar de barbecue onaangeraakt blijft en het bier ongeopend. De deur valt nog niet in het slot of ze staat al naakt voor me.

De volgende ochtend is het de vraag waar het heen gaat. We zijn knetterbrak en vinden dat het het beste is om deze druilerige dag samen te spenderen. We hebben een fijne klik. 's Middags gaan we samen naar Michael Jackson's *This is it!* Over ambitieus gesproken. Al snel zitten we weer aan de biertjes en de barbecue.

Katharyna, kortweg Katya, komt uit Kazachstan, waar ze is opgeleid tot balletdanseres op zo'n nare Russische drilschool. Via ballet is ze in Moskou beland, net na de val van de Muur. Een tijdje was ze het liefje van een maffiabaas. Ze is via een paar handige trucs op haar twintigste in Londen beland, waar ze is opgeleid tot stockbroker. Na vijf jaar lang sparren tussen de hotshots van de FTSE vond ze het wel mooi geweest en is ze met een zak geld in haar rugzak gaan reizen. Na vele omzwervingen is ze terechtgekomen op Fiji, waar ze een dansschool heeft opgezet. We praten tot diep in de nacht op het balkon over onze verschillende levens.

De komende dagen wordt er slecht weer voorspeld in Suva. Katya geeft balletles en ik ga de straten af. Ik heb geluk, want ik maak meteen de eerste dag goede foto's. Ze heeft een diner vanavond, dus ik zie haar pas vrijdag op zijn vroegst. Als ik na drankjes met Roderic diep in de nacht eindelijk in bed lig, merk ik dat ik het wel erg prettig zou vinden als Katya er zou zijn. Exact op dat moment wordt de deur opengesmeten en maakt zij haar dramatische entree. In een lange witte jurk zegt ze verbaasd met haar Russische vodka-accent: 'Sweetheart, you are already sleeping?'

In bed is ze niet gewend aan bullshit zoals voorspel. Er moet gewoon keihard geneukt worden met haar gespierde balletlijf. Dat is even wennen, want het is niet echt mijn stijl. Wennen voor haar dus. Maar zij kan niet echt overweg met dat intieme en we krijgen er zowaar een soort ruzietje over.

Ze vraagt: 'Why don't you just fucking fuck me?'

Ik probeer haar uit te leggen dat het mij intussen om wat meer gaat dan 'fucking fucking'.

Ik vraag haar, terwijl ik op poleposition sta: 'OK, if you could choose, do you want me to fuck you or do you want me to make love to you?'

'I would want you to fuck me! Jesus!' is haar onmiddellijke antwoord.

Ik zeg: 'Sorry, baby, that's not gonna happen,' en loop met een ijskoude pint het balkon op.

Ze begrijpt er geen snars van. Ze roept me na: 'What's wrong with you? You are a man, right?'

'Yes, and so are you!' roep ik terug.

Uiteindelijk wordt alles toch opgelost met 'fucking'.

Zondag kussen we elkaar gedag want we zijn zo afgepeigerd van de afgelopen dagen dat we allebei even een nachtje rust moeten hebben. Bovendien wordt het tijd om mijn spullen te pakken voor het volgende avontuur. Het atol Tuvalu.

Tuvalu, Funafuti
10 november 2009

Een atol is een opeenhoping van koraal op de rand van een oer-vulkaan. Daar is Darwin achter gekomen. Het zijn van nature ei-landjes die samen een ringachtige vorm hebben. Aangezien koraal onder water leeft, steken atollen nooit ver boven zeeniveau uit, waar sedimenten zich afzetten maar ook weer makkelijk loslaten. Dus het blijft een laag stukje land. Dat is meteen het meest bedrei-gende probleem van Tuvalu anno 2009. De stijgende zeespiegel dreigt als eerste het minilandje Tuvalu van de kaart te spoelen.

Hoe klein het eilandje is, zie je goed vanuit de lucht. Door het vliegtuigraampje zie je dat het hoofdeiland eigenlijk voornamelijk bestaat uit de landingsbaan die over de ruggengraat van het eiland loopt. Naast de landingsbaan zijn er aan beide kanten strips van gras van een meter of vijf breed. Daarnaast staan de simpele huis-jes van de bewoners van Funafuti, de hoofdstad van Tuvalu.

Ik heb me een beetje voorbereid en al begrepen dat de lan-dingsbaan een grotere functie heeft dan het thuisbrengen en weghalen van familieleden. Er zijn een drietal andere geasfal-teerde straatjes in de hoofdstad, waarvan er eentje vrijwel de hele lengte van het eiland haalt. Maar de landingsbaan is zonder twij-fel de slagader van Tuvalu, zowel door haar functie als link met de buitenwereld als door haar sociale functie, die ze op zich neemt vanaf het moment dat de wielen van het vliegtuig de grond ver-laten, tot aan het moment dat ze er drie dagen later weer op neer-dalen. In de tussentijd is de landingsbaan van de eilandbewoners.

Aangezien de landingsbaan over zo'n beetje heel het eiland loopt is het onmogelijk voor de bewoners om eromheen te rijden telkens als ze eens voor een klusje aan de overkant moeten zijn. Er wonen maar zo'n vierduizend mensen op het hoofdeiland maar die moeten toch weleens naar de andere kant. Dat controle daar-op onnodig en onhaalbaar is, begrijpt iedereen. Bovendien is het algemeen bekend wanneer het volgende vliegtuig landt. De rood fonkelende gedoneerde brandweerwagen geeft daarnaast drie keer een sirenesein om de komst en de uiteindelijke landing van het vliegtuig aan te kondigen. In de tussentijd kunnen de bewo-ners op eigen houtje en naar eigen goeddunken in de breedte de baan oversteken. Dat op zich is al vrij uniek voor een landings-baan in de hoofdstad van een land.

Wanneer de zon haar vurige krachten verliest aan het einde van de tropische dag ontwaakt de bevolking uit haar dagelijkse zomerslaap. Langzaam maar zeker zwellen stemmen aan en hoor je beweging op gang komen. Het begint met de stemmetjes van kinderen. Zij betreden als eersten het gras naast de baan en be-ginnen aan hun dagelijkse fanatieke balspelen. Er zijn natuurlijk verschillende groepjes, gebaseerd op leeftijd. Al snel is de landings-baan verworden tot een gymzaalvloer vol rondstuiterende bal-len. Naarmate de lucht oranje kleurt komen ook de volwassenen de baan op. Er worden teams gemaakt en al snel beginnen ze aan hun lokale variant van cricket. De grasbaan naast het asfalt is hiervoor ideaal. Iets verderop begint een groep jongens aan de rugbytraining met een volledige warming-up en tactische oefe-ningen, gevolgd door een vrij ruw oefenwedstrijdje op het harde maar snelle asfalt. Hier en daar schrikt een hond weg voor een aanschietende bal of valt een fietsje om dat geraakt wordt, met een tranenvloed van het bestuurdertje als gevolg. Dikkige vrouwen kuieren in kleurige gewaden over de witte strepen die het midden van de baan voor de piloten aangeven. Hun blote voeten kletsen op de zwarte sporen van het verbrande landingsrubber. Ze lopen helemaal naar het eind, of naar het begin van de baan. Dat hangt af van de windrichting.

Daar zijn met behulp van oude truckbanden waarin ijzeren palen gemonteerd zijn, volleybalnetten opgezet. Een net voor een vrouwelijk en een net voor een mannelijk spel. Daarachter, waar de baan nog niet is begonnen, is een groot stuk gras, waar ook weer een rugbytraining gaande is. Er crossen wat kinderen op een skelter tussen de netten door, achtervolgd door roedels jankende zwangere eilandhonden met heen en weer slingerende hangtieten. Er ontsnapt een zwijn, dat achtervolgd wordt door de onoplettende baas.

Als je vanaf die kant de hele baan afkijkt rond een uur of half-zes, aanschouw je iets wat eigenlijk het meest doet denken aan de activiteit op het sportveld van een gemiddelde Nederlandse gemeente op een zomerse woensdagmiddag, maar dan op de landingsbaan van de hoofdstad van Tuvalu.

Met een lopende videocamera ren ik van de 'zeekant' van het hoofdeiland naar de 'lagoonkant'. In een rechte lijn kan het niet want dan rent er ineens een witneus door de woonkamers van de open hutten, met een hysterische reactie van de vrouwen en kinderen tijdens de avondwasbeurt tot gevolg. Er zitten een paar hoeken in het traject. Na een korte intro van een minuut ren ik in twee minuten van zee tot zee.

Tuvalu is een hechte maatschappij. Dat zie je op de landingsbaan. Ze maken zich zorgen over het ernstige geweld dat de reuzen om hen heen het klimaat aandoen. Zelf produceren ze nul CO_2. Maar de prijs van de productie van de rest van de wereld zal door hen als eerste betaald moeten worden.

Cookeilanden, Rarotonga
14 november 2009

Alexis, de manager, heet me vriendelijk welkom in hotel Paradise Inn. Ik krijg een heel klein kamertje van haar, waar wel alles in zit wat je nodig hebt. Achter in het hotel is een grote veranda, die uitkijkt over de prachtige Pacific. Dat ik hier ben is een beetje dubieus. Het is maar de vraag of de Cookeilanden officieel wel een land zijn. Ze hebben wel een eigen regering die het land runt, een duidelijk afgeschermd grondgebied en een eigen taal, maar geen eigen geld. Ze gebruiken de Nieuw-Zeelandse dollar. Er bestaat een zogeheten vrije associatie met Nieuw-Zeeland. Dit houdt in dat de Cookeilanders bijvoorbeeld een Nieuw-Zeelands paspoort mogen hebben. Nieuw-Zeeland zorgt ook voor de eventuele defensie van de Cookeilanden. Al met al nogal verwarrend. Maar de mensen hier vinden het wel degelijk een zelfstandig land.

Het is vanuit Nederland het meest oostelijk gelegen land – je bent er bijna sneller als je westelijk reist in plaats van oostelijk – dat ik aandoe voor *Streets*. Ik heb besloten om de Cookeilanden mee te pakken nu ik in de buurt ben. We zoeken later wel precies uit wat de criteria van *Streets* worden. Wat een land is en wat niet.

Ook hier is de zaterdagochtendmarkt de plek waar het hele eiland voor uitloopt. Tuvalu is zeker kleiner, maar de Cookeilanden zijn met een omtrek van 32 kilometer ook niet erg groot. Er komen veel toeristen op de markt af. Gezien de vrije associatie zijn er uiteraard erg veel Kiwi's, die dit eilandje een beetje zien als hun tropische voortuin. Ze betalen er ook voor met hun belastingcenten. Veel blank volk heeft zich hier gevestigd, onder wie Alexis, de manager, die overigens half Cooks is.

Zaterdagavond is er een barbecue georganiseerd op de veranda van het guesthouse, waarvoor ik word uitgenodigd. Er zijn wat vrienden van Alexis, die ook de eigenaresse blijkt te zijn. Het is een wat oudere crowd van in de veertig. Tod en Lena zijn een Zweeds echtpaar dat ook nogal ver van huis is. Tod weet wel wat over fotografie en Lena heeft een interessant verleden. Ik zit naast haar. Zij is met haar ex-man de wereld overgevaren en is zelfs op Pitcairn geweest, het officiële *Mutiny on the Bounty*-eiland, dat nog steeds bevolkt wordt door nakomelingen van die muiters. Ze hebben het er erg moeilijk om te overleven, vertelt ze me. Toch willen ze er niet weg. Het is wel een leuk gesprek en de wijntjes vloeien rijkelijk. Ook bij Tod blijkbaar, want die haalt het plots in zijn hoofd om tegen mij te zeggen: 'Back the fuck off!' Aanvankelijk begrijp ik niet waar hij heen wil, maar het blijkt dat hij vindt dat ik zijn vijftigplusser aan het afpakken ben. Er schiet me eenzelfde gebeurtenis in Moldavië door het hoofd. Zou ik dan toch… vraag ik me stilletjes af. Ik heb wel gezegd dat ze mooie ogen heeft. Maar goed, ik ben me van geen kwaad bewust en Lena vind het blijkbaar ook gelul, want die begint Tod in geanimeerd Zweeds op zijn plek te zetten. Hierdoor wordt Tod nog opgefokter en nu zegt hij dat hij me mee naar buiten wil hebben. Ik leg hem uit dat we al buiten zijn en dat ik echt niet begrijp waar hij mee bezig is. Intussen heb ik het er ook een beetje mee geschoten. Misschien heeft het iets te maken met wat ouder worden, maar ik tolereer dit soort dingen wat minder goed dan vroeger. Ik zeg Tod dat hij even normaal moet doen, dat Lena erg charmant is en dat het daar verder nu mee ophoudt. Ik steek een hand uit, die hij lankmoedig aanneemt.

Het wordt er zo natuurlijk niet gezelliger op. Ook niet hipper. Het lijkt mij toch beter om op zaterdagavond een kijkje te gaan nemen in de lokale nachtclubs. Dat is beter dan beledigingen incasseren van een dronken oude Zweed.

Een paar uur en wat slingerende danspasjes later kom ik 'thuis', waar ze nog allemaal buiten zitten met gitaren! Dat is wel leuk en de Zweed houdt zich verder rustig. Ik pak mijn mondharmonica.

Een uur later haakt iedereen ineens af. Ik eis een zoen van Lena. Dan zijn alleen nog Alexis en ikzelf over.

Ik doe een poging om Alexis de moonwalk te leren. Dat is nog vrij lastig, omdat Alexis een op zijn minst gezegd nogal forse vrouw is en daardoor niet de soepelste. Toch komen we een heel eind. Na de moonwalk is het tijd voor de salsa en dat loopt uit op zoenen. Bij Alexis valt het kwartje ineens en nu laat ze me niet meer los. Ze neemt me mee naar wat hier 'The Luv Nest' heet, een romantisch hutje bij de zee. Ach, waarom niet? denk ik bij mezelf. Als Alexis naakt voor me staat ben ik toch een beetje vertwijfeld. Ze is denk ik ruim twee keer zo groot als ik. Maar ik kan nu natuurlijk niet meer terug. Bovendien kun je dan wel zeggen dat je een 'big girl' in je bed hebt gehad. Dat hoort er ook een beetje bij hier in de Pacific. In bed blijkt Alexis ineens een stuk leniger.

's Ochtends is ze nog steeds niet verzadigd. Als we uitpuffend een beetje liggen te praten vertelt Alexis over haar leven. Een paar lange periodes uit haar leven verder ziet ze mij een beetje vertwijfeld kijken.

Ze zegt: 'Do the math, honey.'

Ik duik mijn mistige hoofdrekenen in en... 'wait a minute...' kom uit op minstens vijftig! Ze ziet er veel jonger uit! Ik dacht 38 max! Dat zal aan het goede leven in de Pacific liggen. Geen wonder dat de muiters van de Bounty met hun Polynesische schonen verkozen te blijven op het nauwelijks levensvatbare Pitcairn. Zo dicht bij de bron van de eeuwige jeugd.

Thailand, Bangkok
7 december 2009

In Bangkok hoef ik niet te zijn. Maar er zijn twee heel goede redenen om er wel heen te gaan voordat ik terugvlieg naar Nederland
voor kerst. De eerste is Kimmie.

De afgelopen tijd heb ik sporadisch een mailtje van haar gekregen, waarin ze schrijft dat het goed met haar gaat en dat ze het
leven zo ontzettend omarmt sinds wat er gebeurd is in Nepal. Dat
ze ineens zoveel meer let op kleine dingen en daar nu veel meer
de schoonheid en veel minder de vanzelfsprekendheid van inziet.
Ze schrijft dat ik de enige ben aan wie ze verteld heeft wat er is gebeurd. Ze wil liever niet dat mensen in Bangkok het weten want
dan wil iedereen het er over hebben. Met haar ouders is het heel
lastig praten. Het zijn mennonieten, die vinden dat alle slechte
dingen die gebeuren straffen van God zijn.

De tweede reden is dat mijn goede vriend Klinky, huisgenoot
van de Parkstraat, een paar weken in Azië is en een paar dagen
komt relaxen op Koh Chang. De eerste avond praten Kimmie
en ik kort over wat er gebeurd is. Ze wil vooral al mijn verhalen
horen. Dat vind ik prima op zich, maar ik twijfel nogal of het
allemaal echt wel zo goed gaat. Het lijkt me sterk dat je 'bijna
vermoord worden' zo snel van je af kunt schudden.

In haar laatste mail schreef ze dat er nog meer was dat ze moest

vertellen, wat ze niet over de mail wilde doen. Ik denk aan verkrachting. Maar als we vrijen merk ik niets van terughoudend-
heid en is het misschien nog wel intenser dan voorheen. Ik wil het
wel vragen maar dat is niet zo makkelijk.

Ik vlieg door naar Koh Chang, waar ik na drie maanden mijn
oud-huisgenoot, clubgenoot en huidig huisgenoot Klinky met
zijn vriendinnetje Mariëtte achterover zie hangen op een uiterst
relaxed kussen, uitkijkend over een schitterende zee. De zon gaat
bijna onder en er staan twee mooie cocktails klaar op het tafeltje.
Ik kijk er even naar en ben enorm blij terwijl ik hard zijn naam
roep.

Ik mis die gasten allemaal steeds meer als ik op reis ben. Kim
komt een dag later ook naar Koh Chang. We rijden op scootertjes
het eiland rond, pakken een speedboot naar andere eilanden en
drinken zoete cocktails. Hete nachten in strandhutjes volgen op
de warme strandmiddagen. Uiteindelijk, na een nacht gevuld
met nog meer drankjes en de verjaardag van Mariëtte, komen
diep in de nacht toch Kims tranen. Door de alcohol laat ze haar
emoties de vrije loop en in ons hutje lucht ze haar hart. Het gaat
helemaal niet goed. Alles is grijs. Mensen zijn grauw en haar gedachten gitzwart. Dat ze hier is met mij en mijn vrienden, die het
intussen ook weten, doet haar heel erg goed, maar er hangt een
zware sluier over haar gemoed. Ik probeer haar ervan te overtuigen dat ze de hulp moet inschakelen van een psycholoog, dat zij,
dat niemand dit alleen kan. Ze zal erover denken, maar wil nu
vooral genieten. Een paar dagen later nemen we wederom afscheid. Intussen heeft ze de psycholoog van haar school gesproken, wat fijn was. Ik kan nu niets meer doen.

Laos, Vientiane
12 december 2009

Ik heb een paar dagen over voordat ik vanuit Bangkok naar huis ga voor kerst en besluit nogmaals naar Vientiane te gaan om er te fotograferen. Ik ben niet zo tevreden over de eerste foto die ik aan de oever van de Mekong heb gemaakt en ik wil wel dat het niveau van de foto's gelijk blijft. Het is maar een uurtje vliegen naar Laos vanuit Bangkok.

Ik besluit om een fietsje te huren voor de komende dagen. Bij de fietsenverhuurder zit een grote skinhead met een fles bier aan de tafel. Hij heeft tatoeages tot aan zijn hals en polsen. Alleen als hij zich 'zakelijk' zou kleden zou je ze misschien missen, ware het niet dat hij er ook een paar op zijn kale kop heeft staan. John heeft ijsblauwe ogen en een gouden hoektand om het zaakje in het gareel te houden. In Nederlandse contreien een kerel om bij uit de buurt te blijven. Hij hoort aan mijn Nederlandse gesteun over de in mijn ogen onzinnige borg dat ik een landgenoot ben. John komt van buiten Eindhoven. Al snel zit ook ik aan een koude Beerlao en vertellen we ons verhaal. John blijkt een nogal bewogen verleden te hebben.

Op Koh Chang is er wel weer genadeloos hard gedronken. Tegenwoordig voel ik me dan zo slecht de volgende dag, dat het enige wat werkt een nieuw biertje is. Uiteraard maak ik me daar wel

zorgen om, want dat heeft geresulteerd in zes dagen drankmis-
bruik. Het kost minstens drie dagen om me weer een beetje beter
te gaan voelen. Slechte zaak. Even pauze in Laos.

Tegen de tijd dat ik John ontmoet ben ik weer redelijk bij de
mensen. Er vallen mij een aantal dingen op aan John. Hij heeft
een enorme kegel om elf uur 's ochtends, hij kijkt mij niet direct
aan als hij praat, zijn handen trillen en hij zorgt dat er constant
bier op tafel staat. Ben ik ook zo over vijf jaar, schiet me te binnen. Ik herken het.

Die dag trek ik met John op in Vientiane. Het is wel een sympathieke gast, met wie je kunt lachen. Er wordt veel gedronken,
vooral door John, en zijn toestand is nogal een wake-up call voor
mij. Ik wil niet met hem mee gaan doen. Hij geeft grif toe dat hij
een dikke alcoholist is. Hij vind drinken gewoon leuk, zegt hij.

John is magazijnmedewerker. Tijdens de Nederlandse zomer
werkt hij snoeihard, waardoor hij de hele winter naar Laos kan.
Dat doet hij al zes jaar en hij is dan ook een tijdje met een Laoti-
aans hoertje getrouwd geweest. Tijdens zijn zomerse afwezigheid
kwam ze een rijkere 65-jarige Amerikaan tegen en ze was met de
noorderzon vertrokken toen hij terugkwam.

Tegen een uur of elf 's avonds deelt John mee dat hij zich eindelijk weer een beetje goed begint te voelen. Hij is om zes uur 's
ochtends de dag begonnen met een fles koud bier. John drinkt
niets anders dan bier. 'Nooit water, maar ook nooit sterk!' zegt hij
ietwat trots.

We gaan eten bij het straatstalletje van zijn ex-schoonfamilie,
waar hij volgens hem nog een heel goede band mee heeft. Als het
jongere zusje van zijn ex-vriendin er nogal hoerig gekleed bij
komt zitten (zij is onlangs ook hoertje geworden) schiet John uit
zijn slipper en begint haar met luide en beschonken stem uit te
leggen dat dit echt niet kan. Ik vind het nogal hypocriet van hem.
Volgens John begrijp ik het niet, want het zusje is anders en naïef

en hij moet haar beschermen. Ik ben nog vrij scherp, maar Johns verhaal raakt kant noch wal. Vervolgens moet ik hem 'maar even met rust laten' en begint hij voor zich uit te staren. Voor mij is het tijd om te verkassen. Ik moet wat gaan doen, want zo wil ik niet worden. Ik ga naar huis. Naar Amsterdam.

Nederland, Amsterdam
17 december 2009

Op Schiphol lijkt Azië direct weer heel ver weg, een andere dimensie. Een droom. Als ik de aankomsthal in loop, is daar Saskia. Ik ben terug in mijn Nederlandse leven.

Intussen begint het normaal te worden dat ik twee gescheiden levens leid. Dat fascineert mij. In Nederland heb ik een bestaan en in Azië ook. Jeroen en Jerry. Die twee realiteiten lopen parallel. Ze kruisen niet, alleen in mijn hoofd en dat kan blijkbaar. Het lijkt bijna alsof de ene realiteit de andere bestaansrecht geeft. Toch sluimert ergens onrust. Een ingebouwde moraal die je al zo lang meedraagt, die onderdeel van je is. Zelfs wanneer je rationeel je acties kunt verantwoorden, blijft die echo je toch belerend toespreken. Fluistert in je oor dat het niet kan wat je doet. Gaat dat echt op voor elke situatie? Kun je zelf bepalen wat goed is, wat jij moreel aanvaardbaar vindt? Zonder invloed van een vaak hypocriete maatschappij?

Na drie maanden reizen is het heerlijk om weer even thuis te zijn. Helaas is er slecht nieuws op de bank in Wassenaar.

Mamsje zegt: 'We hebben slecht nieuws, lieverd. Adje heeft misschien prostaatkanker.'

Ik adem langzaam uit. 'Jezus, niet weer, hè.'

'Je hoeft je totaal geen zorgen te maken, het is in een heel vroeg stadium, eerst komen er onderzoeken en dan kijken we verder.'

Ik kijk Adje aan. Hij zegt: 'Ja jongen... maar wees gerust, de meeste mannen met een vorm van prostaatkanker overlijden uiteindelijk aan iets heel anders. Dat zegt mijn uroloog. Dus niet te veel zorgen maken, knul!'

Ik loop naar hem toe en geef hem een kus. 'Komt goed, Adje.'

Dit gaat dus weer gebeuren. Ik zal er weer niet zijn. Ik heb dit keer een maand uitgetrokken voor Nederland. Dat is inclusief het kerstdiner op de Parkstraat een dag na aankomst, met een dikke jetlag in de benen. Het raakt mij diep om weer dat huis binnen te lopen waar ik zoveel herinneringen heb. Al mijn goeie vrienden schuiven aan de kersttafel aan in de huiskamer waar ooit *Streets* begonnen is. Ik heb ze gemist. Guirec is er natuurlijk. Justus, Klinky, JJ, Zokkie en een hele rits andere oude maten. Zo jong zijn we niet meer, namelijk. Het is een heel goed begin van het terug zijn.

Een weekje later is het tijd voor het traditionele kerstdiner op de Konijnenlaan met toute la famille. Ook hen heb ik enorm gemist. De kaarsjes in de kerstboom worden aangestoken door de kleinkindjes en ik geef Koen zijn Tonga-rugbyshirt, dat ik al drie maanden in mijn reiskoffertje meezeul. Vorig jaar zat ik hier met Eveline. Toen was *Streets* nog geen realiteit. Ad leest in smoking zijn kerstverhaal voor aan de warme tafel met mijn bijzondere familie.

Na kerst rij ik met Zokkie naar Davos. Daar zie ik Mark weer na drie maanden. Een week lang met goed gezelschap in de sneeuw. Azië resoneert slechts ver achter in mijn bewustzijn. Deze pauzes zijn wel heel goed. Het is verstandig om even afstand te nemen, om even bij de mensen te zijn die ik liefheb en die mij liefhebben. Die Jeroen kennen, niet Jerry. Om te praten.

Vanuit Davos rij ik met één oog halfopen en het andere halfdicht op 2 januari naar Abondance, waar Adje en mamsje in ons huisje in de bergen zijn. Onderweg stop ik in Genève om Saskia op te halen, die vier dagen meekomt om de pistes onveilig te maken. Ik heb eerste kerstdag met haar bij haar ouders gevierd. Ze weet wat ik doe, waarom ik het doe. Ze claimt niets. Ik doe een poging om haar te vertellen over daar. Weer zegt ze dat ze dat niet hoeft te weten, dat we het niet hoeven te hebben over wat er gebeurd is in mijn andere leven of in haar andere leven. Het is goed zo, zegt ze. Het voelt goed om een paar dagen met haar en mijn ouders door te brengen bij de open haard en bij te praten. Wij weten allang dat we de tijd moeten koesteren.

Tijdens de laatste week in Nederland onderteken ik de oprichtingspapieren van de Streets of the World bv met Michel en Guirec. Raar, nu is het dus echt 'echt'. En echt tijd om te gaan. Over drieënhalve maand is het Koninginnedag en stap ik weer dit warme, vertrouwde bad in. Het is koud in Nederland. De grachten zijn spekglad. Amsterdam is wit. Ik val niet één keer, maar begin wel te glijden. Na vier weken ontstaat er alweer bijna een sleur. Het is tijd voor broeierig Bangkok. Ik begin Bangkok te missen. Ik mis Jerry zijn.

Thailand, Bangkok
16 januari 2010

Op het vliegveld van Bangkok loop ik als een routinier door die andere douane, waar geen rijen toeristen staan, en pak ik een taxi bij Departures in plaats van Arrivals, wat veel sneller is en bovendien 50 baht scheelt in zogenaamde 'servicekosten'. Zo handig ben ik intussen. Op de achterbank met een iPodje in mijn oren doemt mijn Bangkok in de verte op als een woud van wolkenkrabbers en smog. De stad dreunt in de verte. Ik zie Kim vanavond.

De meisjes van House by the Pond zijn verheugd om mij weer onder hun hoede te hebben. Snel een douche en achter op een motor scheur ik tussen de felle taxi's door naar Cheap Charlies toe.

Kim begint het toch moeilijk te krijgen met ons sporadische samenzijn. Niet omdat ze het niet fijn meer vindt, juist het omgekeerde. Ze kan er slecht tegen dat ik dan weer wekenlang weg ben. Ze zegt dat het anders voelt nu, dat het meer pijn doet dan dat het goed voelt. Na een paar dagen Bangkok moet ik inderdaad weer afscheid van haar nemen. Ze zegt dat ze me hierna niet meer wil zien. Dat is beter voor haar. Bovendien verhuist ze binnenkort terug naar Canada, dus het wordt toch niks.

Tegen onze nieuwe regels in blijf ik toch de laatste nacht bij haar. We proberen verstandig te zijn. Als ik alweer ver weg in Manila ben stuurt ze een mail.

I fell in love with you Friday. With honesty and freedom I loved you with everything, knowing how much it would hurt (fuck it hurts!). Your smile, your touch, your words… Still, I fell without regret of this most beautiful pain – thank you. And while I'm writing I'm not sure if I'll send this, if it's easier not to send this… if it's better for me to stop writing now before I say too much and feel all the feelings that I'd rather put in a small box with a ribbon on a shelf high up… feelings that are better looked at than handled. Then I see your face and I know that it was real.

You are close, intimate, and good to me – let's choose one of those instead of 'just friends' because you are definitely not just a friend to me and neither of us believe it anyways… And I wanted to tell you that although I need to clear my mind of possibilities and hopes of our meeting again (as these feelings are followed by regrets and longing – this letter is difficult to write and I miss you terribly inside of every word) I hope in the deepest quietest part of my heart that we do meet again.

I'll always be yours,
Kimmie

Jezus, waar ben ik mee bezig, waar ben ik aan begonnen? *Streets* moet door, daar ben ik aan begonnen. De rest is bijzaak. Invulling van onnodige gevoelens.

Ik ben alleen.

Ik sta in de straten van Manila. Er wordt naar me geloerd. Ze hebben me alweer in de gaten, maar ik maak nieuwe 'vrienden' met de triclo drivers in 'mijn' straat en het is goed om hier te staan. Drie maanden. Veertien landen. Tot Koninginnedag.

Palau, Koror
5 februari 2010

De deur van het vliegtuig gaat open en direct waait er een warme, tropische geur de cabine in. De lucht is vochtig en ruikt naar bloemen en zee. Dat is in Bangkok wel even anders. Daar is de lucht ook vochtig, maar ruikt het naar uitlaatgassen en riool.

Deze tropische eilandjes in de Pacific zijn maar voor weinig Nederlanders bekend terrein en misschien wel voor weinig westerlingen überhaupt. Ik ben ervan gaan houden na mijn reis door de zuidelijke Pacific en ik heb er gelukkig nog een paar te gaan in deze regio, Micronesië. Ik besef dat dit waarschijnlijk wel het meest relaxte onderdeel van de hele reis zal blijken te zijn.

Ik land in Koror, het commerciële centrum van het staatje Palau. Het bestaat uit ontelbaar veel eilandjes, waarvan het merendeel onbewoond is. Palau staat vooral bekend om het magnifieke duiken. Ik ben een groot duikfan, dus er zit wel een extraatje in hier, maar eerst moet er gefotografeerd worden.

Op weg naar Palau heb ik al wat verhalen gehoord over de relocatie van de hoofdstad. Koror was decennia lang de hoofdstad en geldt nog steeds als het economische centrum. Maar de Palause politici hebben jaren geleden besloten dat de welvaart meer verdeeld moest worden over de verschillende eilanden. Bovendien groeide Koror uit zijn voegen en begon men de mangroven om te hakken om ruimte te creëren voor projectontwikkeling. Hierom is besloten de nieuwe hoofdstad op het hoofdeiland te stichten bij het plaatsje Melekeok. Waar de fondsen precies vandaan zijn gekomen weet ik nog steeds niet precies. De VS heeft hier een enorme vinger in de pap. Ze sponsoren Palau met vele miljoenen per jaar aan ontwikkelingshulp. Ook heeft Palau zes vermeende Chinese terroristen uit Noord-China die vastzaten in Guantanamo overgenomen, waarvoor ze naar het schijnt een vergoeding van twee miljoen hebben gekregen.

Er is een nieuw regeringsgebouw neergezet op een heuvel midden in het tropische regenwoud rond Melekeok. Als je door de bossen aan komt rijden over de tevens splinternieuwe weg doemt out of nowhere ineens de Palause variant van Capitol Hill op! Een exacte replica, midden in de jungle! Ik weet niet wat ik zie! Precies voor het paleis waar de president zetelt, staat pontificaal een bord met de mededeling dat de bouw mogelijk is gemaakt met 'steun' van de Europese Unie. Wat?

Het zinderende asfalt leidt me langs het Capitool en slingert vervolgens omlaag naar de kust. Voordat ik het weet rijd ik met mijn gehuurde jeepje tegen een T-splitsing aan met voor mijn neus de prachtig blauwgroene Pacific. Naar links of naar rechts? Beide kanten lijken dood te lopen. Op rechts zie ik een schooltje in de verte, dus ik kies voor rechts. Waar kinderen zijn is de rest ook. Welkom in Melekeok, hoofdstad van Palau, met 391 inwoners.

Halverwege het straatje dat langs de schitterende kust loopt, stop ik bij een internetcafeetje. Ik ontmoet Mae, het Filippijnse meisje dat achter de bar staat. Ik vraag haar natuurlijk wat hier in godsnaam aan de hand is! Ze raadt me aan om met de overbuurman, ene Collin, te gaan praten want die is lokaal bestuurder. De uiterst aardige overbuurman vertelt me het verhaal over de verplaatsing van de hoofdstad. De roomtaart op de heuvel om de hoek staat er intussen en daar zetelt de regering. Maar verder wil het nog niet zo vlotten met de ontwikkeling van Melekeok.

Ik wil natuurlijk even mailen, maar Mae vertelt me uiterst nuchter dat ze de computer eruit gelazerd hebben. De verbinding was zo tergend langzaam dat niemand er ook maar iets mee wilde beginnen. Waar maak je dat nog mee: we gooien internet er lekker weer uit! Mijn mobieltje werkt hier ook niet.

Aan het einde van het doodlopende weggetje is een soort haventje. 'Haventje' is eigenlijk een te groot woord voor wat ik zie: er staan een paar lui te vissen. Ik parkeer de jeep, loop hun kant op en vraag of ze een beetje willen bijten. Een van de jongens stelt zich voor als Marcello. Hij heeft Aziatische trekken en kauwt op betelnoot, het spul dat bij echt iedereen hier die vuile oranje tanden oplevert. Marcello vraagt, al fluimend, of ik het ook even wil proberen. In de haven ligt een school vissen verscholen. Ze vissen met een vierledige haak die ze midden in de school gooien en dan met harde halen naar binnen trekken. Twee van de drie keer wordt er een visje zo in zijn staart gegrepen door een van de haken en spartelend aan wal gehaald, van de haak getrokken en in het gras te sterven gegooid. Het gaat mij verbazend goed af, waardoor ik al snel word uitgenodigd voor de lunch. In het gebouwtje is een kraantje waar de zojuist gehaakte visjes worden schoongemaakt en vervolgens rauw met een citroensapje en knoflook worden opgegeten. 'Palau sashimi' zeggen ze lachend met oranje tanden.

Na een tijdje raak ik in gesprek met Celestine, een van de oudere mannen die deelnemen aan de lunch. Hij blijkt zowaar een 'Congressman' te zijn, werkzaam in het Capitool, door mij intussen omgedoopt tot Disneyland. Ze gaan hier altijd lunchen. Een leuk gesprek volgt, waaruit onder meer blijkt dat het Capitool vijftig miljoen heeft gekost, het totale jaarbudget van Palau. Prestigeprojectje.

We nemen afscheid. Zaterdag gaan ze misschien op schildpad-denjacht. Ik mag mee.

's Middags zoek ik mijn plekje in de enige straat die Melekeok rijk is. Ik wacht op actie. Die komt niet. Er gebeurt helemaal niets! En dat is wel even wennen na Bangkok, Hongkong en Manila. Toch is dit de hoofdstad. Gelukkig gaat om drie uur de ienie-mienie school uit en komt er zowaar drieënhalve kleuter door het straatje gelopen. Dit is mijn moment!

Sommige landen gaan beter dan andere. Maar het verhaal dat hoort bij deze hoofdstad is toch vrij uniek. Waarschijnlijk is het de kleinste hoofdstad ter wereld. Ik vraag me af hoe het er hier over tien jaar uitziet. Als het aan de regering ligt heel anders.

Aan het eind van de middag rij ik terug naar mijn relaxte bun-galowtje in Koror. Ik geniet van de warme lucht die door de open ramen waait en de kleuren van het regenwoud, die er door de on-dergaande zon weer heel anders uitzien dan op de heenweg. Maar er knaagt ook iets. Ik weet dat ik vanavond een belletje krijg over de uitlag van Ads onderzoek. En dat zou weleens heel slecht nieuws kunnen zijn. Dan hebben we de poppen weer aan het dansen.

Het rotte is dat mijn bereik hier constant wegvalt. Naarmate de avond vordert zit ik als een gier naar mijn mobiele prooi te sta-ren om in de gaten te houden of hij het leven heeft. 's Avonds belt mijn moeder. In het strandhuisje houd ik mijn adem in.

'Hi lieverd, hoe is het daar?'

'Goed, mamsje. Vertel, hoe is het met Ad?'

'Slecht nieuws, schat, er zijn kwaadaardige cellen gevonden.'

Ik besluit eens een keer niet 'de stad' in te gaan om 'nieuwe vrienden' te maken. Weer drankjes, weer brak. Ik heb wel wat an-ders aan mijn hoofd.

Mijn telefoon gaat. Het is Celestine. Hij zegt dat hij om de hoek woont en vraagt of ik een biertje kom drinken. Toch maar

even kijken dan? Je weet nooit. Hij heeft wel een interessant verhaal. Ik zeg hem dat ik er over een halfuurtje ben.

Aangezien hij Congressman is, verwacht ik wel een chique bedoening, maar ook hij woont in een typisch open huis, waar het
vooral erg rommelig is. Achter het huis heeft hij een soort werk-
plaats waar allerlei zaagmachines en meer van dat soort werktuig
staan. Overal zaagsel en planken. Tussen het stof en de rekken
liggen op een barbecue kippetjes te grillen. We trekken een pint
open en al snel gaat het gesprek over politiek. Celestine heeft In-
donesische trekken en dat blijkt ook zijn oorsprong te zijn. Hij
komt uit een familie van zeevaarders die met een zeilschip goederen verscheepten van Indonesië naar de Filipijnen. De familie
was zo'n twintig man groot en ergens in de jaren twintig raakte
hun schip in een storm verzeild. Ze zijn bijna vergaan, maar
spoelden uiteindelijk aan op Palau. Daar werden ze vriendelijk
ontvangen en begonnen de reparaties aan hun schip. Helaas hadden ze geen middelen om daarvoor te betalen en je moet toch iets
inleveren. Dus hebben ze twee meisjes moeten achterlaten op Palau. Eén daarvan was Celestines moeder.

Kolonia, Micronesië
8 februari 2010

Leuk. Ik ga weer couchsurfen. De laatste keer is alweer maanden geleden, bij Shin Lee in Taiwan. Later heb ik het nog een aantal keer geprobeerd, maar het bleek elke keer te kort van tevoren te zijn, waardoor ik pas antwoord kreeg als ik alweer weg was. Wel altijd positief, overigens. Daarom heb ik nu zo'n twee weken geleden al gemaild naar Uta en Steve Finnen, een Duits-Amerikaans stel met twee dochters en meteen de enige couchsurfers in het hele land. Ze hebben zich pas drie weken geleden ingeschreven op couchsurfing; ik word hun eerste surfer.

Uta mailt me dat haar man in hetzelfde vliegtuig zit. Onder de passagiers zit wel iemand die lijkt op de man van de foto, maar ook weer niet dus ik laat het maar even zo. Aangekomen in Micronesië blijkt hij het natuurlijk wel te zijn. Uta komt ons ophalen en herkent mij meteen. Superaardige lui, al zijn ze een beetje apart.

Uta is een typische Oost-Duitse met een zwaar Duits accent, waar ik telkens bijna door in de lach schiet omdat het zo stereotiep is. Ze is ook niet moeders mooiste en Steve niet de vlotste. Hij neemt in elke zin een aantal pauzes, die worden aangekondigd door een neusuitadem, waarna het een lange periode stil blijft. Hij pakt de draad dan plots weer op, of soms ook niet. Dan laat hij het daarbij. Of na acht minuten komt hij er toch nog op terug, als de ander klaar is. Iets om even aan te wennen. Ik zie de humor er al snel van in en hoe beter ik ze leer kennen, hoe meer ik door hen gefascineerd raak. Van de twee dochters is de oudste, Sophie, in Duitsland, waar ze een jaar school volgt. Maggie is twaalf en woont wel thuis. Ze is de enige blanke in haar klas. Maggie is lekker prepuberaal bezig en duidelijk gevangen in een veranderend lijf met jeugdpuistjes en beginnende borstjes. Ze moet op haar gewicht gaan letten, want ze is nu al fors. Hoe dan ook is het een kleurrijk stel, juist door hun aparte voorkomen en stijl.

Het huis is nogal rommelig. Ik had ze al laten weten dat ik in een hotelletje ga zitten en dat is wel de juiste keuze.

Het straatleven stelt echt geen zak voor. Kolonia heeft een paar straten, waarvan er een duidelijk de 'grootste' is. Na een paar keer op en neer lopen besluit ik om het eettentje waar mensen hun lunch komen halen als voorgrond te gebruiken. Met de weg en de megasatellietschotel in beeld ziet het er best goed uit. Dan begint natuurlijk weer het lange wachten in de tropische middagzon op een intrigerend moment.

De Finnens nodigen me thuis uit en ik leer ze een stuk beter kennen. Al vrij snel hebben we een leuke klik. Het is echt een bizar stel. Maggie benader ik als volwassen vrouw, waar ze aan de ene kant onwennig en aan de andere kant ook trots van wordt. Er wordt stevig gedronken en telkens als ik mijn pint opheb en denk dat de avond nou wel voorbij zal zijn komt er een nieuwe ronde door. Daar houd ik van. Ik krijg het idee dat zij het ook echt leuk vinden dat ik er ben. Zoveel 'vers bloed' komt hier niet en *Streets* levert natuurlijk veel vragen en mooie verhalen op. Ze hebben een boot en Steve nodigt me uit voor een dagje varen op zaterdag.

Vrijdag sta ik de hele dag te fotograferen en een beetje te sjansen met de meisjes van het lunchtentje. Ze willen dat ik 's avonds naar de Flamingo kom, waar we sexy gaan dansen. Dat klinkt op zich erg goed. Minder is dat ze tijdens hun verhaal constant een waterflesje pakken, waarin ze een lange draad bruin speeksel uit hun dikke wang laten lopen. Weer die betelnoot. Het ene meisje is best mooi maar dit is zo'n ranzige praktijk dat mijn libido ernstige deuken oploopt. Ik besluit om er de brui aan te geven.

Gelukkig willen de Finnens me 's avonds ontmoeten in hun stamkroeg, The Rusty Anchor. Dan kijk ik daarna wel weer. Die Flamingo zit aan de overkant.

De Rusty is weer zo'n typische expattent waar iedereen elkaar kent, met elkaar vecht, zuipt, neukt, lacht en huilt. Ook is het altijd leuk als er nieuw volk in town is. Steve laat me kennismaken met de gehele clientèle. Aangespoelde zeilers, gevluchte landlopers en verdwaalde diplomaten bezetten de bar, die gevuld is met geïmporteerde blikjes Budweiser uit de States. Harde rock schalt uit de speaker en een open terras geeft uitzicht over de bewrakte baai van Kolonia bij een volle maan.

Uit het niets zit er ineens een Amerikaans Peace Corps-grietje naast me. Amber is klein, blond met blauwe ogen en ook nog grappig. Typisch Amerikaans 'cute'. Ze vraagt of ik meega naar de lokale karaokebar. Steve lacht met een brede glimlach. 'You go, man!' De avond eindigt alsnog in de Flamingo, waar ik de lunchmeisjes niet meer tegenkom. Amber is erg beschonken tegen die tijd en het is wel duidelijk dat we tot elkaar zijn aangetrokken. Helaas heeft ze een roedel ongezellige puriteinse Amerikaanse vriendinnen in haar kielzog, die ineens vinden dat ze te dronken is om een verantwoorde beslissing te nemen over meegaan met mij. Dus Amber wordt afgevoerd. 'Get in the fucking car now, Amber!' Het lijkt wel een ontvoering. Beteuterd sta ik op de beregende parkeerplaats te kijken naar de kleiner wordende achterlichtjes.

Misschien is het wel beter zo, want ik ga de dag erna lekker varen met Steve en Maggie. Uta en Steve zijn tot drie uur doorgegaan in de Rusty. Uta is extreem brak en daardoor nog geestiger. Die blijft lekker thuis een beetje bijkomen. Met z'n drietjes maken we de boot vaarklaar. Al snel koersen we met de wind in de haren de baai uit. Bij het rif gaat de vislijn overboord in een poging om een tonijn aan de haak te slaan. We vangen niks.

Als dikke vergoeding komt er wel een hele school speelse dolfijnen voor onze boeg zwemmen. Ze springen alle kanten op en houden ons makkelijk bij. Het zijn er minstens vijftien en ze zwemmen minutenlang met ons mee. Steve en ik gaan snorkelen. Maggie niet, om 'onduidelijke redenen'.

Micronesië wordt omringd door mangroven, waar we 's middags koers op zetten. Steve kent de weg er goed en loodst ons om de riffen en koralen heen. Het is lastig navigeren tussen de bomen door, maar het is heerlijk rustig tussen het groen op het zacht stromende, kraakheldere water.

Ik fotografeer nog een dag en speel een deuntje mee met de band van Steve. Vlak voordat ik vertrek pak ik een taxi naar de Finnens, waar Maggie alleen thuis is. Stiekem hebben Mags en ik afgesproken dat ik een mooi portret van haar maak als dank voor de toptijd die ik dankzij haar ouders in Kolonia heb gehad. Alhoewel daar intussen absoluut geen tijd meer voor is, ben ik blij dat ik toch nog even bij haar langsga. We maken een paar leuke foto's van Mags en als ik wegga rent ze het huis in en zegt dat ze nog iets voor me heeft. Ze komt terug met een Valentijnshart en een liefdesbrief, kust me vlug en rent weer naar binnen.

Suva, Fiji
21 februari 2010

Door het gelazer met vluchten kom ik weer langs Fiji! Daar zitten vrienden. Natuurlijk Roderic en Tarei van Five Princes, in hun superrelaxte hotel in de hoofdstad van Fiji, Suva. Ook met hun kinderen is het altijd leuk. Ze onthalen me als een reizende oom. Maar naar wie ik voornamelijk uitkijk, is mijn Russische ballerina Katya. Van tevoren heb ik haar laten weten dat ik eraan kom, waarop ze zeer enthousiast reageerde. Voor haar doen.

Het is een helse route van dertig uur vanaf de Marshalleilanden via Hawaii door naar Fiji. Dan nog een klein vluchtje op Fiji van Nandi naar Suva. Ik heb Katya gemaild dat ze als ze wakker wordt gewoon lekker naar mij toe moet komen. Om een uurtje of elf op zondagochtend lig ik in coma als ze de deur binnenloopt, met haar witte jurk, fonkelblauwe ogen en lange krullen. Een lange zoen volgt. Ze verbaast me wederom met haar snelle uitkleden.

De komende vier dagen, wachtend op mijn vlucht naar Kiribati, breng ik met haar door in en rond de hotelkamer en het zwembad. We dineren met Ro en Tarei en een hele schare gasten, die allemaal boeiende verhalen hebben.

Maar Katya is toch een uiterst gecompliceerde dame. Dat wist ik al, maar het is nog steeds zo. We hebben constant half ruzie op een comfortabele manier. Emoties zijn nogal lastige dingen voor Katya en dit uit zich in een soort eenrichtingsverkeer van mij naar haar toe wat betreft affectie. We praten erover en ze legt me uit dat ze emotioneel volledig in de war is. Haar moeder is niet zo lang geleden overleden. Ze is bang voor gevoelens.

Na een avond in een nachtclub laat ze me alleen een taxi pakken, omdat ze bij haar vriendinnen wil blijven. Om vervolgens weer om vijf uur mijn kamer binnen te rollen.

Tarawa, Kiribati
26 februari 2010

Tarawa is een onbekend atol. Om hier te komen moest ik maar liefst dertig uur reizen door de Pacific. Uit het raam van het vliegtuig zie ik het eilandstaatje liggen in de schitterende zee. De grap met die atollen is dat het feitelijk een heel lange dunne sliert land is. Op de grond moet ik ruim drie kwartier rijden naar mijn guesthouse, terwijl het land op sommige plekken misschien maar tien meter breed is! Een raar gevoel.

Ik denk aan Katya. Volgend weekend zit ik weer op Fiji, maar ik heb besloten om haar dan niet meer te zien. Ik stuur haar een mail:

Hi sweetheart,
We're not going to meet next weekend. I love spending time with you! But it's just too hard on my head, my heart and my cock. You know what I mean because we've only been talking about it forever. I think about you and our times a lot with a big smile on my face. You are a fascinating woman. Maybe you were right. Bad timing. Or maybe you and I were never supposed to be more than the fantastic time we've had.

My Fiji is all about you. Thanks for being with me. Be happy.
Sweet Katya.

A thousand kisses!!

Ik hoor niks meer van haar.

Het vinden van mijn fotoplek duurt niet lang. Een stel tafels waar oude vrouwtjes bananen verkopen is de meest actieve plek die ik kan vinden.

Op straat trek ik weer veel aandacht. Vooral de lokale jongedames hebben veel belangstelling voor deze noviteit. Er is geen zak te doen hier. Vandaar dat er zoveel baby's in het straatbeeld te vinden zijn, waarschijnlijk.

Zaterdagavond besluit ik om de rit van een klein uur te aanvaarden om een kijkje te gaan nemen en wat verhalen te horen over dit afgelegen landje in The Captains Bar, de enige bar die het eiland rijk is. Het minibusje zit stampvol met halfdronken lokalen aangezien het gister payday was en iedereen zijn loon erdoorheen aan het zuipen is. The Captains Bar is een in elkaar getimmerde zuiptent met een afgeragd biljart en blikken bier. Eén kant kijkt uit over de Pacific. Golven klotsen kalmpjes tegen de half verrotte fundering. Typisch warm-vochtig tropenweer, met een blauwe lucht waartegen een enkele witte streep afsteekt en een zeebriesje dat voor wat verkoeling in de donkere bar zorgt.

Op één blanke na zitten er vooral hangerige Kiribatiërs, met wie het lastig converseren is. Toch maar die blanke dan. Chris is een Australiër die voor de Australische tafeltennisfederatie werkt. Je komt de raarste mensen tegen. Dat vindt hij ook. Hij was prof, maar heeft gekozen voor een baan waar wat meer zekerheid in zat. Samen poolen we tegen de lokale helden, van wie we heel hard verliezen.

Er is ook een nachtclub op het eiland, Midtown. Helaas ligt Midtown helemaal niet in het midden van het eiland. Voor mij een probleem want die minibusjes stoppen 'rond' twaalf uur met rijden. Als ik de laatste mis kom ik nooit meer thuis. Een risicovolle onderneming. Eén van onze tegenspelers garandeert me dat hij me bij mijn hotel afzet. We lopen de nachtclub binnen. Ik zie hem nooit meer terug.

In Midtown blijkt meteen hoe desperaat de meisjes zijn. Twee handige blanken blijken voor vrijwel de gehele vrouwelijke cliëntèle onweerstaanbaar. Ik heb het geluk om een ontspoorde dame tegen het lijf te lopen, die me vervolgens de hele avond blijft stalken. Ze volgt me zelfs naar de plee, waar ik bijna flauwval van de stank. De hele tent dreunt naar zweet en slecht gepoetste tanden. Chris doet het een stuk beter dan ik. Hij heeft de enige mooie vrouw aan de haak geslagen en al snel vertrekt hij met haar naar zijn hotel.

Nu ben ik de enige prooi in een stampvolle tent met op mij jagende vrouwen en daardoor niet zo geamuseerde gasten. Het is intussen twee uur.

De stalker weet me weer te vinden en begint me te slaan. Niet goedschiks, dan maar kwaadschiks. Ik duw haar weg en zeg dat ik haar niet wil. Ze wordt hysterisch. Gelukkig springen een paar gasten ertussen, die mij uitleggen dat 'she's a crazy woman'. Er hangt ergens nog een lokale vriend van Chris rond, die voor de Kiribatische olympische commissie werkt en intussen mijn enige vriend is. Hij heeft een clubje vrouwen verzameld, onder wie Mary, die wel relaxed lijkt. Om mezelf te beschermen tegen aanvallen van die psycho besluit ik om maar wat meer met Mary aan te pappen. Mary is daar heel blij mee en scheldt de psycho volledig de huid vol als die mij wederom belaagt. De tactiek werkt. Vervolgens wil Mary dat ik met haar mee naar huis ga. Tijd voor de Utrechtse pistruc (je zegt dat je gaat pissen, maar komt nooit meer terug).

Ik schat de met dronkenlappen gelardeerde wandeling naar huis op drie uur. Tijd om te liften. Het is weer wel zo op het eiland dat mensen elkaar helpen. Ik word meteen meegenomen. Helaas gaat dit echtpaar maar een klein stukje verder. Ze zetten me af bij het politiebureau. Schijnbaar komt er één keer per uur een patrol car langs die mij kan afzetten.

Het politiebureau stelt niet zoveel voor. Een bouwval met lichtblauwe, afbladderende, door tl verlichte muren met een agent in een vies groen pak en een dronken 'vriend'. Op de grond in een hoek ligt een op zijn slip na ontklede kerel zijn roes uit te slapen. En ze hebben een ouderwetse cel met tralies. Daarin staat een kerel ook in slip mij aan te staren. Op mijn vraag wat hij gedaan heeft krijg ik geen antwoord. Wel weer dat 'he's a crazy man'. Ik vraag of dat is wat hij gedaan heeft. Geen antwoord. Ik mag hem een peuk aanbieden. Gelukkig trekt hij mij niet door de tralies om mijn hand eraf te bijten.

De patrol car blijkt een mythisch verhaal. Ze hebben geen flauw idee of die ooit nog terugkomt. Tegen het advies van de politieagent in besluit ik om verder te liften. Ik neem hem niet zo serieus meer. Ik wil vooral tukken, niet rondhangen met een stel debielen op het politiebureau. Weer word ik meteen meegenomen, door een paar bekende gezichten uit de Midtown, die me vragen wat er gebeurd is met mijn 'girlfriend'. Ik leg uit dat het 'too complicated' werd. Daar nemen ze genoegen mee. Verbazing alom als we toch nog een minibusje tegenkomen gevuld met stampende house en volledig lamme gasten die in coma liggen. Ik zet mijn iPodje aan, een brede glimlach op mijn gezicht en zwoele lucht langs mijn oren, terwijl we vol gas over de met gaten gevulde weg naar huis stuiteren.

Nauru, geen hoofdstad
4 maart 2010

Nauru is wel een heel bijzonder verhaal. Ooit was het derde kleinste land ter wereld het tweede rijkste land per hoofd van de bevolking. Nu is Nauru een totaal ingestort fopeilandje met 97 procent werkeloosheid en 50 procent diabetes. Hoe dat komt? Dat komt door fosfaat.

De zegening alsmede de vloek van Nauru is fosfaat. Door de geïsoleerde ligging van het eiland op allerlei Pacifische vogelroutes hebben de voorbijtrekkende vogels de afgelopen miljoenen jaren hier hun vogelpoepjes op de rotsen gedeponeerd. Deze 'guano' heeft zich in de afgelopen millennia afgezet en zit barstensvol met fosfaat. Van fosfaat maken mensen lucifers, kunstmest en natuurlijk bommen. Het eilandje is maar klein, slechts 27 km². Maar het had wel een van de grootste voorraden fosfaat ter wereld.

In het begin van de twintigste eeuw vindt een Duitser het eerste fosfaat op Nauru. In die tijd zijn de lokale stammetjes voornamelijk bezig met elkaar uitmoorden. Een Engelsman neemt het over, maar door tussenkomst van de Eerste Wereldoorlog blijft het een kleine industrie. Daarna wordt er wat meer aan de weg getimmerd en begint de lokale bevolking ook in de gaten te krijgen dat er centen zijn te verdienen met dit witte poreuze gesteente.

Weer komt er een wereldoorlog voorbij. Pas in de jaren zestig gaat men de fosfaatwinning echt serieus aanpakken. Vooral Australië is er zeer in geïnteresseerd, want het continent heeft veel onvruchtbaar land, waar ze de fosfaat als kunstmest goed voor kunnen gebruiken.

Er wordt voor die tijd een enorme industrie opgebouwd en miljoenen tonnen fosfaat worden verscheept via de fosfaatkokers, over de lopende banden, via de kranen zo de schepen in, op weg naar Australië. Het slaat grote gaten in het midden van het eiland. Een doolhof van kalkstenen pilaren blijft achter, waartussen alle fosfaat is weggehaald. De schade aan het milieu is enorm, zowel op het land als in de zee. Nauru wordt rijk. Heel rijk!

Wat te doen met al dat geld? Al snel wordt besloten dat niemand meer hoeft te werken. Met een bevolking van slechts 10.000 mensen hoeft dat ook niet met zoveel inkomsten. Iedere inwoner van Nauru krijgt van de regering een maandelijkse bijdrage die vrij fors is. Daarnaast wordt besloten dat er een fonds wordt opgericht waarmee grote sommen geld worden belegd om het nageslacht te kunnen blijven verzekeren van de intussen uiterst luxueuze levensstijl van de Nauruanen. Let wel: alles moet geïmporteerd worden dus alles is duur. Het gaat dertig jaar lang goed.

Maar dan is het op, afgegraven.

De Nauruanen kloppen aan bij de regering om te kijken wat er terecht is gekomen van dat fonds. Het blijkt dat er dertig jaar lang niet zo heel handig belegd is. Een dieptepunt was een investering van drie miljoen pond in een toneelstuk op West End over het liefdesleven van Leonardo Da Vinci, dat volledig flopte. Ook werden er een paar niet lopende golfbanen aangeschaft, een aantal hotels op Hawaï neergezet die uiterst slecht gerund werden en nog een groot aantal andere investeringen die slecht tot niet renderen. Niemand weet precies hoe het zit, want het fonds is allesbehalve transparant. In combinatie met nogal hoge corruptie levert dat een totaal onduidelijk beeld op van wat er is gebeurd met al die fosfaatdollars.

De Nauruaanse bevolking is al decennialang niet gewend om te werken, maar wel om er een zeer luxe en ongezonde levensstijl op na te houden. Het eiland heeft geen andere grondstoffen, geen landbouw en geen visserij meer. Het is feitelijk onbewoonbaar geworden.

Tegen de tijd dat ik op Nauru aankom biedt het eiland een zeer trieste aanblik. Er is maar één weg, waarop je dezelfde intussen brakke auto's dezelfde saaie rondjes ziet rijden. Vroeger reed men een auto van een jaar oud de zee in en kocht een nieuwe. Nu rammelen de barrels de afgetakelde huizen voorbij. Twee keer per week landt er een halflege vlucht met wat zakenlieden en wat diplomaten. In het hele land is maar één bar te bekennen, in een van de twee hotels. Ik ben er geweest. Er was niemand.

De laatste twee decennia hebben de regeringen, met de handen in het haar, een aantal bizarre bokkensprongen gemaakt om het hoofd boven water te houden. Zo hebben regeringen van andere landen, bijvoorbeeld Taiwan, Nauru fors betaald om als land erkend te worden. Om na een aantal jaar te horen te krijgen van weer een nieuwe regering dat Nauru Taiwan toch niet erkent als zelfstandige staat. Hiervoor heeft Nauru weer een aanzienlijk bedrag van China ontvangen. Zelfs in 2009 nog erkende Nauru als een van maar vier landen ter wereld Abchazië en Zuid-Ossetië, de gebieden waar Rusland en Georgië een oorlog over voerden. Hiervoor is Nauru fors gecompenseerd door Rusland. Een aantal jaren lang is de wetgeving zo aangepast dat het uitermate interessant werd voor criminelen om hun zwarte geld te investeren in allerlei duistere zaken via Nauru. Hierdoor kwam Nauru op de zwarte lijst van het IMF terecht.

Het bizarre is dat de Nauruanen nog steeds trots zijn op hun kleine dode eiland. Australië heeft een aantal jaren geleden aan-

geboden om het eiland te kopen en de gehele bevolking zo – hop –
in één keer te verkassen naar een soortgelijk Australisch eiland.
Nauru zou vervolgens helemaal worden afgegraven op zoek naar
de laatste restjes fosfaat. Praktisch het hele eiland stemde tegen.
Het is typisch, maar ik heb het vaker gezien. In de somberste landen zijn mensen nog steeds gehecht aan hun geboortegrond.

Bij zonsondergang loop ik langs de zee naar de steigers waar de
roestige kranen van de oude fosfaatindustrie als verdrietige bruine zwanen in zee staan. Er staat een groot bord waarop staat dat
de installatie op elk moment in elkaar kan storten. Dat geldt niet
alleen voor die kranen, denk ik. Ik betreed toch de lange betonnen steiger, die als een dunne klauw de diepblauwe Pacific vast-
grijpt. Aan het eind staan de kranen verroest en vervaarlijk te
piepen en te kraken in de wind en het getij. Vogels keren terug
van zee met hun laatste vangst. Er gillen wat kinderen in de bran-
ding. Verder is het stil. De ondergaande zon kleurt prachtig met
de donkerrode knoestige kranen en de azuurblauwe zee.

Er zijn nog veel meer bizarre verhalen te vertellen over Nauru.
Ik ben er vijf dagen voordat de volgende vlucht landt en een halfuur later snel weer vertrekt. Vijf dagen op Nauru is lang. Er is
feitelijk niets te doen. Ik huur een jeep en rij naar het midden van
het eiland over een stoffige weg langs de fosfaatkokers en de lopende banden het binnenland in. Er liggen resten van verzande
rails naast de weg waarop ooit de wagonnetjes het fosfaat afvoer-
den. Het is snikheet. Langzaam begint het landschap te veranderen in een onaards doolhof van duizenden pilaren. Sommige zijn
wel vijftien meter hoog. Daartussen zat het fosfaat dat nu ergens
vermengd is met droge woestijngrond in Australië. Als ik verder
rij kom ik de Duitser tegen die bij mij in het vliegtuig zat. Een uiterst stille kerel die vijf dagen in dezelfde kleding rondloopt en
daardoor enorm stinkt. Dat weet ik, want hij zit in hetzelfde hotel, het beste van de twee. Toch besluit ik om hem een ritje over

het eiland aan te bieden. Het is bloedjeheet, hij ziet er naast aangekoekt ook nogal aangekookt uit. Bovendien zit ik na drie dagen ook wel om een praatje verlegen. Er is niemand op dit eiland om mee te lullen.

Veel wordt er niet gesproken als we de afgravingen rond rijden. Soms stappen we ergens uit waar een weids uitzicht is over het pilarenrijk. Een *unheimisch* landschap waar niets meer mee te beginnen valt. We komen langs een krater, die gevuld is met wegroestende graafmachines die kriskras als afgedankte speeltjes van een reuzenkind door elkaar liggen geslingerd. Ook die zijn verlaten nadat de laatste restjes 'wit goud' zijn gedolven.

Natuurlijk is het lastig om een typische foto te maken van deze dofheid, van een ongezond volk met een nog ongezondere toekomst. Maar Nauru krijgt een laatste kans, want er is een zogenaamde 'secondary layer' fosfaat ondekt. Veel moeilijker te bereiken dan vroeger maar met de juiste aanpak en machines moeten ze erbij kunnen. Het zou weleens net hun redding kunnen zijn. De Nauruanen hebben intussen ook wel begrepen dat het dit keer anders moet. De potentiële voorraden zijn enorm. Daarom hebben de eilandbewoners gekozen voor jongere en idealistischere politici. Met hulp van Australische financial controllers beginnen ze binnenkort aan de 'secondary mining'. Zouden ze geleerd hebben van eerder gemaakte fouten? Ik praat wat met mensen hier en daar en het lijkt erop dat ze allemaal willen dat het nu echt anders gaat. Wie weet lukt het ze om hun kleine eiland te redden.

Papoea Nieuw-Guinea, Port Moresby
14 maart 2010

De reputatie van Port Moresby gaat de stad ver vooruit. Op Vanuatu, twee eilanden verderop, zit ik een pint te drinken in de jachthaven. Een mooie vrouw loopt voorbij. Recht tegenover mij zit een oude kale kerel met een tabaksgebit die haar nog harder bekijkt dan ik.

'Very nice!' zegt hij met een dik Australisch accent.

Dat is de bindende factor tussen kerels wereldwijd. Michael nodigt me uit voor een drankje. Hij doet mij het ene na het andere brakke verhaal uit de doeken over Papoea Nieuw-Guinea. Hij heeft er veertien jaar gewoond. Ik ben wel wat gewend, maar dit klinkt wel heel extreem. De zon gaat onder en Michael vertelt met een bezweet voorhoofd dat de veiligheidssituatie in Port Moresby slecht is, heel slecht. Om de haverklap worden mensen, auto's, maar ook hele bussen overvallen. Iedereen wordt volledig leeggeroofd onder bedreiging van zwaar wapentuig. De manier waarop dit gebeurt is zeer agressief. Regelmatig worden mensen voor het gemak eerst doodgeschoten en dan pas wordt er gekeken of ze wel iets waardevols bij zich hebben. Wat meestal niet zo is.

Papoea Nieuw-Guinea is arm. Niemand wil zijn geld kwijtraken. Dus worden mensen vindingrijk. Ze verstoppen hun geld op de meest intieme plekken van hun lichaam. Daar waar zelfs de overvallers liever niet willen kijken. Vervolgens wordt het geld op de markt 'er' weer uit getoverd, om zoals het met geld gaat weer snel van hand tot hand te gaan.

'Ik had een vriendin die werkte op een wisselkantoor met heel veel geld. Iedereen wrijft weleens in zijn ogen. Toen ze na een inspannende dag met jeuk in haar oog thuiskwam en in de spiegel keek bleek het zwaar ontstoken te zijn. Een week later is haar oog eruit gehaald.'

Michael gáát maar door. Ik moet toegeven dat ik toch wel een beetje nerveus begin te worden over mijn verblijf in dat land. Als het geld al gevaarlijk is… Maar ik moet erheen. Net als naar zoveel andere landen waar het gevaarlijk is.

Michael brengt mij in contact met G4S, een internationaal beveiligingsbureau op Papoea Nieuw-Guinea, waarvoor zijn vrouw werkt als secretaresse. Dat is dan weer mooi meegenomen. Het zoveelste contact dat ik opduikel door een drankje te gaan drinken.

Na wat over en weer gemail met Montecatini en G4S kom ik met ze overeen dat zij mijn beveiliging gaan verzorgen. Ze komen met het volgende voorstel: airport pick-up, vier bodyguards van wie één bewapend, twee auto's waarvan één marked en één unmarked, twee keer drie uur bewaking op vooraf bepaalde fotografieplek, airport drop-off.

Voor mijn verblijf in Port Moresby raden ze Holiday Inn aan, dat het veiligste hotel is en ook het dichtst bij de drukke plekken in de stad ligt.

Vanuit Brisbane stap ik toch wel gespannen op het vliegtuig naar Port Moresby. We zijn met een mannetje of tien. Niet een erg populaire bestemming. Bij aankomst staat Jack, de manager van G4S, me op te wachten met een bordje met alleen mijn initialen erop. Jack is een grote, dikke blanke Zuid-Afrikaan die het vak geleerd heeft in Jo'burg, maar het in Port Moresby relaxter vond. Goed nieuws.

Terwijl we door de straten rijden lijkt het op het eerste gezicht wel mee te vallen. Het is vrij schoon en rustig op straat. Ik had meer chaos verwacht. Jack legt me uit dat de nieuwe president het in zijn ogen best goed doet en dat de troep op straat tegenwoordig ook wordt opgeruimd.

Ik had voor vertrek wat informatie online ingewonnen over de Holiday Inn en vond teksten als 'Worst hotel ever!', 'Don't go there!' of 'Shots were fired at my room!' Maar er was weinig keus. Het valt reuze mee. Het is eigenlijk een van de chiquere tenten van de laatste tijd voor mij. Overal lopen zeikerds rond en dus ook in Port Moresby.

Met Jack neem ik de planning voor de komende dagen door. We pakken allebei een pint en hij vertelt me wat sterke verhalen over het land. Maar dan wel van het soort dat waar is. Hij zegt dat het in principe een goed land is, met heel veel potentie, maar dat er een aantal grote problemen zijn die eens moeten worden aangepakt. Er zijn hier volgens hem veel meer goede dan foute mensen. Hij hoopt dat ik dat stukje kan laten zien van zijn land.

De volgende ochtend maak ik kennis met 'mijn' bodyguards. Het is er eentje meer geworden. Ze worden aangevoerd door een kleine doch stevige Papoea, gekscherend bijgenaamd 'Blondy'. Blondy is de bewapende guard. Zijn 9mm draagt hij in het heuptasje dat wij kennen van het campingvolk. Het moet namelijk niet opvallen.

Met Blondy en Rudy zit ik in de eerste geblindeerde jeep, die wordt gevolgd door de G4S jeep met de andere drie mannen erin. Die hebben alle drie een G4S-pak aan maar Blondy en Rudy zijn in burger. Ik ben ook in burger.

Zo goed en zo kwaad als het gaat – dit soort jongens zijn meestal niet heel creatieve denkers – leg ik de boys uit waar ik naar op zoek ben. Ze denken dat er wel een paar markten zijn waar ik misschien vind wat ik zoek. We beginnen bij de drukste.

Daarover zeggen ze van tevoren al dat we niet 'te lang' kunnen blijven. Op mijn vraag hoe lang dat dan is krijg ik het antwoord 'Short'.

Het is, afgezien van Nairobi – maar dat was alleen met Julius – voor mij de eerste keer dat ik werk onder deze omstandigheden. Jack heeft mij verzekerd dat ik onder geen enkele voorwaarde alleen naar dit soort markten kan. Als blanke met deze fotoapparatuur is het vragen om problemen. Ook zonder fotoapparatuur trouwens. Maar met het vijftal erbij voel ik me eigenlijk wel veilig.

Uiteraard laat de hele markt alles vallen als ik kom aanlopen. Ik doe alsof dat heel normaal is en begin al snel hier en daar een praatje te maken met de verkopers van inheemse producten, waaronder uit elkaar gehakte schildpadden en een walibi, de kleine kangoeroe van het pretpark.

Ik ben nog niet halverwege het standaard drie minuten durende gesprekje wanneer Blondy me vertelt dat het beter is als we gaan! Short is echt short! Ter plekke ga ik er niet over in discussie natuurlijk, maar ik merk nergens iets van agressie. In de auto legt hij me uit dat hij een aantal 'oude bekenden' van een van de 'syndicaten' dichterbij zag komen en dat het hem beter leek om ervandoor te gaan voordat het vijftal te weinig bleek te zijn.

Zo gaat het wel snel met de markten van Port Moresby. Bij de volgende hebben we wel wat meer tijd, garandeert Blondy mij. Dat is een vismarkt waar ik meteen tegen een dikke, dikke muur van stank aan loop. Ze hebben geen ijs om de vis te koelen, waardoor de tropische hitte haar slopende werk ongestoord op de vissen, schildpadden, octopussen en zelfs een kleine krokodil kan doen. Onder lange rijen rode parasolletjes staan de viswijven hun waar aan te prijzen. Ze komen van de outer islands 's ochtends naar de stad in de hoop 's avonds met wat andere goederen weer huiswaarts te keren.

Aan de relaxte houding van Blondy en zijn maten te zien, die mij in een cirkel van zo'n vijf meter in de gaten houden, is het hier een stuk beter. Daardoor hoef ik niet om me heen te kijken, zodat ik me kan concentreren op de fotografie. Uiteraard levert het marktje bizarre foto's op. De vrouwen vragen me wat ik in vredesnaam aan het doen ben. Ze vinden het allemaal uiterst geestig. Zo bijzonder is het toch niet?

Volgens Jack is het busstation ook een aanrader. Het vijftal doet daar ook een beetje nerveus over, maar ik wil er toch naartoe. Ik vind het allemaal reuze meevallen.

Als ik wat om me heen aan het kijken ben naar een geschikte plek, hoor ik ineens een enorm geschreeuw. Er scheurt met rokende banden een jeep mijn kant op, achtervolgd door vijftig wilde Papoea's! Ze komen allemaal op ons af! Ik denk: is het vijftal verdomme toch niet genoeg! Ze komen dichter bij mij staan. Blondy legt een hand op zijn heuptas. De auto komt slingerend vol gas op ons af gecrost, gevolgd door de meute met stokken en kapmessen. Blondy duwt me naar achter. Hij ritst het tasje open. Zijn hand glijdt naar binnen en vormt een vuist. Jezus christus! Wat is dit? De auto scheurt plankgas voorbij. In een flits zie ik een doodsbange kerel. De meute rent schreeuwend voor onze voeten langs. Ik ruik verbrand rubber. Inmiddels staat het hele vijftal om me heen. Ik zie ook dat dit niet om mij gaat. Het gaat om die auto. Die rijdt vol gas het marktplein af de straat op, waarbij hij bijna wordt geraakt door een vrachtwagentje dat komt aanrijden. Slippend door de bocht verdwijnt hij uit het zicht. Een aantal mannen stappen in inmiddels gearriveerde auto's en zetten de achtervolging in.

Ik draai mijn hoofd om naar Blondy. Hij kijkt me stoïcijns aan.

Met een bezwete bilnaad en een piepstemmetje zeg ik: 'What the fuck, Blondy, what's going on here, man?'

Blondy zegt kalmpjes: 'Thief steal car.'

'So what happens when they catch him?'

'They kill him on the spot.'

We besluiten het busstation te laten voor wat het is. De drie uur durende werkdag zit er alweer op en ik word teruggebracht naar mijn luxe gevangenis. Aan het zwembad tussen de Indiase en Chinese zakenlieden loop ik door de foto's. Gillende zwarte kindjes spartelen in het water. Ik heb een koud biertje voor mijn neus staan. De spanning is weer een beetje gaan liggen. Verder is het mijn boek lezen totdat ik de volgende ochtend Blondy de hoek om zie lopen.

Hij neemt me mee naar de kippenmarkt. Daar is het heel relaxed volgens Blondy en hij hoopt op wat kaketoes en ander tropisch gevogelte. Die zijn er helaas niet, maar wel heel veel kippen, hele minibusjes vol. De kippetjes worden hier massaal in de achterbak van de auto gepropt en zo naar de markt vervoerd, een ritje dat uren duurt. Daar worden ze uit de achterbak geplukt door hun nieuwe eigenaren, bij wie ze maar een kort verblijf zullen hebben. Er wordt ook veel betelnoot verkocht, waar iedereen op kauwt in combinatie met limoenpoeder en een soort boon.

Na getracht te hebben om een praatje te maken, kies ik een familietafereel uit voor een paar foto's. Drie generaties kippenverkopers bij elkaar. Op de achtergrond maken ze een dolletje met me door de aarsjes van de kippetjes te laten zien. Ik heb ze er graag bij op de foto van Papoea Nieuw-Guinea.

Oost-Timor, Dili
21 maart 2010

Vanuit Brisbane vlieg ik naar Darwin. Ik heb geen flauw benul dat het die dag St. Patrick's Day is en dat dit Ierse feestje heftig wordt gevierd in Australië.

Eerst regel ik wat zaken met tickets en e-mails, maar rond de klok van drie wordt de joligheid en Ierse vioolmuziek uit de Ierse pub voor mij toch echt veel te verleidelijk.

Het drinkvolk staat drie rijen dik om de kroeg in groene out-fits Guinness weg te tikken. Dat heeft ontegenzeggelijk een niet geringe uitwerking bij 35 graden. Een nostalgisch Koninginne-daggevoel overstelpt me. Groen of oranje: het principe is hetzelf-de.

Ik wurm mijn weg naar binnen door het hossende volk en de vrolijke klanken van de band. Bezwete Australiërs dansen met backpackers Ierse volksdansjes. Bij mijn tweede slok Guinness staat Gracey naast me, die me, als ze hoort dat ik Nederlands ben, meeneemt naar een backpacker uit Eindhoven. Gezellig, nu wordt het ook nog carnavalesk!

De Guinness vloeit rijkelijk en Ivo en ik leggen het dik aan met onze Ierse vriendinnetjes. Ik vlieg die nacht om vijf uur naar Oost-Timor, dus om één uur zeg ik tegen Gracey dat we er nu toch echt wel vandoor moeten. Starnakel bezopen glippen we mijn backpackerslodge in, wat eigenlijk niet mag met iemand die daar niet logeert. Tot drie uur 's nachts werken we beiden hard aan de bilaterale betrekkingen. En ik ben voor altijd fan van St. Paddy.

Aan de late kant spring ik de taxi in en werk me door de douane heen naar mijn vliegtuigstoel. De stewardess wekt mij voor de landing. Door het raam zie ik de zon opkomen, boven Oost-Timor.

Over Oost-Timor doen ook niet de beste verhalen de ronde. Na een jarenlange en verschrikkelijke onafhankelijkheidsoorlog met Indonesië mag Oost-Timor zich eindelijk een land noemen. De officiële naam is Timor-Leste geworden, naar de Portugese koloniale naam.

Helaas bleek na de onafhankelijkheidsstrijd dat er onderlinge verdeeldheid was over hoe het land geleid moest worden en door wie, met als gevolg dat er een aantal nare burgeroorlogen zijn uitgevochten. De VN is met een zeer grote vertegenwoordiging aanwezig en er zijn ook vele NGO's actief. Dat belooft party time!

Ik heb online de vraag gesteld of iemand vrienden heeft op Oost-Timor maar verwachtte er weinig van. Kreeg ik prompt een mailtje van Naomi dat zij er een oud-klasgenootje heeft zitten, genaamd Breanne. Ik stuur haar een mailtje en we spreken af in een van de barretjes aan zee. Ze wil me graag haar Dili laten zien. Breanne werkt voor de VN, maar geeft ook yogales en is fervent duikster.

Ik zit volgens afspraak te wachten in de bar. Op straat worden vissen en sandalwoodbeeldjes verkocht. In de verte liggen een paar containerschepen te deinen. De zon gaat precies aan die kant onder, wat spectaculaire luchten oplevert. Ik zit daar met een koude Bintang van te genieten als Breanne binnenkomt met Nicky, een vriendin. Breanne is een leuke chick, met wie ik het meteen goed kan vinden. Nicky is producer van een maandelijkse, zeer populaire televisieshow over Timorezen en wat die doen om hun land er weer bovenop te krijgen. Stoere dames. Ik leer tevens Maarten kennen, een Nederlander die ook voor de VN werkt. Hij blijkt dikke vrienden te zijn met, jawel, een oud-huisgenoot van de Parkstraat, Richard Sterneberg. Het zal toch niet waar zijn! Zit je in Oost-Timor!

Ik heb het getroffen, want de meisjes gaan de volgende dag duiken en ik mag mee. Het is een vrij lange rit door de tropische omgeving, waar we zo nu en dan langs een dorpje met schreeuwende kinderen en blaffende honden rijden. Ook moeten we een paar keer stoppen bij een VN-checkpoint maar blanken mogen altijd snel doorrijden. Die betalen immers hun salaris. Op een verlaten strand lopen we de zee in en maken een duik. De wateren van Oost-Timor zijn nog nauwelijks ontdekt en verstoord: het is er prachtig.

Tijdens de terugweg vertellen Nicky en Bree mij van alles over Timor. We rijden langs de plek waar tot een paar maanden terug nog duizenden IDP's zaten, Internally Displaced Persons. Waar ze nu zijn weten ze niet precies. Terug naar huis, misschien.

Mijn vraag of die honderden VN-jeeps hier wel echt nodig zijn beantwoorden ze beiden stellig met ja. Ze waren hier allebei in 2006 toen de vlam volledig in de pan sloeg en half Dili is afgebrand. Nog in 2008 is er een aanslag gepleegd op de president. Het blijft een volatiele situatie in Timor en de VN vormt daar een buffer. Bovendien organiseren ze leuke feestjes en dat is die avond ook het geval, want het was vorige week St. Patrick's Day! En er is een Ierse ambassade, die al weken bezig is om blikken Guinness te importeren. De ambassadeur eindigt zelf ladderzat achter de microfoon om Ierse volksliederen te zingen.

Intussen staat de teller van *Streets of the World* op 34 landen! Papoea Nieuw-Guinea en Timor-Leste waren de laatste van deze regio. Ik reis nu vanuit Darwin weer terug naar Bangkok. Ach Bangkok, dat wordt een van de laatste keren in die fijne stad.

Kim is intussen terug naar Canada. Ik kan me Bangkok zonder haar nauwelijks voorstellen. En Ruud is er ook niet, die zit in Hongkong. Met andere woorden, ik ben hier alleen. Dat ben ik helemaal niet meer gewend in Bangkok. Ik kan natuurlijk weer helemaal opnieuw beginnen met vriendjes maken, in Cheap Charlies. Maar daar heb ik eigenlijk helemaal geen zin in. Eventjes een keertje rust in Bangkok. Bovendien weet ik dat deze een-zaamheid van korte duur is, want in India ontmoet ik Saskia!

India, New Delhi
31 maart 2010

Saskia is inmiddels klaar met haar scriptie en heeft tijd en wat centjes gespaard. Ze wil heel graag langskomen en een stukje meereizen. Ik wil niets liever. Zelf moet ik natuurlijk wel de straatfoto's maken, maar als we het wat ruimer plannen dan hebben we genoeg tijd om wat tripjes te maken. Er staan nog drie landen op de agenda voordat we samen teruggaan naar Nederland: India, Sri Lanka en de Maldiven. Een spannend rijtje. Sas is nog niet buiten Europa geweest dus ze valt meteen met haar neusje in de boter.

Het is nog vrij lastig plannen om elkaar op dezelfde avond op Indira Gandhi International Airport in de armen te kunnen sluiten. Ik vlieg vanuit Bangkok en Saskia vanuit Amsterdam. Uiteindelijk weet ik het zo te plannen dat ik eerder aankom, zodat ik haar kan opwachten. Allebei kijken we er heel erg naar uit want ondanks alle avonturen missen we elkaar natuurlijk wel. Zo simpel is dat.

Ik heb ook erg naar India uitgekeken, het land waar ik mijn eerste reis ben begonnen met Kalinka in 1995. En ik ben er nog vaak teruggekeerd. De tweede keer met huisgenoot Justus; een keer voor de Rabobank, een fotografieopdracht. En de vierde keer met Eveline. Inmiddels heb ik een stevige haat- liefdeverhouding met dit vreselijke en boeiende land. Veel heb ik nagedacht over hoe 'de Indiafoto' eruit zou moeten gaan zien. Ik had er zeker een idee over, maar zoals altijd gaat alles anders dan je denkt. Ik land om negen uur 's avonds op Indira Gandhi Airport. Ik moet twee uur wachten, dan landt Sassie vanuit Schiphol. De spanning stijgt.

Met een grote glimlach en betraande oogjes komt ze aanrennen. Een heel lange omhelzing volgt. Not done in India. Public displays of affection are frowned upon. Interesseert me geen ruk. Drie weken van samen reizen is begonnen. Natuurlijk maak ik mooie dingen mee maar in feite ben ik 80 procent van de tijd alleen, dus dit is heel fijn.

Ik heb een wat beter hotel geregeld dan tijdens mijn voorgaande bezoeken aan India om ons een hachelijk nachtelijk avontuur met taxichauffeurs te besparen. Zo'n eerste rit door een slecht verlicht Delhi is altijd weer een beetje onheilspellend. Maar het hotel is prima en het weerzien goed! Met twee koude Kingfisher-biertjes kijken we vanaf het dak uit over een stoffig, oranje verlicht New Delhi, waar ik elf jaar geleden voor het laatst was. In de verte klinkt de toeter van een trein die vertrekt uit New Delhi Railway Station. Langzaam slingert hij weg dit onmetelijke land in. Ik ben benieuwd naar wat er veranderd is en Saskia wil het land leren kennen.

De volgende ochtend moeten we een aantal dingetjes regelen en word ik toch weer, en Saskia helemaal, totaal overvallen door de chaos die Delhi heet. Het is het droge seizoen en het is tegen de veertig graden. Extreem stoffige, volgeperste straten met motorriksja's, koeien, taxi's, fietsriksja's, blinden, melaatsen, honden, sikhs, rijdende stalletjes, in de weg staande stalletjes, schreeuwende kooplui, klierende kinderen, poep, rotzooi, treintoeters, het constant claxonneren. Ratten, vuistgrote kakkerlakken, verblindende kleuren, zwemen van geuren, de ene is lekkerder dan de andere vies is, golven over ons heen. Alleen in India is het zo.

Tijdens ons eerste ritje in een fietsriksja wordt Saskia een beetje verdrietig, omdat het zo vreselijk is dat iemand zijn geld moet verdienen door met twee rijke blanken door de hitte en deze chaos te fietsen. Het valt mij op dat dit soort dingen mij niet eens meer zo opvallen. Ben ik hier al te vaak geweest? Ben ik er ook al aan gewend dat het nou eenmaal zo werkt hier? Dat hij in ieder geval nog iets verdient zo? Dat wij die problemen niet samen kunnen oplossen, maar wel op onze eigen manier een steentje kunnen bijdragen? Soms klinkt het mijzelf ook als slap gelul in de oren.

Het is toch belachelijk, nee, schrijnend, dat een land miljarden kan uitgeven aan een ruimteprogramma en, erger nog, aan atoomwapens, terwijl in de straten van de hoofdstad mensen voor je neus wegkwijnen. Burgers van dat land, de mensen die door hun regering beschermd zouden moeten worden tegen deze armoede. India. Het is gewoon een kutland.

Maar als fotojournalist fascineert het land mij. Hoe dat gaat hier? Verhalen maken over andermans ellende. Daar geld mee verdienen.

Al snel ga ik weer op zoek naar mijn straat. Niet te lang stilstaan bij de verschrikkingen om je heen. Met tunnelvisie laat je je riksja erdoorheen knallen en rond je snel je missie af. Relativeren die zaak.

Een foto van een drukke straat. Dat is in India al zo bizar dat het verhaal waarschijnlijk wel overkomt. Maar nu ik hier weer rondloop lijkt dat ineens nogal tekort te schieten. Ik voel dat ik moet proberen om meer te laten zien. Een menselijke kant van deze bijna mechanische armoede, deze cementmachine van een maatschappij.

Die ochtend besluit ik te gaan kijken in een van de belangrijke straten van Delhi, Chandni Chowk. Het is een heel oude straat, die in de hoogtijdagen van de moghuls naar het Rode Fort leidde. Het fort staat nog steeds fier aan het einde van de Chandni Chowk als aandenken aan reeds lang vervlogen tijden. De krioelende mensenmassa voor de muren steekt schril af tegen de grandeur van het fort. Terwijl ik door Chandni Chowk loop valt mij op dat er een heel lange rij mannen gehurkt op de stoep zit te wachten. De armste klasse, gekleed in vodden en met piekerige, smerige haren, onder het stof en vlekken. Een aantal zijn duidelijk erg ziek. Sommigen hebben open wonden. Waar wachten ze op? Worden ze opgehaald om ergens te gaan werken? Langzaam loop ik naar het begin van de rij, waar een vrachtwagen staat en een paar mensen met iets bezig zijn. Er blijkt een aparte rij te zijn waar mensen met wonden, door wat schijnbaar artsen zijn, ter plekke op straat worden behandeld. De mannen bijten hun tanden op elkaar als de door gangreen rottende wonden worden ontsmet met jodium en peroxide. Er wachten ook kinderen in de rij.

Ik vraag aan een van de artsen, een sikh die goed Engels spreekt, wat er precies gebeurt. Hij legt mij uit dat hij onderdeel is van een particulier initiatief dat klein is begonnen maar nu bestaat uit driehonderd gegoede families, die gezamenlijk geld en tijd bij elkaar leggen om voor deze mensen te zorgen. Dus niet via de regering, vraag ik. Nee, burgers van Delhi die voor hun eigen armen zorgen. Alles wordt door henzelf bekostigd, maar ook geregeld en gemaakt. Hij legt me uit dat de wachtenden in de honderden meters lange rij allemaal elke ochtend een warme maaltijd krijgen. De hele nacht zijn de vrijwilligers van die families bezig om de Indiase chapatti's, de broodpannenkoekjes, te maken die bij elke Indiase maaltijd horen.

'Dat duurt het langst,' legt hij me uit, 'want die worden met de hand op een warme plaat gemaakt.' Op deze plek en op nog vijf andere delen zij zo elke ochtend aan ruim drieduizend mensen eten uit en medische zorg aan wie die nodig heeft.

Hij praat en wij lopen de rij zieken af terwijl hij geroutineerd antibiotica spuit in de armen met opgestroopte mouwen. Iedereen krijgt een vitaminepil en ze sluiten aan in de voedselrij met schone wonden en schone verbanden.

In de vrachtwagen zit een aantal vrouwen te roeren in grote stomende pannen met gele curry erin. Er staan er tientallen. De curry en chapatti's worden verdeeld in emmers, die vervolgens in de rij worden uitgedeeld. Ook krijgen ze een paar groene pepers voor wat extra pittigheid. Ik kijk de rij mensen af die wachten op deze maaltijd, op de stoep, in het stof, voor de ingang van een bank. Of zelfs een McDonald's. De dag begint in ieder geval met een volle maag. Daarna moeten ze het zelf doen.

Door de arts word ik in contact gebracht met de 'baas' van het geheel, alhoewel hij zichzelf zo niet ziet. Kamal is ook een sikh. Dat zijn de bijna altijd lange Indiërs die voor hun religie hun baarden en haren laten groeien en de bekende tulbanden dragen. Charismatische mannen. Kamal vertelt me dat zijn vader hiermee in 1990 is begonnen. Inderdaad, toen de economie in India begon aan te trekken en mensen wat meer geld kregen en zich daardoor ook meer konden bezighouden met wat er eigenlijk om hen heen gebeurde. Kamals vader is met drie gezinnen begonnen. Twintig jaar later zijn ze met driehonderd en voeden ze elke dag drieduizend mensen.

Ik ben verbijsterd. Dit gebeurt ook in dit miserabele land. Ik dacht dat niemand hier om een ander gaf. Dat heb ik nauwelijks gezien in de maanden die ik hier eerder doorbracht. Niet op deze schaal. Kamal legt me uit dat iedereen dit doet omdat het hun gewoon een goed gevoel geeft. Dat is genoeg. Ze werken met een roulerend systeem, waardoor elk gezin maar één dag per maand zijn taken heeft. Vaker mag.

'Dus het valt eigenlijk nog reuze mee,' zegt hij.

Ik vraag hem om toestemming om foto's te maken en leg hem uit dat dit nou precies is wat ik hoopte te vinden in dit land. Hij zegt dat ik mijn gang mag gaan en altijd kan langskomen. Ze halen ook lijken op van de straat. Dat mag ik ook fotograferen. Niet omdat hij zichzelf zo belangrijk vindt, maar omdat ze dan misschien wat meer vrijwilligers kunnen aantrekken.

Twee ochtenden loop ik mee met Kamal en zijn team. De schaal en de aanblik zijn nieuw voor mij. Ik ervaar een mengeling van verdriet dat het nodig is en geluk dat het gedaan wordt. Naast de straatfoto, die ik natuurlijk hiervan ga maken, begin ik aan een aparte reportage over dit werk. Zo kan ik misschien ook nog een kleine bijdrage leveren.

Waarom wil ik dat zo graag, vraag ik me af. Omdat het beter voelt dan niets doen? Omdat het wel iets uitmaakt? Omdat er toch meer goede mensen zijn dan slechte? Een vraag die ik mezelf lang geleden op een tegel in Utrecht stelde. Dat wordt heel erg duidelijk als je honderden hongerige mensen op een rij ziet zitten, die wel eten krijgen door de inzet van maar enkele medemensen.

En omdat ik zo goed bezig ben, vind ik dat we het verdienen om een paar dagen vrij te nemen. Dan kunnen we mooi een kijkje nemen bij de Taj Mahal, iets wat toch al op de agenda stond, goed bezig of niet.

Het is natuurlijk ook weer niet helemaal eerlijk om India af te schilderen als een land waar echt álles ellende is. Want de Taj Mahal blijft mij met stomheid slaan, keer op keer. Saskia weet ook niet wat ze ziet.

De treinreis naar en van Agra is weer een verschrikking. Wat je door de tralies van je raam voorbij ziet trekken tart elke beschrijving. Hoe leven die mensen in godsnaam? Hoe is zo'n leven in zo'n krottenwijk naast het spoor? Wat denken de kindjes aan de andere kant van de tralies wier bruine ogen in mijn groene kijken?

De foto's zijn mooi geworden. Ik heb contact met Kamal via e-mail. Aan het einde van deze reis ga ik weer langs. Hopelijk kan ik meer van dit verhaal maken, ze daarmee helpen. Ik krijg in ieder geval goede reacties op de straatfoto. Het gevoel komt over. Dat is een begin.

Sri Lanka, Colombo
10 april 2010

Na een week reizen we door naar Sri Lanka. Daar ben ik nog nooit geweest. Alhoewel je na een sessie India terecht het gevoel hebt dat je het wel aankan. Colombo is meteen stukken relaxter, schoner, stiller en westerser dus voelt het vertrouwder. Sri Lanka, het land van de Tamiltijgers. Maar nu niet meer.

Op 16 mei 2009 verklaarde president Rajapaksa van Sri Lanka dat het regeringsleger de Tamiltijgers had verslagen. Zijn woorden waren: 'Ik kan u met trots mededelen dat mijn regering, met de totale toewijding van onze strijdkrachten, de Tamiltijgers eindelijk militair heeft verslagen.'

De gewelddadige Tijgers hebben de strijd na 26 jaar en na zeker zeventigduizend slachtoffers verloren. Hun leider is omgekomen. Sri Lanka heeft vrede. Twee maanden geleden hebben de eerste presidentsverkiezingen plaatsgevonden sinds de burgeroorlog. Die is zonder noemenswaardige incidenten verlopen. Als wij er zijn is het weer verkiezingstijd, nu voor het parlement. Ook deze verlopen goed. Het lijkt erop dat er inderdaad een nieuwe tijd aanbreekt voor Sri Lanka. De vraag is hoe goed die tijd wordt voor de drie miljoen Tamils in het land. Waarvan een groot deel in kampen zit voor de zekerheid. Maar de regering heeft beterschap beloofd ten aanzien van hun 'positie'.

Afgezien van de politieke problemen is Sri Lanka een wonderschoon land dat zeer veel te bieden heeft. Wij hebben maar een weekje, waarin ik natuurlijk ook weer foto's moet maken. Maar we vinden toch de tijd om met de trein een stukje zuidwaarts langs de kust te rijden. Soms echt luttele meters van het strand af tuft de trein door kleine dorpjes en tropisch regenwoud. De treinen zijn oud, vol en viezig, maar je kunt er wel lekker in de deuropening staan en met de wind om je oren naar het land kijken.

Nederland heeft Sri Lanka, toen Ceylon, bijna twee eeuwen als kolonie gehad en dat is nog heel erg zichtbaar in Galle, een plaats in het zuiden waar nog steeds een enorm Nederlands fort staat. We hebben het goed samen.

Op de Maldiven leest Saskia per ongeluk een mailtje van een van mijn reisvriendinnetjes dat zo graag wil dat ik weer naar haar toe kom op haar tropische eilandje om de hele dag in de golven de liefde te bedrijven...

We hebben het hier een paar keer over gehad, maar het is nooit zo tastbaar aan de orde gekomen. Saskia wordt nu toch wel heel verdrietig, vooral omdat het zo fijn is de afgelopen weken op reis. In een lang gesprek bespreken we de aard van ons samenzijn en komen we tot de conclusie dat we beiden niet braaf zijn geweest, maar ook dat we beiden daar het nut niet van inzien. Zo was het al besproken. Het heeft geen enkele zin om de traditionele relatieregels, die toch al tenenkrommend zijn, op ons toe te passen. Toch steekt het wel om te horen dat zij ook met andere kerels bezig is geweest. Quid pro quo, Swolfsie. Dat was de deal en dat blijft de deal. In ieder geval hebben we nu geen schuldgevoelens meer. Slechts gevoelens en daar kunnen we mee leven.

Op de Maldiven begint Saskia aan haar duikcursus, terwijl ik de vismarkten afstruin, waar de moslimmannen – 99 procent van de inwoners is moslim – gigantische tonijnen en marlijnen de straat over slepen naar de vissnijders, die met soepele bewegingen grote hompen roze vlees van de graten afsnijden. De houten vissersboten liggen vastgesjord in het ragscherpe water van de haven. De alom vertegenwoordigde brommertjes toeteren overal tussendoor. Een mooi beeld van het laatste land voordat ik de tocht naar huis aanvaard. Maar eerst gaan we samen genieten van een van de honderden resorteilandjes die zo van een poster af komen. En dan is het wel heel relaxed op de Maldiven. We duiken, zwemmen, vrijen en drinken cocktails. Veel cocktails. Alles is immers afgekocht op ons eilandje. We genieten.

Ik ontvang een mail van Montecatini waarin staat dat ik bij thuiskomst interviews heb met het blad *Quest*, *Veronica Magazine* en met *nrc.next*! Vooral die laatste stond hoog op het lijstje. Misschien wel het mooiste is dat Giel Beelen mij wil gaan bellen tijdens zijn radioprogramma op 3FM! Dat zal pas tijdens de volgende trip worden. Eerst naar huis!

Samen vliegen we terug vanaf de schitterende Maldiven weer via Sri Lanka naar India. Het contrast tussen de tropische strandjes en de stoffige straten van Delhi is niet te bevatten. Saskia vliegt een dag eerder terug naar Nederland. Ik ga nog een ochtend terug naar Chandni Chowk om te fotograferen. Daar kom ik het meest verschrikkelijke tafereel tegen tot zover in mijn fotocarrière.

Op de stoep bij de artsen zit een sadhoe, met een wond in zijn been die eigenlijk net zo groot is als heel het been zelf. Er is praktisch geen been meer over. De spieren hangen er losjes bij. Vliegen schieten eropaf. Je ziet het bot lopen over het gehele bovenbeen. De stank is niet te verdragen. Zelfs de artsen hebben het er moeilijk mee. Ik begrijp überhaupt niet hoe deze man nog in leven is. Hoe hij nog kan staan met dat been.

Dat gaat echt niet lukken, pap, bedenk ik. Nu kan ik er niet meer omheen. Ik wist toen wel dat hij ook zo'n wond had. Die zat veilig verscholen onder een fris verband dat dagelijks verschoond werd. Stiekem ben ik altijd blij geweest dat ik dat nooit heb hoeven zien. Dat ik er toevallig nooit bij was als die wond verschoond werd. Dat ik nooit heb hoeven zien hoe mijn vaders lijf langzaam wegteerde voor zijn neus. Was dat laf, je afkeren van de realiteit omdat je het niet aankunt, het been van je vader niet 'kunt' zien? Dit is hoe het geweest moet zijn. Inmiddels twaalf jaar geleden. Maar dan in een schoon ziekenhuis in Rotterdam.

Na toestemming kruip ik met mijn groothoeklens zo diep mogelijk de wond in om het goed te laten zien. Aan de wereld. Aan mijzelf.

De artsen zijn een halfuur bezig om de wond schoon te krijgen. Er wordt een liter peroxide overheen gegoten, wat een grote sissende berg schuim oplevert. De man vergaat van de pijn. De vliegen schieten weg. Het gelige schuim loopt er aan de onderkant van de openhangende mossel weer uit. Ik moet uitkijken dat ik niet zelf van mijn stokkie ga. De wond wordt opgevuld met dikke balen watten en er wordt een groot verband om het been gewikkeld. Als de artsen met zweet op het voorhoofd klaar zijn op de ranzige stoep blijft de man nog even zitten in het stof, de stank en de uitlaatgassen om bij te komen. Op de grond ligt zijn oude, rottende verband te stinken. Dit gebeurt hier op straat! Ook hij wil staan. Moet staan. Net als papa. Na een tijdje krabbelt hij voorzichtig op en strompelt de chaotische straten van Delhi in. Ben ik er nou eindelijk klaar mee, pap? Is nou alles goed?

Met Kamal houd ik contact over de situatie van deze sadhoe. Ik probeer een manier te bedenken om hem te helpen. Al snel hoor ik dat ze hem nergens meer kunnen vinden. Later hoor ik weer dat ze hem toch in ernstige problemen op straat hebben gevonden. Hij heeft een aantal bloedtransfusies gekregen om zijn Hb weer op peil te krijgen. Bloed van dezelfde vrijwilligers. Het laatste wat ik hoor is dat ze gaan proberen om hem te laten opereren. Meer weet ik niet. Ik ben dan zelf allang weer in Nederland. Maar ik ga hoe dan ook terug om het verhaal van Kamal te vertellen. In de tussentijd heb ik een kleine serie op mijn eigen website gepubliceerd, maar dit verhaal verdient veel meer aandacht.

Kamals vrienden rijden mij de laatste dag langs een aantal andere projecten. We gaan kijken in de keukens waar elke dag al het eten wordt klaargemaakt en ze nemen mij ook mee naar een melaatsendorp. Dezelfde groep mensen heeft vijf van die dorpen in Delhi opgezet, waar ze zo nu en dan langsgaan om eten en spulletjes uit te delen. De melaatsen overleven verder van allerlei baantjes en van bedelen. Maar ze hebben in ieder geval een veilig en schoon thuis met elkaar. Het ziet er best gezellig uit. In de kleine, in allerlei bonte kleuren geverfde hutjes zitten overal mannen en vrouwen met halve handen en voeten. Hun kinderen zijn ingeënt. Zij krijgen geen lepra meer. Het is een bizarre gemeenschap waar iedereen me vrolijk toelacht.

Na drieënhalve maand is het weerzien in Nederland zoet. Ik heb het zo gepland dat ik twee dagen voor Koninginnedag terug ben in Amsterdam, een van de mooiste dagen van het jaar. Nederland op zijn best. Al mijn maten zijn er weer bij in de Wolvenstraat, waar we altijd beginnen met een prosecco-ontbijtje. Eveline staat aan de overkant oranje brillen te verkopen. Klinky is erbij, Menno, Zokkie. Feest!

Ik loop alle interviews af en vooral het stuk in *nrc.next* is supercool. Ik heb mijn ideeën goed kunnen uitleggen aan de journaliste en er wordt een mooie foto gemaakt. Naarmate ik verder kom in het project en er zelf ook steeds meer met beide benen in sta, merk ik dat echt iedereen er superenthousiast over is. Zelf word ik er beter in om het duidelijk over te brengen en er zijn natuurlijk steeds meer mooie en bizarre verhalen te vertellen over de reis. Bij mijn ouders hoor ik gelukkig dat de situatie met Ad enigszins is gestabiliseerd en dat er nog niet heftig hoeft te worden ingegrepen.

En ik neem afscheid van Saskia. Zij gaat twee weken na onze thuiskomst meteen alweer op reis met haar vader. Als ze terugkomt, ben ik weer weg. Daarna gaat zij zelf een halfjaar op reis en vrijwilligerswerk doen in Azië. We zien elkaar dan met een beetje pech acht maanden niet meer. Na een heerlijke tijd het afgelopen jaar en zeker de afgelopen weken in Azië lijkt het ons het beste om onze toch al aparte relatie op zo'n laag pitje te zetten dat het gelijkstaat aan uit. Allebei de wijde wereld in. Allebei vrij, maar toch verdrietig.

China, Beijing
11 juli 2010

China, Beijing in een foto vastleggen is wel een heel moeilijke op-
gave. Om te beginnen is Beijing al heel anders dan ik me had
voorgesteld, eigenlijk veel ontwikkelder en toch ook westerser.
Maar dat is slechts één kant van deze megastad en bovendien gaat
het er op het platteland wel heel erg anders aan toe dan hier.

De aankomst is in ieder geval top. Oud-huisgenoot Mowgli
is namelijk ook in Beijing, met een groep huisartsen om ze een
nieuw medicijn aan te smeren. Extra gezellig is dat de vader van
Klinky er ook bij is. Die is huisarts. Dat is lekker thuiskomen natuurlijk. Het eerste weekend van de nieuwe trip begint feestelijk.
Met de hele groep huisartsen mee ga ik het nachtleven van Beijing in, dat niet voor de poes is. Ik heb een gesprekje met een zeer
aangeschoten en flirtend tweetal. Ze zijn het er wel over eens dat
ze veel van hun partners thuis houden maar dat de uitdaging
toch wel erg vervaagd is. Dan zijn dit zeer verleidelijke weekjes.
Ze voelen weer de spanning van hoe het vroeger was, zo ver van
huis. Op mijn vraag of het niet alleen ver in hun hoofd is krijg ik
een teleurgestelde reactie. Spelbreker. Ik heb ook makkelijk praten, vinden ze. Rond drie uur vertrekken ze samen naar het hotel.

Voor mij is dit weer de bevestiging dat iedereen toch wel een
mate van vrijheid nodig heeft en die heb ik gelukkig in overvloed.

De volgende dag zoek ik weer naar geschikte fotoplekken maar het wordt me al snel duidelijk dat ik hier hulp bij nodig ga hebben in deze megastad. En mijn tijd is op. Dus kom ik terug.

Deze reis brengt mij verder naar Mongolië, Brunei, Bangladesh en Macao, landen die niet echt lekker bij elkaar in de buurt liggen. Inmiddels zijn er niet zoveel meer over in Azië, waardoor het lastig plannen is.

Als je landt in Ulaanbaatar, Mongolië, dan denk je dat de piloot ligt te slapen. Je landt namelijk midden in een steppe! Pas op het laatste moment schieten de tentenwijken van de hoofdstad onder de vleugels door. Bizar hoe deze stad als een grijs eiland midden in dit kale, groene en glooiende landschap ligt. Het is hartje zomer en daarom groen. Het grootste gedeelte van het jaar is het hier stervenskoud. Temperaturen die gemakkelijk de -40 halen. In de straten van Ulaanbaatar lopen de inwoners er zomertjes bij. Eindelijk even warm; in de zon. Ik vind het nog steeds verdomd koud.

Het klimaat levert hier een aantal fascinerende verhalen op. Door de enorme kou ontstaan er grote problemen. Zo is dit jaar ruim de helft van de veestapel bevroren door een nog strengere winter dan normaal. De karkassen blijven maanden liggen op de steppes, totdat de zomer eindelijk aantreedt. De afgelopen jaren waren het betrekkelijk milde winters, waardoor de veestapel exponentieel gegroeid is. De nomaden zijn gewend geraakt aan die omvang, dus de klap komt nu extra hard aan. Vele nomaden die generaties lang over de steppe hebben gezworven en hun traditionele manier van leven in stand hebben kunnen houden, moeten het nu opgeven. Ze trekken richting Ulaanbaatar, waar ze hun gers, de typische nomadententen, opzetten aan de rand van de stad. Op die manier zijn er enorme tentenkampen rond de stad ontstaan, de zogenaamde gerdistricten. De regel is hier nog steeds dat als je een tent neerzet en er een hek omheen bouwt die grond dan van jou is. Eerder gearriveerden hebben naast hun tenten houten hutjes in de modder gebouwd, waardoor er een raar soort krottenwijk met overal die tenten ertussen is ontstaan. Zo komen de eeuwenoude tradities onder druk te staan. Dit land van nomaden verandert snel.

Als ik door die gerwijken loop zie ik vrij veel kindjes met botdeformaties. Ook dat is een uitvloeisel van het bittere klimaat. Als er een baby'tje wordt geboren aan het begin van het koude seizoen op de steppe is het gewoon te koud om het mee naar buiten te nemen. Zo heeft het door consequent tekort aan zonlicht al meteen een gebrek aan vitamine D, waardoor de botjes niet goed groeien. Nog erger is het verhaal dat ik hoor over de 'rioolbewoners'. In de winter wordt het zo koud in de stad dat de allerarmsten hun heil zoeken in de riolen onder de stad. Daar loopt de stadsverwarming uit de Sovjettijd, dat levert nog een beetje warmte op. Schijnbaar is er intussen een heel rioolvolkje ontstaan, dat nauwelijks boven de grond komt en er heel bizar uitziet. Als nachtdieren, ook met botvergroeiingen. Ik zie er geen, al schijnen ze in de zomer weleens een kijkje boven de grond te nemen.

In het centrum wordt geïnvesteerd. Mongolië heeft grote voorraden mineralen en gas, waardoor er steeds meer geld binnenkomt. Alhoewel het overgrote gedeelte zoals gewoonlijk weer bij een heel kleine groep mensen terechtkomt, zie je toch ontwikkeling in de stad. Dat levert een bizar contrast op, naast de ook overal aanwezige oude Sovjetrommel die de straten ontsiert. Het land zit duidelijk in een overgangsfase.

Ik probeer het zo goed mogelijk in één beeld te krijgen. Aan de rand van een gerdistrict, waar de traditie botst met de oprukkende moderniteit, fotografeer ik de gedrongen Mongolen met hun bolle gezichten en rode koontjes.

Brunei, Bandar
17 juli 2010

Ik vlieg over eindeloze steppes naar warmere oorden, naar Brunei. Brunei is een islamitisch land, bestuurd door de sultan, die dat zeer gedisciplineerd doet. Er is geen alcohol te krijgen. Dat vind ik telkens een heel nare verrassing. Niet omdat ik per se moet drinken, maar omdat het niet mag. Hoezo mag ik geen koude pint drinken? Van wie niet? Daar kan ik helemaal niet goed tegen. Maar er valt niets aan te doen. Het wordt een vierdaagse gingerale.

Bandar is wel een heel saaie stad. Ik krijg het idee dat vooral ikzelf me daaraan stoor, de inwoners zijn zeer relaxed. Ze vinden het wel prima, zo lijkt het. Gelukkig wonen de meesten in het gedeelte van de stad dat op palen in het water is gebouwd. Overal crossen houten speedbootjes door de smalle kanalen en over de rivier met vrouwen in hoofddoeken en kindjes netjes in hun schooluniformpjes. Er zijn ook moskeeën op palen, scholen, een ziekenhuis en vele houten huizen waar grote gezinnen met z'n allen wonen, op het water. Mijn kapitein heet Manni en vaart me rond op zoek naar een mooie plek om dit waterspektakel vast te leggen. In een breder stuk water ziet het er goed uit, maar voor de perfecte compositie moet ik op de rand van een elektriciteitspaal zijn die er middenin staat. Dit is wel een heel lijpe positie. Ik moet echt uitkijken dat ik niet met camera en al het water in lazer.

Achter elkaar scheuren de boten om me heen voorbij. Een fik-kende zon op mijn kop maakt het nog net wat lastiger. Door de golven van de boten beweegt de paal ook nog! Ik veroorzaak be-hoorlijk wat commotie bij de waterbewoners, die zelf nog nooit op die paal hebben gestaan. Na een gelukkig succesvolle missie nodigt Manni me uit bij hem thuis. Ook hij heeft een groot huis op palen, waar zijn gezin met zes kinderen en vijf katten en een konijn rondhangt. Allerlei loopbruggetjes en steigers verbinden de hele stad met elkaar. De huizen zijn ingedeeld in verschillende compartimenten waarin ze slapen. Midden in de kamer zit een groot gat in de grond. Ik merk op dat zoiets best gevaarlijk kan zijn voor die kinderen. Volgens Manni weten ze geblinddoekt nog steeds waar het gat zit. Op mijn vraag of hij het niet beter dicht kan maken, antwoordt hij dat dit de vuilnisbak is.

Dhaka, Bangladesh
23 juni 2010

De georganiseerdheid van Brunei vloekt hard met de chaos van Dhaka. Bangladesh is als India maar dan 'zonder de leuke shit'. Ik ben nogal kritisch over India. Maar daar heb je nog wel die typische Indiase dingen waar je soms zo om moet lachen: overal koeien, de kleuren en geluiden, die aparte humor van ze. Een groot gedeelte van wat India ook zo cool maakt komt eigenlijk door het hindoeïsme. Bangladesh is islamitisch, maar wel net zo chaotisch en nog armer dan India. Dan blijft er weinig leuks over. Mijn hotel midden in het centrum is de enige plek die ik kan vinden waar je een beetje relaxed kunt zitten en eten.

Op straat is het de bekende kakofonie van stoffigheid, armoede en heel veel lawaai. In de vier dagen dat ik door de straten van Dhaka loop zie ik niet een keer één toerist.

De Bengalezen zijn een uiterst gepassioneerd volk. Dat blijkt bij binnenkomst in Dhaka meteen uit de gigantische hoeveelheid vlaggen van landen die meedoen aan het WK voetbal. Zelf doen ze niet mee maar dat maakt het enthousiasme voor natuurlijk weer landen als Brazilië en Argentinië er zeker niet minder om. Vlaggen van soms ruim tien meter lang hangen vanaf het dak tot helemaal aan de grond. Tijdens de wedstrijden is het stil op straat. Tot overmaat van ramp valt door de enorme vraag naar elektriciteit de stroom regelmatig uit tijdens de beladen wedstrij-den. Groepen giftige voetballiefhebbers trekken en masse naar de elektriciteitscentrales en slopen daar de boel. Dat lijkt mij niet te helpen, maar na het verzoek van de centrales aan fabrieken om hun werkzaamheden te stoppen en om airco's uit te zetten tijdens de wedstrijden, blijkt het goed te gaan. Zo komen ze er toch weer uit.

Ondanks constant politiek geklier stijgt de welvaart langzaam maar zeker wel. In de straten van Dhaka is dat moeilijk te zien, vind ik. Voor mijn neus op de plek die ik heb gekozen kruipt twee dagen een naakt jochie door het stof om te bedelen. Telkens als hij wat bij elkaar scharrelt, komt er een meisje dat zijn zus lijkt of zijn moeder het afpakken. Dit soort tenenkrommende prak-tijken maken mij furieus. Niemand kijkt er verder van op. Een irritante gast die uren naast mij blijft 'meekijken' wijst mij op het jochie. Lachend zegt hij: 'Vely pool.' Je weet nooit precies wat er-achter zit, wat ze precies bedoelen. Hoe dan ook, voor zover ik het kan zien is er nog een lange weg te gaan, maar ze gaan in ieder ge-val de goede richting op.

In Dhaka word ik gebeld door Giel Beelen! Ik ben toch wel een beetje zenuwachtig voor het gesprek, want er luisteren wel even zo'n miljoen mensen mee. Toch altijd die angst dat je ineens iets lijps zegt, jezelf niet onder controle hebt en alleen maar onzin be-gint uit te kramen. 'Fuck you Giel! Fuck you Giel!' Of dat Giel vervelend gaat zitten doen. Daar is hij wel toe in staat. Net als Ruud de Wild, die ineens naar allerlei hoofdsteden ging vragen die ik niet wist. Lekkere expert ben je dan. Gelukkig wordt het een heel leuk gesprek, voorafgegaan door een lovend intro over een gast die zijn droom waarmaakt en heel mooie avonturen beleeft. Ik krijg het idee dat Giel het echt wel begrijpt en oprecht mooi vindt. Ik vertel hem over de jochies op straat en de voetbal-gekte. Giel wil me vaker gaan bellen, wat natuurlijk te cool is!

Ik vlieg terug via good ol' Bangkok, waar het de afgelopen weken helemaal uit de hand is gelopen. Er is een halve oorlog uit-gevochten midden in het centrum van de stad. De roodhemden eisen een eerlijker verdeling van de welvaart en de terugkeer van Thaksin als premier. Hun eisen zijn voor de regering onbespreek-baar. Ze stellen het ingrijpen lang uit, maar uiteindelijk slaat de vlam volledig in de pan. Grote zwarte rookpluimen hangen bo-ven de stad nadat de roodhemden, of in ieder geval de radicale groep daarbinnen, het winkelcentrum Central World in de fik steken. Daar kwam ik weleens. In de brandende puinhopen wor-den negen verkoolde lijken gevonden. De roodhemden verliezen sympathie en de inwoners van Bangkok hebben het al helemaal gehad met de voornamelijk van het platteland afkomstige rel-schoppers. Uiteraard hebben ze in principe gelijk wat betreft de oneerlijke toestand in Thailand, maar om vervolgens de hoofd-stad in de fik te steken vind ik nogal drastisch. De regering zal er toch iets mee moeten doen. Wat dat betreft werkt dit soort agres-sie dus toch wel. Het is erg dat het nodig is.

Ruud is er ook. Samen gaan we kijken bij het slagveld. Bangkok likt zijn wonden. Ik kan niet geloven dat dit gebeurd is! Thai spre-ken toch al niet hun emoties uit, dus de stad dendert weer in zijn slopende tempo door. Afgezien van de war zone, en die is lokaal, merk je er vrijwel niets van. Ik blijf het er top vinden, al is het heel erg duidelijk dat de verhoudingen in dit land totaal niet kloppen.

Ook onze onbeduidende leventjes denderen door. Met Ruud ga ik, getooid in oranje outfit, voetbal kijken in The Green Parrot, die voor de gelegenheid is omgedoopt tot The Orange Parrot! De hele Nederlandse gemeenschap zit er volledig uitgedost bij en schreeuwt Oranje door naar de volgende ronde. Dit doen wij toch altijd wel goed. Schijnbaar zijn the Dutchies de enigen die het zo georganiseerd aanpakken. Een hele avond Hazes en bitter-ballen, weggespoeld met koude Heinekentjes.

Hongkong pak ik mee voor *Streets*. Er is iets aparts met de stad aan de hand. Men is het er wel over eens dat Hongkong inmiddels bij China hoort. Maar de grap is dat het wel nog steeds voldoet aan de traditionele criteria van 'een land': een afgebakend gebied, een gevoel van saamhorigheid, een eigen taal, eigen geld, een eigen bestuur en eigen postzegels! Om aan te kaarten wat nou precies 'een land' is, leek het mij interessant om er wel heen te gaan en er te fotograferen.

And I like it! Wat een supercoole stad is dit. Alleen al de unieke architectuur van volgebouwde eilanden die verbonden worden door een enorm bruggennetwerk. De duizenden schepen die af en aan varen in combinatie met een wel degelijk traditionele binnenstad met overal stalletjes en winkeltjes in het uit ringen opgebouwde centrum. De ringen liggen op verschillende hoogtes en worden door steile trappen met elkaar verbonden. Boven die trappen torenen de gigantische wolkenkrabbers uit waarin de financiële wereld zakendoet. Je kunt niet anders dan onder de indruk zijn van wat op dit kleine gebiedje is neergezet. Ik ben blij dat ik ben gekomen.

Ik vlieg terug naar Beijing en door naar huis.

Ik ben aan het einde van Azië gekomen; nu zijn het korte tripjes van elke keer zo'n vijf landen. Intussen blijven alleen Centraal-Azië nog over en het rijtje gevaarlijke landen, Iran, Irak, Pakistan, Afghanistan, Myanmar en Noord-Korea, die we goed moeten voorbereiden. Dan is Azië af, precies op schema en binnen budget.

Centraal-Azië, Oezbekistan, Tasjkent
19 juli 2010

Drie dagen terug was het precies een jaar geleden dat ik begon aan dit bizarre project, aan dit bizarre leven. Als we de rekening opmaken na een jaar komt er een behoorlijk goed verhaal uit rollen.

Buiten op de trap voor zijn kantoor op de Herengracht rookt Guirec een sigaartje. We maken na een jaar in het zonnetje de balans op. Bootjes varen rustig voorbij. De eigenaren trekken al proseccootjes open. Straks stap ik ook aan boord bij mijn maten. Guirec zegt met een schouderklopje: 'Jezus man, we hebben alles waargemaakt, Swolfsie! En een stukje meer nog! Zowel financieel als fotografisch hebben we de gestelde doelen allemaal gehaald. Gefeliciteerd gast! Dat is mooi, want dat was nog maar de vraag een jaar geleden,' fronst z'n kale hoofd.

'Dat was zeker maar de vraag,' vul ik hem aan. 'We hebben veel meer gedaan man!'

Wat betreft de media hebben we het stukken beter gedaan dan we dachten, dan wat we hadden gesteld. Ook naar Amerborgh toe. In onze presentatie toen hadden we het over drie nationale media-uitingen en een internationale uiting. Daar zijn we ruim overheen gegaan! *Streets* heeft aandacht gekregen in alle grote kranten, op meerdere radiostations en in vele bladen. We hebben de Belgische krant *De Morgen* gehad, *The Korean Times* en jawel, zelfs *The Micronesian Times*. 'Precies,' zegt Guirec. 'En nu gaan we televisie aanpakken.'

De wereld draait door en ik draai met haar mee. Tot kerst staan er een aantal lastige landen op het programma, die het erg spannend gaan maken. Voordat ik daaraan begin heb ik de vijf stani's voor de boeg: Kazachstan, Oezbekistan, Tadzjikistan, Kyrgyzsistan en Turkmenistan.

Bij Turkmenistan gaat het voor het eerst mis. Mijn visum wordt zonder opgaaf van redenen geweigerd. Politiek gezien is het zeer dubieus gesteld met Turkmenistan. Na decennia in de greep te zijn geweest van dictator Niyazov, beter bekend als Turkmenibashi, is er na zijn plotselinge overlijden eindelijk een nieuwe regering, die iets minder onderdrukkend schijnt te zijn. Maar het land is nog steeds verre van open en er vinden grove schendingen van de mensenrechten plaats. Ook de media zijn volledig onder de controle van de overheid. Redenen genoeg om de deuren dicht te houden voor buitenlandse journalisten. Dat is wel een tegenvaller. Ik had niet verwacht dat ik hier al dit soort problemen zou krijgen. Dat gaat de komende tijd vaker gebeuren. Ik voorzie dezelfde problemen met Noord-Korea, Iran en Myanmar.

De trip door de stani's is geheel uitbesteed aan Kazachstan Reizen en het is de eerste keer dat ik het zo doe. Het kan niet anders. Je hebt een aantal officiële uitnodigingen nodig om visa te krijgen en in sommige stani's mag je alleen maar reizen via lokale reisbureaus. Terwijl ik op reis ben door Azië wordt dit allemaal voor mij geregeld. Dat kan omdat ik twee paspoorten heb en allebei zakelijke dus dubbeldik. Een tweede paspoort kun je aanvragen als je veel reist voor je werk. Eentje neem ik mee op reis, met alle stempels die ik dan nodig heb. Het ander blijft bij Montecatini, waarmee ze de visa voor de volgende reis voorbereiden.

Turkmenistan lukt niet. Hierdoor verandert mijn schema en krijg ik tien dagen in Oezbekistan in plaats van vijf. Ik heb wat extra tijd om meer van een land te zien dan alleen de hoofdstad.

En dat is maar goed ook. In Tasjkent crasht direct mijn laptop. Dat is de eerste keer in de tien jaar dat ik Apple gebruik. Maar net wel op een heel zure plek. Mijn laptop is essentieel voor mijn werk. Ik upload de foto's van de volle kaartjes. Ik bekijk, bewerk en selecteer de foto's. Ik onderhoud mijn website ermee. Er volgt een hoop gebel met Pepijn, die mij met dit soort dingen altijd helpt, en met Apple. Niks werkt.

De jongen die achter de receptie zit, ziet mij een paar dagen vloeken achter de prehistorische pc met supertraag internet in de hotellobby en vraagt uiteindelijk wat er allemaal aan de hand is. Kushan blijkt voor een computerbedrijf gewerkt te hebben. Na een jaar in Amerika spreekt hij goed Engels. Hij zegt dat een goede maat van hem mijn laptop waarschijnlijk kan maken. Een half-uur later verschijnt er een zeer dubieuze Oezbeek in de lobby, die mijn computer mee wil nemen. Ik zit er totaal niet op te wachten dat die gasten hier mijn computer uit elkaar gaan halen. Ik kan ook niet de komende vijf weken zonder computer op reis. En een reparatie in de andere stani's gaat al helemaal niet lukken. Ik geef hem mee.

Gelukkig komt een dag later de computer terug, met een nieu-we harde schijf. Helaas is er nu een probleem ontstaan met de dvd-speler, waardoor ze de software er niet op kunnen zetten. In-middels heb ik een aantal avonden in de bar om de hoek mijn tijd zitten verdoen en daar weer een andere kerel ontmoet. Constan-tin heeft ook een vriend die volgens hem het computergenie van Centraal-Azië is. Het klinkt te mooi om waar te zijn.

Ik rij met Constantin de buitenwijken van Tasjkent in. De ver-vallen grauwe flatgebouwen staan sneu langs de rommelige weg.

Het hoort dan wel bij Azië maar zo voelt het helemaal niet. Ergens in dit doolhof van anonimiteit lopen we een vieze trap op naar de tweede verdieping, waar we aankloppen bij een deur zonder naam of nummer. Ik vertrouw Constantin intussen wel, maar ik blijf een beetje een shady gevoel houden. De deur wordt geopend door een Russische vrouw, die ons naar binnen wenkt en die ik daarna niet meer zie. Het appartement is eigenlijk nog best groot, maar ook heel rommelig en vervallen. In een hoek heeft Vladimir zijn computerkamer, met inderdaad de nieuwste Apples. Hij heeft blijkbaar een computerwedstrijd gewonnen, waarna hij een universiteit mocht kiezen in Centraal-Azië om te gaan studeren. Echt een genie dus, en een heel vriendelijke baas met een lekker dik Russisch accent. Hij begint op mijn Maccie te werken en na een heel scala aan trucs zie ik na een uur voor het eerst het scherm weer oplichten. Thank God! Na inmiddels vijf dagen gekloot doet het apparaat het weer, wel een stuk langzamer dan voorheen maar ik kan er in ieder geval weer mee werken. Eigenlijk willen ze niets weten van betaling. Ik geef Vladimir toch vijftig dollar en neem Constantin mee uit eten voordat hij weer aan het werk gaat in de pub om de hoek. Mijn gebrek aan vertrouwen bleek ongegrond. Als je een beetje in de gaten krijgt hoe het hier werkt, zijn het echt goeie gasten. Misschien wordt het hier leuker dan ik dacht.

Ondanks al het gedoe met die laptop lukt het wel om een mooie foto te maken in Tasjkent. Het is toch een aparte mix van volken hier. Alle grote Europese rijken zijn hier ooit voorbijgekomen en hebben hun invloeden achtergelaten. Dat zie je aan de architectuur, de religie maar ook zeker aan de mensen zelf. Aan allerlei verschillende gelaatstrekken en zelfs lichte ogen in Aziatische gezichten. Tussendoor komt er soms een overduidelijke Rus aangelopen. Met hun vale witte huid en norse kop haal je ze er zo uit.

Ik vind een plekje op de hoek van de bazaar. Op straat liggen doeken met allerlei handelswaar van de marktvrouwtjes die ik graag op mijn foto wil hebben. In de achtergrond staat een moskee en ook een groot hotel dat in aanbouw is. Eens in de zoveel tijd moeten de vrouwen als een speer hun lakens dichtknopen met hun spulletjes erin en vluchten naar de bazaar. Dan komen de 'komkommers' eraan. Zo noemt men de corrupte Oezbeekse politie. Ze dragen groene uniformen en men vindt het enorme lullen. Als ze na een tijdje doorlopen komen de vrouwen weer uit de kieren van de bazaar geslopen en wordt hun illegale handeltje voortgezet. Dit tafereel kan ik een paar keer aanschouwen in de dagen dat ik er sta. Als een stokstaartje staat er altijd een op de loer die een signaal geeft wanneer de komkommers komen. Gepakt worden houdt in betalen. Ze krijgen mij natuurlijk ook in de gaten. De dames zijn zeer vereerd als ik uitleg wat ik aan het doen ben en dat ik hun plekje heb gekozen voor de Tasjkentfoto. Na het onvermijdelijke geflirt maak ik aan het einde van de dag een groepsfootje van ze dat ik de dag voor vertrek bij ze langs breng. Hilariteit alom.

Vanuit Tasjkent ga ik voor de verandering over land naar Samarkand. Normaal vlieg ik altijd, dus ik vind het erg leuk om door het landschap te rijden naar deze historische stad.

We reizen in een oude Mercedes die via een dubieuze route vanuit het Westen hiernaartoe is gereden. Je ziet ze overal met stickers uit Duitsland en ook Nederland. Mijn deur sluit niet goed en de airco is kapot. Maar het is eigenlijk wel fijn met de ramen open. Het is alweer rond de dertig graden.

Wanneer we de stad uit rijden, worden we meteen omringd door uitgestrekte katoenvelden. Ik zit achterin. Dat vind ik fijn, want dan gaat de chauf niet tegen me aan lullen. Het is een Rus van in de veertig. Beetje norse gast. Ik luister liever een muziekje terwijl het uitgestrekte landschap aan me voorbijtrekt. Toch vraag ik me af wat precies het verhaal van de katoen is. Ik heb er natuurlijk over gelezen, maar nu rijd ik er zelf doorheen met een Rus.

Onverwachts blijkt Vlad een uiterst interessante vent te zijn. Met zijn vette Russische accent vertelt hij me het verhaal van de Oezbeekse katoen:

'Dit is de katoen die Oezbekistan rijk maakt. Maar ook de katoen die voor de grootste door de mens gemaakte natuurlijke ramp heeft gezorgd: het opdrogen van het Aralmeer.

Ergens in 1918 heeft Lenin zijn plannen voor Oezbekistan al uitgesproken. De regio moest vruchtbaar gemaakt worden en een verdienstelijke rol gaan spelen in de economie van de machtige Sovjet-Unie. In de jaren veertig begint men daadwerkelijk aan de bouw van de gigantische, en overigens tot op de dag van vandaag zeer inefficiënte irrigatiesystemen van kanalen en aquaducten, die de rivieren Syr Darja en vooral Amoe Darja als parasieten leegzuigen. Deze rivieren vullen het Aralmeer, dat in die tijd nog het vierde grootste meer ter wereld is. Er is een enorme visserijindustrie waarvan veertigduizend mensen economisch afhankelijk zijn.

Langzaam maar zeker begint het meer echter te slinken. De planners van de Sovjet-Unie hebben dit wel voorzien maar het doel heiligt de middelen, zoals zo vaak in dit zogenaamd sociale experiment. Niet alleen het aftappen van het water verwoest het meer. Om de katoenvelden zo productief mogelijk te houden worden er op grote schaal pesticiden ingezet, die uiteindelijk weer hun weg vinden naar het meer, dat ook nog eens volledig verzilt, en daarmee wordt de hele visstand vernietigd.

Op de plek waar ooit de oevers van het meer waren, ontstaan woestijnachtige zandvlaktes waar de wind vrij spel heeft. Hij neemt de zware metalen in het stof mee en deponeert die over de landbouwgebieden en in de longen van de meerbewoners. Longziektes en kanker nemen exponentieel toe. De ooit idyllische vissersdorpjes veranderen in uitgestorven oorden met kerkhoven van verroeste scheepswrakken die als geblakerde ijzeren rotsen in het zand liggen weg te kwijnen, de wind huilend door hun karkassen. Er is helemaal niets meer van over. Het ooit majestueuze Aralmeer is een dodelijke woestenij geworden.

We stoppen onderweg even om een peukje te roken. Aan de kant van de weg zien we de boeren in de zinderende zon werken in de velden. Vlad vertelt door.

'Oezbekistan is de grootste katoenexporteur ter wereld geworden. Dus het plan is gelukt. Maar het meer is weg. Vandaag de dag spreken we niet meer van het Aralmeer maar van het noordelijke en het zuidelijke Aralmeer. Het restant is in tweeën gesplitst. Het noordelijke meer ligt nu aan de kant van Kazachstan. Door de bouw van een dam wordt dat Aralmeer weer langzaam gevuld en zelfs visserij komt er weer langzaam op gang. Met het zuidelijke meer gaat het slechter. De Oezbeekse overheid heeft nu plannen om het helemaal te laten opdrogen en er landbouwgrond van te maken. Dat zal lekkere frisse sla opleveren,' grapt Vlad.

We rijden urenlang langs de velden. Ik zie de lekkende open aquaducten kilometers meedeinen langs de weg. Als het kostbare water, het bloed van het meer, niet tussen de kieren weglekt, dan verdampt het in de schroeiende hitte van de Oezbeekse zomer. Vlad zegt dat blijkbaar 60 procent van het water verdwijnt op deze manier. Water dat het meer had moeten voeden.

Zonder de katoenindustrie zou het stukken slechter gaan met Oezbekistan. Het zorgt voor 80 procent van het BNP. Eens te meer moet de natuur wijken voor economisch gewin. Het ooit zo machtige Aralmeer is een onontkoombare confrontatie met de keuzes die de mens keer op keer maakt.

Via Samarkand rijden we naar de grens met het illustere Tadzji-kistan. Het landschap wordt kaler en zo mogelijk nog droger.

Ineens is daar een universeel douanebordje. Er is geen grens te zien. Wel een paar houten gebouwtjes tegen een achtergrond van bruine bergen. Ik neem afscheid van Vlad en steven met mijn trolley en rugzak, al mijn aardse bezit, op de huisjes af. Dit is zonder twijfel de meest obscure grensovergang tot nu toe. Een boer knikt mij uit zijn knoestige veld toe. Verderop staat een komkommer met een antieke kalasjnikov mij gezellig op te wachten.

Het is een traag proces van in het Russisch in te vullen formulieren en stoerdoenerij van de grensjongens, die jou toch wel even in hun macht hebben. Ze willen natuurlijk geld, maar ik doe of ik er niets van begrijp, wat niet ver van de waarheid is. Hierdoor ontstaat er een morrende rij boeren achter mij, die dit proces dagelijks moeten ondergaan. Als ik ze na een kwartier nog steeds schouderophalend aan blijf staren, laten ze me door zonder er een cent aan te verdienen. De zeurderige routine herhaalt zich aan de Tadzjiekse kant in dezelfde zinderende hitte. Hier verwacht een dikke dame in verschoten camouflagepak dat ik Duits spreek, wat ook zo is. Dat helpt, zeker nadat ik haar met haar Duits en haar outfit complimenteer. Na tweeënhalf uur ben ik niet meer dan twintig meter opgeschoten, maar ik ben erdoorheen. Ik loop Tadzjikistan in en beantwoord de brede glimlach van Marud, mijn Tadzjiekse chauf. Hier begint de adembenemende M34 door de Fan Mountains naar de hoofd-stad, Dusjanbe.

De corruptie in Tadzjikistan is niet eens echt corruptie. Het is normaal. Fact of life. De komkommers uit Oezbekistan kunnen een hele hoop leren van hun Tadzjiekse collega's. Ik overdrijf niet, om de vijftig meter staan er twee 'agenten' auto's af te vlaggen. Je komt er eigenlijk niet eens doorheen zonder minstens één keer de sjaak te zijn. En er is natuurlijk altijd iets niet in orde.

Marud legt me na het stoffigste gedeelte in de bergen uit waarom hij zijn auto laat wassen door lokale kinderen voordat we de stad in rijden. Anders word je bekeurd voor 'rijden in een vieze auto'! De ligging naast Afghanistan helpt ook niet echt lekker mee in deze rechtsstaat op papier. Dat is duidelijk te zien aan de ordinaire protspaleizen aan de rand van de stad. Aan de oevers van de rivier staan de meest wanstaltige kasteeltjes, waar de lokale vadsige maffia resideert, die hun centen en dikke pauperbolides voornamelijk verdienen met de smokkel van heroïne, maar ook auto's, mensen en wapens. Dat zijn de jongens met de echte macht en zij trekken uiteindelijk ook aan de touwtjes bij de politici en politie. Daarom is iedereen er eigenlijk wel aan 'gewend'.

Ik ontmoet in Dusjanbe enkele jongelui die voor NGO's werken, want dat is hier natuurlijk wel nodig. We drinken wat drankjes en ze kunnen eigenlijk na lang denken niets maar dan ook niets positiefs over Tadzjikistan bedenken, behalve de rauwe natuur dan. Ook lekker. Als Rob, een Brit die al drie jaar voor een mijncorporatie werkt, aanschuift doet hij het verhaal uit de doeken over het zogenaamde 'donkey fucking'. Schijnbaar, en dit wordt later meerdere malen door andere bronnen bevestigd, is het een gebruik voor kerels in de Tadzjiekse bergen om zo nu en dan eens vrolijk aan de slag te gaan met hun ezels! Juiste hoogte. De ezels zitten er schijnbaar ook niet zo mee, die zijn het wel gewend!

Helaas werken de weersomstandigheden ongewoon tegen voor een zomer in Dusjanbe, waardoor ik net als in Macao een foto niet kan maken door regen. In combinatie met het geweigerde visum voor Turkmenistan maakt dit het noodzakelijk dat ik terugkom naar deze bizarre regio.

Kirgizië heb ik expres aan het eind gezet omdat ten tijde van de planning de grenzen dicht waren voor buitenlanders. Het is de laatste tijd enorm uit de hand gelopen in dit geïsoleerde bergland. Eigenlijk hoor je er nooit wat over maar dat was de laatste maanden ineens wel anders. Sinds de onafhankelijkheid is het eigenlijk al onrustig maar begin 2010 gaat het helemaal mis. Het begint met serieuze rellen in de hoofdstad Bisjkek, waarbij tientallen doden vallen. Het doel van de rellen is het aftreden van president Bakiyev te bewerkstelligen. Dit lukt maar het land komt daarna wel tijdelijk in een machtsvacuüm, waar bepaalde partijen direct gebruik van maken. Wie nou precies wat in gang heeft gezet is niet geheel duidelijk. Men spreekt van een Russisch complot, Tadzjiekse maffia, Oezbeekse separatisten en nog een aantal onduidelijke partijen. Hoe dan ook, er wordt zwaar gevochten in het zuiden van Kirgizië, aan de grens met Oezbekistan. Daar leven de Kirgiezen sinds de gedwongen grensbepaling op gespannen voet met de Oezbeken, die ook nog een paar enclaves hebben in Kirgizië. Het komt neer op pure etnische zuivering, met vooral veel Oezbeekse slachtoffers. Het hele scala aan wat zo typerend is voor zuiveringen wordt toegepast. Groepsverkrachtingen, willekeurige moorden, het executeren van gewonden op straat en in ziekenhuizen. In een paar weken tijd vallen er ruim tweeduizend slachtoffers.

Als ik aankom in Bisjkek is dit twee maanden geleden. De grenzen zijn pas net open en de storm is zogenaamd weer gaan liggen. Er is een interimregering aangesteld. Verkiezingen zijn uitgeschreven voor oktober 2010. Er heerst een gespannen rust in de straten en op de pleinen van Bisjkek.

De architectuur op de grote pleinen van de hoofdstad is typisch van Sovjetmakelij. Enorme regeringsgebouwen opgetrokken uit grote blokken wit marmer in kaarsrechte hoeken. De rode vlag wappert in de frisse berglucht over het Plein van de Vrijheid. Het grote plein vol met fonteinen, bloemen en zitjes is een populaire trekpleister voor zowel bezoekers als bewoners van deze opgeruimde stad. Overal rennen gillende kinderen rond; ze balanceren op de randen van de fontein, terwijl ze door trotse ouders worden gefotografeerd. Er zijn mensen die ballonnen verkopen, suikerspin, drankjes en ijsjes en professionele fotografen die mij meteen als concurrent inschatten en zeggen dat ik moet oprotten. Ik zeg dat zij zelf moeten oprotten.

Om de zoveel tijd komt er een enorme limousine aangereden waaruit een kersvers bruidspaar stapt voor de onvermijdelijke foto's bij de fontein, met op de achtergrond een volledig in de as gelegd en met kogels doorboord overheidsgebouw. Zij zien het al niet meer. Alles went en het leven gaat door.

Ik vind het een fascinerend beeld. Twee geliefden die beginnen aan hun leven te midden van de politieke onrust en het etnische geweld. Het blijft hun Plein van de Vrijheid.

In Almaty, voorheen de hoofdstad van Kazachstan, ben ik jarig. Mijn god, 36 jaar alweer. Zo voelt het totaal niet, ik voel me jonger dan ooit.

Eigenlijk hoef ik hier niet te zijn, want het is geen hoofdstad. Maar door de planning van het reisbureau moet ik er toch een paar dagen doorbrengen. Op zich is dat niet zo heel erg want Almaty is een fascinerende stad. Aan de voet van de besneeuwde bergen die het land van Kirgizië scheiden ligt de weelderige, bijna koloniaal aandoende stad, vol met terrasjes, fonteinen en groene straten. Menigeen kent Kazachstan slechts van de klucht van Borat. Maar in feite is het land qua oppervlakte het negende grootste land ter wereld, heeft het enorme olie- en gasvoorraden en begint het zich in sneltreinvaart te ontwikkelen. De grond zit barstensvol mineralen en de natuur is overweldigend. Een prima plek om een verjaardag te vieren. Ik herinner me mijn vorige verjaardag in Bangkok nog goed. Toen ontmoette ik Kim in Cheap Charlies. Het was het begin van *Streets*.

Ik kom na een nachtvlucht erg vroeg in de ochtend aan in Almaty. Een zwijgende chauf levert me af bij een prima hotelletje in het midden van de stad. Volledig uitgeput van de reis pak ik een douche en kruip om halfzes tussen de strakgespannen lakens.

Rond elf uur word ik wakker uit een diepe slaap door het kraken van een zachtjes opengaande deur. Zoals altijd weet ik niet waar ik ben. Met slaperige ogen kijk ik deze hotelkamer rond, terwijl mijn verdoofde hersenen de informatie tot een land proberen te kneden. Ik kijk naar de deur, waar ik een kamermeisje verwacht, dat waarschijnlijk snel met een rood hoofd zal vertrekken. Er komt een hand binnen met daaraan een heel grote ballon in de vorm van een hart. Groot staat erop: 'Happy Birthday!' Even denk ik dat ik nog droom. De hand wordt een arm, die blijkt vast te zitten aan het lijf van een mooie vrouw met strakke lijnen in haar gezicht. Met lichtdonkere krullen, blauwe ogen en een warme glimlach. Ze lacht naar mij. Katya! Ze rent naar binnen en springt boven op me. Tussen de krullen door zie ik de ballon naar het plafond zweven. Hij blijft daar stilletjes hangen. We kussen. 'I've missed you, sweety!'

Het is inmiddels ruim een halfjaar geleden dat wij elkaar voor het laatst zagen aan de andere kant van de wereld op dat groene stipje midden in die geweldig blauwe Pacific. Maar dat is ver van het hier en nu. Katya is teruggegaan om een tijdje voor haar vader te zorgen en om een boek te schrijven over een kleine ballerina uit Kazachstan die de hele wereld en woelige tijdperken doorkruiste om neer te dalen op Fiji. Ik had haar gemaild waar ik zou zijn.

Katya is rustiger geworden. Het verlies van haar moeder heeft haar een beetje zachter gemaakt. Ze laat mij haar Kazachstan zien. Ik ontmoet haar vrienden, met wie we de bergen in gaan. De dagen vliegen voorbij. Ze weet dat ik weer doorreis. Het afscheid is dit keer goed.

STREETS OF THE WORLD

Ik fotografeer hoofdsteden. De hoofdstad van Kazachstan is sinds 1997 Astana. Astana is een apart verhaal. Het is het geesteskindje van de voor het leven benoemde president Nazarbajev.

Eigenlijk is het een steppe. Maar daarop hebben de Kazachen in dertien jaar tijd een bizar futuristische stad uit de grond gestampt die zijn weerga niet kent. Vanaf het vliegveld rij je eerst nog een tijdje door de droge, hete steppe. In de verte zie je de stad al trillend liggen. Een enorme skyline prikt door de stoffige lucht naar de strakblauwe hemel. Van dichtbij zie je pas hoe bizar de architectuur echt is.

Het contrast met het eeuwenoude Almaty kan niet groter zijn. En dat is ook precies het idee van Nazarbajev. Hij wil zijn land zo snel mogelijk de toekomst in lanceren en een bepalende rol gaan spelen in Centraal-Azië. Astana moet daarvan het onmiskenbare paradepaardje worden.

Tienduizenden ambtenaren zijn verplicht verhuisd en als de stad in 2030 'af' is, moet het een metropool zijn van ongekende moderniteit en architectuur. Tegen die tijd wonen er minstens een miljoen mensen. Dat is nog eens een stukje stadsplanning. Indrukwekkend. Niet iedereen is zo blij met de miljarden die in de stad worden geïnvesteerd, terwijl de armoede op het platteland nog steeds schrijnend is. Zo gaat dat wel vaker met de dromen van grote leiders. Ze willen zichzelf in de eerste plaats vereeuwigen. Dat gaat Nazarbajev met Astana zeker lukken.

De stad voelt nog onwennig aan. Alsof hij zelf nog niet is overtuigd van zijn bestaansrecht. De inwoners lopen als brugklassers op hun eerste schooldag rond over de pleinen en de kunstmatig aangelegde boulevard. Ik denk dat ze vertrouwen hebben in het succes van Astana, dat ook daadwerkelijk 'hoofdstad' betekent in hun taal. Vooral aan het einde van de middag is het druk op de boulevard en de brug naar het pretparkje aan de overkant van het water.

De enige oude spullen in Astana zijn de prehistorische kermis-attracties, waar de kinderen hier nog met volle teugen van genieten. Zelf koop ik een kaartje voor het reuzenrad om eens een kijkje te nemen over deze fabelachtige stad. Vanaf het hoogste punt zie je duidelijk de grens van de stad, waar hij direct overgaat in de eindeloze steppe. Het blijft een overweldigend concept. Waartoe de mens al niet in staat is.

De foto's maak ik op de brug waar de vele jonge ouders met hun kindjes in buggy's overheen struinen. De kindjes hebben lekkende ijsjes, terwijl onder mij anderen in badpakken van onder hun geplante parasolletjes krijsend de koude neprivier in rennen. Het is een vredig tafereel met de enorme wolkenkrabbers op de achtergrond.

Nederland, Schiphol, Departures F,
On Air live NCRV
9 september 2010

Schiphol. De plek waar ik zo vaak mijn ene leven achterlaat en vertrek naar een ander leven. Ik zoen er vlug de mensen gedag die ik liefheb.

Het onbekende tegemoet. Nieuwe avonturen. Nieuwe ontmoetingen. Na de douane loop ik rechtstreeks naar het Ierse pubje. Ik moet het lege gevoel een beetje opvullen. Dan heb ik standaard nog een uur om bij de gate te komen.

Als ik na maanden weer terugkeer sla ik de wc's over. Dat duurt te lang. Ik wil zo snel mogelijk naar mijn geliefden toe. Eerst door de douane, voordat de rij te lang wordt. Bij de bagage zijn rustige wc's, daar moet je toch even wachten. Bovendien haalt de marechaussee me er vrij vaak uit. Of ik even wat uitstaande bekeuringen wil betalen. Ze kunnen me niet vinden in Nederland. Daar heb ik geen huis. Er hangt altijd een spanning op Schiphol, maar zelfs die is gaan wennen. Aan interviews en zelfs radio ben ik ook een beetje gewend geraakt, zodat ik er niet meer zo nerveus van word. Dit is weer heel iets anders. Het sfeertje van live televisie is toch al beladen. Overal lampen en rondrennende mensen.

On Air is een actualiteitenprogramma in de zomer. Omdat veel mensen dan op reis zijn zenden ze het uit vanaf Schiphol. Er wordt ook altijd een 'reiziger' geïnterviewd. Vanavond ben ik dat.

Snel langs de grime. Een korte kennismaking met presentator Harm Edens en voordat je het weet draaien de camera's en ben je *On Air*! En dan even je verhaal vertellen. Het verhaal van tien jaar ploeteren op gala's, financiering zoeken, angsten en dromen en uiteindelijk het succes. En dan nog die veertig landen in vijf minuten. Ik wil het natuurlijk goed doen maar ik houd mijn hart vast. Inmiddels weet ik allang dat je *Streets* niet 'even' kunt vertellen. Bovendien ligt het ook heel erg aan de vragen, aan de interviewer en aan hoeveel ruimte je krijgt, welke kant een gesprek op gaat. Gelukkig is Harm wel een ontspannen gastheer.

Halverwege het programma komt hij op mij af gelopen. Ik sta nonchalant tegen een tafel aan te hangen alsof ik in de eerste de beste kroeg zit. Misschien beter. In de kroeg voel ik me tenslotte toch het meeste op mijn gemak.

'Vijf jaar op reis, naar alle landen ter wereld… Waarom?' vraagt Harm. Ik denk: nu kijken er dus ongeveer een miljoen Nederlanders naar mij en Harm stelt de *Waarom*-vraag. Terwijl mijn filosofie wat betreft mooie dingen doen altijd is geweest: waarom niet? Dat is dan ook mijn antwoord. Mijn eerste zin op de Nederlandse televisie is: 'Waarom niet?'

Lekker. Maar wel het enige goede antwoord. Een antwoord dat mijn levensinstelling weergeeft. Waarom zou het allemaal niet kunnen? Waarom zou je het niet doen?

Het wordt een erg leuk interview nadat Harm hersteld is van mijn onverwachte en bondige antwoord. Met wat korte stukjes filmmateriaal, gemaakt door Saskia in Chandni Chowk in New Delhi, blijven er nog precies drie minuten over om het idee *Streets* uit te leggen. Dat lukt natuurlijk niet maar dat maakt ook niet uit. Er is bij de juiste mensen interesse gewekt en daar gaat het om. Het eerste televisieoptreden is een feit. En wij zijn weer een stapje verder naar het succes dat *Streets* volgens mij steeds duidelijker gaat worden.

Even langs bij Guirec op Montecatini headquarters. Ze hebben de allergrootste wereldkaart gekocht die ze konden vinden en die op een stuk aluminium geplakt. Guirec houdt met stickertjes bij waar ik geweest ben. Een magneetje met mijn foto erop geeft aan waar ik ben. Het magneetje staat nu op Nederland. Samen kijken we naar de kaart. Naar de ruim veertig stickertjes die er al op geplakt zijn. We zijn er nog lang niet.

'Er blijft nu toch wel een partijtje rotlanden over, Guitje,' zeg ik.

'Zeker gast, wat gaan we doen?'

'Een aantal zijn een soort van geconcentreerd,' zeg ik.

'Iran, Irak, Afghanistan en Pakistan. Dat is een setje. Die wil ik in één keer meepakken maar dat vereist nogal wat planning,' geef ik aan terwijl we naar de kaart kijken.

'Pakistan kom ik in. Irak en Afghanistan zijn een verhaal apart. Die moeten we samen aanpakken. Iran ga ik zelf achteraan.'

Online zoek ik contact met de Nederlandse ambassade in Teheran. Als ik ze uitleg wat ik aan het doen ben en vraag of ik als toerist Iran in kan om foto's te maken raden ze mij dit ten zeerste af. 'Dat gaat hoe dan ook mis! Er is een speciale "Ethical Police" die alles en iedereen in de gaten houdt dus daar kom je nooit mee weg,' zegt ze nadat ik haar mijn werkwijze heb uitgelegd. Ook mijn journalistieke contact, correspondent voor de NRC, raadt het mij ten sterkste af: 'Gaat niet werken. Je moet een persvisum hebben en daarvoor moet je naar de ambassade.'

Ik sta voor het hek van de Iraanse ambassade in Den Haag. Ik heb via e-mail een afspraak met de culturele attaché, genaamd Mr. Kahn. Ik bel aan. Uit het verweerde koperen deurapparaatje klinkt ineens: 'Yes?'

'Hello, I have an appointment with Mr. Khan…'

Een tijdje hoor ik niks. Ineens klikt een schrille triller het hek open. Ik loop een paadje af. Daarna een deur die ik kan opendoen. Een halletje, het ruikt muf. Dan weer een deur. Een groter halletje. Achter een loket zit een mannetje. Hij knikt mij toe en zegt: 'Wait here. Mister Khan is coming.'

De deur gaat ineens open en een Indiaas ogende man komt binnen. Hij heeft een iets lichtere huidskleur. Ik heb eigenlijk nog nooit een Iraniër gezien, besef ik. Hij heeft dik zwart haar in een brede kuif over zijn voorhoofd, een mooi rond gezicht en een warme glimlach.

'Welcome to our embassy!' zegt hij. 'I'm mister Kahn. Please follow me.'

Ik loop achter hem aan een gangetje door. We slaan links af een kamer in met grijze vloerbedekking en dikke oosterse gordijnen die dichtzitten. Het is er warm. Kahn sluit de deur en gaat tegenover me zitten aan een grote tafel.

Ik zie er goed uit. Een nieuwe jeans, een mooi donkerblauw shirt en een lichtgrijs jasje. Ik ben een fotojournalist met een serieuze vraag. Ik wil een persvisum om een foto te maken voor mijn project *Streets of the World*. In Teheran. Door onze mailwisseling weet ik dat Kahn net terug is van vakantie.

'How was your holiday in Spain?' vraag ik.

'It was very nice, but a long drive from here. It took me two and a half days to get there,' zegt hij in zijn beschaafde Engels. 'But it was very nice, thank you.

So, Mr. Swolfs, about this project of yours... What precisely is your objective?'

Ineens bemerk ik een totale verandering in zijn houding. De trekken in zijn gezicht worden harder, hij kijkt mij recht in de ogen aan, alle vriendelijkheid is weg. Hij wil antwoorden.

'My objective is to go to Tehran and take photos of regular street life in the capital,' antwoord ik.

Hij zegt: 'What do you define as "regular"? How do you know what's "regular"? What are you specifically looking for, Mr. Swolfs?' zegt hij terwijl hij mij strak blijft aankijken.

Ik realiseer me direct dat het hier gaat om een verhoor. Ik vind het warm. Aan blijven kijken die man.

'Mr. Kahn, I presume you've had a look at my website so you know what I'm working on: a project that aspires to show what humanity looks like as a whole through taking photos in the center of all the capitals of the world. Tehran is a capital so I want to take photos of daily life in Tehran.'

Een tijdje zegt hij niks terwijl hij mij bekijkt. Peilt. 'Yes, I know that, but how can you define what is normal life? Where do you get your information? Do you know people in Tehran? Will you meet people there? Tell me, will someone help you with this?'

Het wordt onaangenaam. Totaal onvoorbereid zit ik in dit veel te warme kamertje. Is dat expres, schiet er door mijn hoofd, deze hitte? Word ik onder druk gezet? Ik zit hier godver in Den Haag! Maar officieel op Iraans grondgebied, besef ik.

'Listen Mr. Kahn, I do the same thing in every country I go to. There have been 45 before Iran and it has worked out in all of them so far. I'm not looking for negativity, I'm just trying to show what people look like, how they live and what their city looks like in a positive way. Put all these photos together and you'll have a fascinating story about humanity, that's all I'm doing. Nothing political, nothing negative, just capturing what it looks like.'

Er parelt weer een zweetdruppel mijn blauwe shirt in. Door de hitte, maar ook door de plotselinge druk. Er ontstaat een lichte zweetplek op mijn borst. Ik voel het shirt plakken. Kahn kijkt naar me. Ik zie dat hij de plek ziet op mijn shirt. Als hij hier al van gaat zweten kan het alleen maar waar zijn, zie ik hem denken.

Hij schuift een papier naar me toe en zegt: 'Fill in this form, I will send it to Tehran, they will look at it there.'

Ik kijk hem een beetje cynisch aan.

'Mr. Swolfs, there is a very wrong conception in the West about my country. I hope you can help to change that.'

'If that's true, I will do so,' zeg ik hem.

Hij geeft me een pen en zegt dat hij zo terugkomt. Ik vul het formulier zorgvuldig in. Hij laat me een kwartier wachten in het snikhete kamertje. Als hij terugkomt is hij weer de charmante diplomaat. Terwijl we naar buiten lopen vraag ik hem: 'Mr. Kahn, what do you think, will I get a press visa?'

'Of course, Mr. Swolfs, why not?'

Ik loop naar buiten, mijn Den Haag in. Ik rij terug naar mijn ouders in Wassenaar. Bij binnenkomst in de keuken ren ik rechtstreeks door naar boven om het net iets te kritische verhaal over Fiji van mijn site te halen. Als hij dat ziet kan ik het vergeten, lijkt me. Bezweet kom ik terug in de keuken. Mijn moeder ziet meteen dat er iets niet in de haak is. 'Jezus, wat is er met jou aan de hand?' vraagt ze.

Verenigde Arabische Emiraten, Abu Dhabi
15 september 2010

Het is eigenlijk niet de bedoeling dat ik hier ben. Volgens mijn planning hoort het Midden-Oosten bij de fase Europa. Zo kan ik tijdens de Europese winter doorwerken in het Midden-Oosten en daarna Europa afmaken als de lente daar weer begint. Dat is pas in 2013. Ik heb niets meer gehoord van Mr. Kahn en ik moet door. Ik wil die landen combineren dus ik moet ze vooruitschuiven.

Zodoende beslis ik in de tussentijd alvast een paar andere landen buiten de Aziëfase te bezoeken. Dat is een voordeel van de hele wereld fotograferen. Er is nog keuze genoeg.

In Europa begint het al slecht weer te worden. Mijn keuze valt snel op de Verenigde Arabische Emiraten en Oman. Relaxte landen, weinig tijdverschil en niet zo prijzig om te komen. Ik hoop dat in de tussentijd het visum voor Iran doorkomt.

In deze regio zitten heel veel vriendjes die werken voor allerhande oliemaatschappijen, banken en consultancies. Dat is wel even gezellig na de solitaire trip naar Centraal-Azië. Tijd voor weer een beetje party time op reis. Voor wat mooie avonturen.

Abu Dhabi was een klein stoffig dorpje in de zinderende hitte, dat door de olie en alles wat die aantrekt tot een metropool is geëxplodeerd. Van gekkigheid weten de oliesjeiks niet meer hoe el-kaar te overtreffen in hun surrealistische expansiedrift. Zowel horizontaal als misschien nog wel meer verticaal. Hoe hoger bouwen, hoe beter. Nog excentrieker is nog meer aanzien. Het levert een skyline op die voor menige Amerikaanse stad niet meer onderdoet en dat lijkt ook een beetje waar het de sjeiks om te doen is. De komende vijftig jaar kunnen jullie niet om ons heen, lijken ze te willen zeggen. Tegelijkertijd zie je de Arabieren de westerse levensstijl hier volledig omarmen. Lange rijen SUV's stoten hun wolken gas uit de 4-litermotoren. Benzine is hier bijna net zo goedkoop als water, dus waarom niet? Alhoewel dat eigenlijk meer zegt over hun watertekorten.

Ik zie hier alle grote voedselfranchises. De shopping malls prijzen met megagrote reclameborden dure westerse kledingmerken aan. Het lijkt allemaal prima samen te gaan. Soms zie je tussen alle uitingen van het kapitalisme ook nog een moskee. Westerse vrouwen kunnen hier rondlopen alsof het Amsterdam is in de zomer. Maar ook lokale vrouwen zijn zeker niet allemaal geheel gesluierd en nemen vele belangrijke posities in de maatschappij in. Al met al oogt het vrij relaxed en dat weten mijn nieuwe vrienden te beamen.

Ben, een vriend van Mark, nodigt mij bij aankomst meteen uit om mee te gaan dineren. In Abu Dhabi is om de drie maanden weer een nieuwe tent hot en Ben weet precies welke dat is. Ik trek mijn deftigste reisoutfit aan en pak een taxi naar het Emirates Palace. Het is best een stukje rijden over dit toch vrij kleine eiland. Over de boulevard gaan we naar het zuiden. Aan mijn linkerhand zie ik de enorme skyscrapers, waarvan vele nog in aanbouw zijn. Mijn taxichauffeur komt uit Bangladesh. Daar ben ik tot zijn grote verbazing net geweest. Hij vertelt mij over zijn vrouw en twee kindjes die hij al drie jaar niet heeft gezien. Het is hard werken hier, maar hij verdient misschien wel twintig keer zoveel als wanneer hij in Bangladesh zou werken. 'It's worth it, mister,' zegt hij enigszins bedrukt.

Vrijwel de hele dienstverlening en een groot deel van de bouw worden verricht door Aziaten. De dienstverlening is voornamelijk bevolkt met Filipijnen. De bouw vooral met Indiërs.

'Long days and low wages, but for many it's much better than home,' zegt hij, terwijl we de chique oprijlaan van het spiksplinternieuwe Emirates Palace op rijden.

Al snel wordt duidelijk dat Ben een dure smaak heeft. Ik tref hem aan in de bar van het Japanse restaurant. Een aardige kerel, maar een vleugje geforceerd. Ik kom er niet precies achter wat hij doet. Hij laat wel vallen dat hij in een Porsche rijdt. Het zal wel goed met hem gaan. Hij heeft ook een scharrel uitgenodigd, die iets later aanschuift. Roxy is een uiterst strakke Libanees-Jordaanse met lange zwarte krullen, grote donkere ogen en een beugeltje. Dat staat haar best goed.

Ben en ik wedijveren een beetje met goeie verhalen, waarmee we trachten Roxy een leuke avond te bezorgen. Die tent eist vermaak. Ze is niet snel onder de indruk. Nogal verveeld blijft ze met haar telefoon constant in contact met vriendinnen. De attente bediening bezorgt in hoog tempo lekkere hapjes.

Ze hebben het over uitgaan. Ik besef aan de late kant dat op donderdagavond hier natuurlijk het weekend begint. Logischerwijs gaan we door naar de club in het Intercontinental, want daar wordt ook alcohol geschonken. In de cabrio van Roxana scheuren we door de stad. De valetparking zet hem netjes weg. Het is het einde van de ramadan, waardoor de club barstensvol zit met expats en Arabieren die gulzig hun dorst lessen. De expats lijken het ook zwaar gehad te hebben met de ramadan. Ik begin het erg naar mijn zin te krijgen. Er is een Russische aangehaakt die mijn date is. Anders kwam ik er niet in.

Tijd voor een drankje. Ik kijk eens een beetje om me heen zoals men dat doet in een ongezellige club. Ineens staat 'De Eenar-mige Bandiet' aan de bar naast me. Zo noemden we hem. Op de vele Nyenrode-gala's uit het Galapaardje-tijdperk. Een lange, kale gast met één arm. Hij was altijd knetterlam, maar wel erg gezellig. In het echt heet hij Richard en hij herkent mij niet. Logisch. Wie herkent een galafotograaf?

Ik leg hem uit dat ik de galabusiness allang de rug heb toegekeerd en waarom ik hier nu ben. Ook zijn reactie is: 'Alle landen ter wereld…?' Mijn aanzien stijgt direct. Je moet hier wel een tof verhaal hebben. Iets geheel anders doen met je leven maar toch daar staan, wordt mooi gevonden. Hierdoor maak ik kennis met zijn maten. Richard vertelt mijn verhaal. Guus, een van Richards maten, is een vijftiger die Etihad, de vliegmaatschappij van Abu Dhabi, runt. Guus leidt ook de Nederlandse Club hier. Hij geeft morgen een feestje op een eiland en ik word prompt uitgenodigd. Ben kan niet. Die moet morgen tennissen. Abu Dhabi zit aan de uiterste kant van het spectrum. De chique kant. Dat is interessant. Dus ga ik me daar helemaal in onderdompelen.

De boot van kapitein Guus vertrekt om twaalf uur. Ik was pas om vijf uur thuis, dus ik voel me wel een beetje faible als om tien uur de wekker gaat. Een feestje op een woestijneiland, wat dat dan ook mag zijn. Goede gelegenheid om verhalen te horen over het leven in Abu Dhabi en nog meer mensen te ontmoeten. Ik bel Richard nog even om te checken of het echt wel in orde is dat ik meega. Hij heeft de eerste shift naar het eiland al gepakt en zegt: 'Waar blijf je nou, lul!' Kiestoon.

Om elf uur sta ik in de marina van het Intercontinental te wachten als kapitein Guus de bocht om komt gesjeesd in zijn speedboat met een enorme wapperende Nederlandse vlag achterop. Ook hij heeft het niet zo makkelijk na gisteren. Hij zweet als een otter door zijn diep verbrande Hollandse huid. Maar het feestje komt volgens hem al goed op gang. Blijkbaar betreft het de verjaardag van ene Mohammed, een Marokkaanse Amsterdammer die iets later met tien koelboxen tot de nok toe gevuld met drankjes komt aanzetten. Er stappen nog wat schaars geklede dames aan boord and we're ready to go! Vol gas de haven uit door het heldere blauwe water racen we naar onze party spot. De zee-armen meanderen door de vele opgespoten zandplaten waar baggeraars eilanden van gaan maken. Nog meer projectontwikkeling. Het is bloedheet, maar door de snelheid dragelijk. We maken kennis met elkaar, wetende dat we aan het einde van de dag de dikste vrienden zullen zijn. Ver buiten het zicht van de sjeiks kunnen wij gewoon doen wat we altijd doen.

Na een halfuurtje verschijnt er in de verte een lange strip spierwit zand waarop iets gebeurt wat een fata morgana zou kunnen zijn. De zandplaat is een paar kilometer lang. In het midden staat ineens een groot wit zonnescherm en een paar parasolletjes. Zand, blauwe zee, parasolletjes. Yes! En een paar lui die eromheen staan te dansen. Er danst een kerel met maar één arm.

We leggen de boot aan, laden de koelboxen uit naast de andere koelboxen en voordat ik het weet sta ik met een ijskoude Corona in mijn hand, voetjes in de zee en een genadeloze woestijnzon op mijn knar. Teun hoort ook bij het gezelschap. Ik heb hem net leren kennen, maar hij komt me bekend voor. Meteen blijkt dat hij Klinky weer goed kent. Op een zandplaat in Abu Dhabi!

De dag voltrekt zich zoals dit soort topdagen zich altijd voltrekken. De formule is zo simpel dat iedereen moeiteloos langzaampjes met de stroom meedrijft naar een steeds roziger status toe. Eerst de Coronaatjes, dan de proseccootjes, dan de cocktails afgewisseld met een absintje. Loungeklanken op de achtergrond. De hapjes worden verzorgd door kapitein Guus en zijn vrouw. Relaxte gesprekken komen op gang, die – naarmate de zon lager gaat staan – onvermijdelijk steeds meer over seks gaan. Gewoon lekker snel laten weten waar het om gaat. Ik krijg het al gauw aan de stok met een KLM-stewardess, Marit, met wie ik lekker direct over neuken en andere belangrijke dingen kan praten. Ze is al wat ouder, eind veertig, en laat mij weten geleerd te hebben om gewoon eerlijk te zijn. Ik zeg dat ik hetzelfde heb. Bij wijze van voorbeeld zegt ze dat ze boertjes laat. En scheetjes. Ik zeg dat ik dat wel geil vind.

De dag kabbelt voort. Echte problemen liggen ver achter de horizon. De zon is onverbiddelijk, ze zakt – als altijd veel te vroeg – sissend de zee in. Kapitein Guus is zo mogelijk nog onverbiddelijker. Tijd voor de afterparty! Die is standaard in de keuken van zijn appartement. Geen eindtijd. We pakken de party zone in. Rap varen we terug naar de stad, die in de verte zijn hoge, ontelbare lichten ontsteekt.

De borrel wordt voortgezet. De hele dag geile praatjes in het zwoele water laat zijn sporen na. Het geflikflooi wordt erger. Ik word door Marit een taxi in geflikkerd. Het is dan twee uur 's ochtends. Vier uur later gaat mijn wekker voor mijn vlucht naar Oman. Met Etihad. Van kapitein Guus. Geen foto gemaakt.

Oman, Muscat
18 september 2010

Ik schrik wakker als de wielen het schroeiend hete asfalt van Oman Airport raken. Ik merk direct dat ik nog dronken ben. Ik heb hier nog helemaal niets geregeld, niet eens een hotel. Na alle controles en gedoe met bagage ga ik eerst eens rustig op een bankje zitten met een flesje water. Via mijn iPhone bekijk ik wat hotels in Muscat, de hoofdstad van Oman. Bij het Intercontinental hebben ze een lastminuteaanbieding. Dat lijkt me wel even heel relaxed om bij te komen en rustig de stad te verkennen. Bij aankomst in de lobby van het Intercontinental valt mijn bek letterlijk open tot op de harde doch ragschone vloer. De hal is minstens dertig meter hoog, volledig van marmer en ingelegd met edelstenen en ornamenten. Enorme kristallen kroonluchters verlichten zacht de gebroken witte muren en pilaren. Zonder twijfel is dit het mooiste hotel dat ik ooit heb gezien. En dat voor 75 euro.

Een verfrissende duik vanaf mijn balkon zo het zwembad in verder, bestel ik verse sashimi bij het visrestaurantje aan zee. Dat gaat er best lekker in met een chablistje. Het uitzicht is fenomenaal en de tuin staat vol met palmbomen, parasols en zwembaden. Overal rennen Indiërs rond om het zo prettig mogelijk te houden. Tijd voor een tukje.

Ik word wakker rond zonsondergang en vraag een zeilbootje

mee. Als ik in het Lasertje de zee op vaar, kijk ik achter me. De bergen van Muscat kleuren roze. Muscat is authentiek. Kleine witte huisjes met hier en daar een moskee. Er dobberen wat bootjes op de kalme zee en de temperatuur wordt aangenaam. Ik zie gekleurde visjes onder het bootje wegschieten. Het briesje brengt me verder van land. Het panorama wordt weidser. Wat een beeldschone stad. Het absolute tegenovergestelde van Abu Dhabi.

Het was zo gezellig in Abu Dhabi dat het alleen-zijn mij plotseling wederom een beetje overvalt. Ineens schiet couchsurfing mij weer te binnen op het bedje in de ondergaande zon. Ook in Muscat zijn ze er, maar niet veel met wie het gezellig lijkt. Mijn oog valt op de Australische Jo, die er leuk uitziet en ook nog lachend een biertje vasthoudt. Ze werkt als lerares voor Shell, dat hier een enorme compound heeft. Ik stuur haar een berichtje, waar ze nog diezelfde avond op reageert, en stel haar voor om de volgende avond een cocktail te komen drinken rond zonsondergang op het strand van het Intercontinental.

'That sounds great!' antwoordt ze.

In de zinderende hitte fotografeer ik een dag. Weinig succes. Er loopt nauwelijks iemand op straat.

Die avond komt er een kleine, mooie vrouw over het terras aangelopen in een strakke spijkerbroek met een felrood in de wind waaiend shirt, blauwe ogen en bijna zwart haar. Ik lig nonchalant in een soepele beach outfit op een strandbedje naar de zonsondergang te kijken. Voor Jo heb ik al een drankje klaarstaan. Ik blijf me verbazen over hoe goedkoop alles hier is. Natuurlijk nodig ik Jo uit voor een diner in het heerlijke visrestaurantje aan de waterkant. Overal worden kaarsjes aangestoken en er komt een oranje maan om de hoek kijken. Het is zo romantisch dat we er allebei een beetje lacherig van worden, ook omdat de derde fles witte wijn erdoorheen is tegen de tijd dat ze ons vragen om naar het strand te verhuizen, waar we cocktails kunnen bestellen. Als we willen. En dat willen we. Tegen die tijd zit Jo half op me en hebben we het idee dat we elkaar al jaren kennen. Jo moet een paar uur later werken en is inmiddels een beetje tipsy. En o ja, er moet ook nog gefotografeerd worden. Daar ben ik in Abu Dhabi ook al niet aan toegekomen. We nemen afscheid in de onmetelijke hal van de sjeik.

Jo verdwijnt de woestijnnacht in.

Onderweg naar de taxi loop ik de volgende ochtend langs een bord met wisselkoersen. Ik zie wat rode cijfertjes op een rijtje. Oninteressant. Toch blijft er iets hangen. Het is die rare wisselkoers van de euro naar de dinar. Precies de helft. Ik kijk ernaar en langzaam maar zeker begint mij een heel naar gevoel te bekruipen. 'Neeeeh, het kan toch niet waar zijn dat ik met mijn brakke kop bij aankomst…'

Wel dus.

In plaats van gedeeld door twee moet alles vermenigvuldigd worden met twee! Factor vier verschil dus! Dat betekent dat ik niet in een kamer zit van 75 euro maar van 300 euro! Dat het dinertje niet 50 euro heeft gekost maar ruim 200! Kut, kut, kut!!! Ik weet niet hoe rap ik mijn spullen moet pakken om zo snel mogelijk het allergoedkoopste hotelletje in de haven op te zoeken. Niet cool. Dit is dus het resultaat van niet scherp zijn. Dat gaat altijd mis.

Gelukkig heb ik er die maand een factuur uit gegooid naar het Rijksmuseum, waar ik voor ik aan *Streets* begon werkte, en die mijn foto's blijven gebruiken. Dat scheelt 1200 euro. Desalniettemin heb ik in drie dagen tijd bijna 2000 euro uitgegeven. What the fuck!

Ik besluit om er anders naar te kijken. Ik heb drie dagen geleefd als een Omaanse oliesjeik in de mooiste omgeving waar ik ooit ben geweest zonder me ook maar een moment zorgen te maken over wat het kost; ik heb alleen maar genoten.

Dat voelt meteen een stuk beter. Beetje bezuinigen de komende weken, maar de avond met Jo was onvergetelijk. Ik stuur haar
een berichtje dat ik helaas niet meer in het Intercontinental ver-
toef. Ik verblijf nu in het iets mindere Marina Hotel. Ze voelt zich
een beetje schuldig. Ze had zich die avond al wel een paar keer
hardop afgevraagd waar een fotograaf dit allemaal van betaalde.
Toen mijn antwoord alsmaar bleef: 'Ik vind het wel meevallen,'
dacht ze dat het wel goed was.

Ze nodigt me uit om voor me te koken om het zaakje een beetje recht te trekken. Na weer een lange dag wachten in de kokende
hitte van Muscat op een enkele voorbijganger die mijn compositie in loopt, is het fijn om haar weer te zien. Die avond komt ze
met haar voorstel: 'Listen, Jerry, I want to do a mountain trip this
weekend. It's so beautiful out there. And I really like spending
time with you. Would you like to come with me?'

We ontmoeten elkaar voor hotel Marina. Ik heb een jeep geregeld. Jo heeft enorm veel spullen bij zich. Een tentje, koelboxen
met water, ijs en drankjes. Matrasjes, hapjes, muziek. Ze heeft het
echt goed geregeld. We gooien de achterbak vol en vertrekken.

We rijden over zinderende asfaltwegen met eindeloze zandvlaktes aan beide zijdes. Na een uur doemt in de verte een bergketen op. Aan de voet ervan is een oase, waar we stoppen om
het historische woestijndorpje te verkennen. Het is helemaal van
zandsteen gemaakt en doorkruist met een uiterst efficiënt irri-
gatiesysteem, waardoor er overal verfrissende stroompjes koel
water door het dorpje kabbelen. Uit de torens steken boven het
stadje oude kanonnen uit koele koepels. Vanuit donkere kamer-
tjes met kleden op de vloer kijken we door kleine ramen uit over
de oase terwijl een zwoele wind om de torens blaast.

Als ik de droge rivierbedding op rijd wordt het snel duidelijk
waarom we de jeep hard nodig hebben. Het is een behoorlijk heftige rit door de bergdorpjes, waar kuddes geiten van de rotsen voor

de auto langs springen. We rijden door wilde beken en moeten steile bergkliffen op. Hoe hoger we komen, hoe mooier het licht wordt door de dalende zon. De temperatuur wordt aangenaam. Al snel zitten we boven de 2000 meter en de uitzichten zijn nu al fenomenaal. Het laatste stukje bergweg is wel heel steil. Langzaam naderen we de bergrug waarop we gaan kamperen. Vanaf daar slingert de weg weer naar beneden. Maar dat is pas morgen.

We rijden de bergrug op, zo ver weg als we kunnen. Hier en daar staat een struik of een kleine boom. We hebben een fantastisch panoramisch uitzicht de oneindige verte in. Inmiddels is het rond vijf uur en de zon begint te kleuren op de opeenvolgende bergruggen. Het zijn heel scherpe lijnen. Subliem. Roofvogels cirkelen geruisloos tegen de berghellingen op. Het is nog steeds een aangename twintig graden, wat het volgens Jo de hele nacht zal blijven.

Snel zetten we ons tentje op. Uit de rivierbedding beneden hebben we hout meegenomen voor een vuurtje. Jo zet drankjes neer. Ik maak het kampvuurtje aan. Met een zacht muziekje en een drankje in de hand kijken we uit over dit majestueuze landschap. En we kijken naar elkaar, op deze plek, alleen op de wereld. Er is niemand. Het is totaal stil. Alleen het geluid van de zachte woestijnwind die warm door onze haren woelt.

Als het donker wordt, stook ik het vuurtje op. Al snel komt ook de maan ons vergezellen. Ze is bijna vol en schijnt een blauwe deken over de bergen. Het blijft heerlijk warm. Jo en ik omhelzen elkaar in het maanlicht. Langzaam kleden we elkaar uit, zonder getuigen, totdat we bloot zachtjes staan te dansen.

De volgende dag neem ik afscheid van Jo. Ik heb mijn foto en ik moet, zoals altijd, weer door. Terug naar Abu Dhabi, waar ik nog een foto moet maken voordat ik weer huiswaarts keer. Zal ik haar ooit nog zien? Ik denk het wel. Twee vreemden op een berg in Oman.

Noord-Korea, Pyongyang
20 november 2010

De afgelopen jaren vroegen mensen mij vaak hoe ik dat met Noord-Korea zou gaan doen: een totaal geïsoleerd land met een dictatuur, geen persvrijheid. Stoer antwoordde ik dan: 'Dat zie ik dan wel.'

'Dan' is nu.

In de afgelopen periodes in Nederland ben ik druk bezig geweest met de voorbereidingen voor de reis. Al heel snel werd duidelijk dat je het als fotojournalist wel kunt vergeten om in die hoedanigheid ooit Noord-Korea in te komen. Mijn oog valt daarna op zogenaamde 'avontuurlijke reizen', die ook naar Noord-Korea worden uitgevoerd. Dat verbaasde mij. Je kunt als toerist naar Noord-Korea? Ik heb contact opgenomen met de organisatie die deze reizen verzorgt. Het leek mij in dit geval niet zo verstandig om een potje te gaan liegen, want leugens komen uiteindelijk toch altijd uit en je zult zien dat dat dan net gebeurt in Pyongyang. Dat is niet stoer maar gewoon stupide. Ik leg aan het reisbureau uit wat de insteek is van *Streets* en dat die in feite een positief beeld wil geven van de mensheid, ook in Noord-Korea. Ik leg uit dat ik mijzelf meer zie als kunstenaar en niet zozeer als journalist. Ze leggen het voor aan hun Britse partner in Beijing, die uiteindelijk echt de reis organiseert. Ik krijg bericht dat ze mijn site hebben bekeken en niet denken dat het een probleem zal worden. Niet *denken*? Het is wel Noord-Korea.

Ik moet een verklaring ondertekenen dat ik geen journalist en/of fotograaf ben of ben geweest het afgelopen jaar. Toch liegen dus. Het hele zaakje staat me niet zo aan. Online zoek ik naar een paar journalisten van de NOS die iets soortgelijks hebben ondernomen en ermee zijn weggekomen. Ik spreek met mensen van BZ. Ze zijn het er allemaal over eens dat als ik me gedeisd houd, ik er op zich wel probleemloos doorheen moet kunnen komen. Enigszins gerustgesteld besluit ik om dan maar als 'toerist' mee te gaan op de vijfdaagse groepsreis naar Noord-Korea. Het is heel duidelijk dat er absoluut geen sprake zal zijn van individuele acties. Alles zal volledig gecontroleerd door twee 'minders' groepsgewijs ondernomen worden. Uit het programma blijkt echter wel dat er twee 'straatmomenten' zijn, ongetwijfeld van korte duur. Daar zal het er voor mij op aankomen. Krijg ik de ruimte om een goede foto te maken? Hoeveel tijd zal ik daarvoor hebben? Normaal ben ik dagenlang bezig. Nu heb ik misschien drie minuten. En is de plek dan goed? Het licht? Het lijkt op een kansloze missie met ook nog een behoorlijk risico, want ik heb iets ondertekend wat niet waar is. Naarmate de vertrekdatum nadert begint me een nerveus gevoel te bekruipen. Maar ik ga naar Noord-Korea.

Voordat ik vertrek neem ik afscheid van mijn ouders. Nog even genieten van de goede zorgen van mamsje. Tijdens het diner hebben we het over de aankomende kerst. Ik kom net daarvoor terug.

'We willen je wat vragen,' zegt mamsje.

'Wat dan?'

'Het lijkt ons leuk als jij dit jaar het kerstverhaal schrijft.'

'En dat met kerst thuis komt voorlezen,' zegt Ad.

'Het kerstverhaal, ik?'

Het kerstverhaal was altijd het plechtige moment van Ad. Elk jaar had hij iets waardevols gevonden. Iets wat ons aan het denken zou moeten zetten. Een verhaal dat hij met zijn lage stem in smoking deftig voorlas. Het was *zijn* moment van de kerstavond.

'Je bent nu toch ook schrijver?' zegt mams. 'Wij zouden het fantastisch vinden. Gewoon, iets over je reizen. De dingen die je ziet. De mensen die je tegenkomt. De verhalen die je hoort. Waar je over nadenkt. Dat is vast genoeg voor een mooi kerstverhaal.'

'Wil jij dit ook, Ad?'

Hij knikte en ik stemde in. En was ook trots dat ze het mij vroegen. Trots dat ze trots op mij waren. Dat ze dachten dat ik het zou kunnen.

Dat verhaal zal ik tijdens de reis naar Noord-Korea moeten gaan schrijven.

Wat fijn is, is dat ik dit keer niet alleen reis. Ik heb mijn goede vriend en oude Galapaardje-partner Pepijn uitgenodigd om met mij mee te gaan. Hij zei direct ja, zonder te twijfelen. Honderden slopende nachten op studentengala's hebben we samen gedaan. Nu samen naar Noord-Korea. Terecht. Met hem kan ik ook sparren over mijn nog te vinden kerstgedachte. En over de fotografie. Op 17 november stappen wij op Schiphol het vliegtuig in.

Na een paar uur vliegen valt Pepijn in slaap. De komende reis is perfect om eens goed na te denken over deze gigantische, complexe, lelijke, maar vooral fantastisch mooie wereld, mijmer ik. China, Noord-Korea en Tibet, een driehoek van landen met een ongelofelijk brute geschiedenis. Anderhalf jaar na aanvang van *Streets* zie ik mijzelf gedwongen om me af te vragen: wat heb ik nou eigenlijk gezien? Wat heb ik gedaan? Waarom? En wat vind ik ervan?

Zeer lastige vragen, die ik mezelf al een tijd niet meer gesteld heb. Normaal gesproken denk je constant na over die dingen als je reist. Maar gaandeweg neemt het reizen op zich de overhand. Het went. Bijzondere dingen vallen je minder op. Verschillen worden normaler. Je accepteert dat het 'nou eenmaal zo is'. Door de vraag naar dit kerstverhaal dwing ik mezelf ertoe om bewuster te zijn. De diepere vragen te stellen. En dat is goed. Ik heb veel gezien de afgelopen anderhalf jaar. Mensen in vele soorten en maten, overal ter wereld. Dus ik zou er wel wat over moeten kunnen zeggen in mijn kerstverhaal, maar ik heb geen idee waar te beginnen.

De aankomst in Beijing is ontspannen. Pepijn regelt lekker alles voor me en ik laat mij dat probleemloos welgevallen. Hij heeft zich de afgelopen jaren fotografisch gericht op China en spreekt inmiddels een aardig woordje Chinees. We hebben een relaxed youth hostel gereserveerd, vanwaaruit we de stad afzoeken naar goede fotoplekken. Maar Beijing is nu toch bijzaak, over twee dagen gaan we werkelijk naar Noord-Korea. We lezen over de verschrikkingen die daar plaatsvinden. De meest vreselijke verhalen komen we tegen van vluchtelingen. Driehonderdduizend tot een miljoen politieke gevangenen in concentratiekampen, waar schijnbaar op mensen wordt geëxperimenteerd.

De avond voor vertrek is er een meeting bij het Britse reisbureau, waar we een briefing krijgen over het programma en vooral over hoe ons te gedragen. De opmerking 'Your room is probably not bugged,' leidt tot lacherige reacties. Alles wat *wij* verkeerd doen zal zijn weerslag hebben op onze minders, die zij al jaren kennen en niet in de problemen willen zien komen. Er wordt ons verteld dat het een prachtige reis wordt die we nooit meer zullen vergeten. Oké, dat scheelt. Ik krijg er steeds meer zin in.

Na de briefing moeten we nog wat spullen kopen. Cadeautjes voor onze gidsen. Geadviseerd wordt voor mannelijke gidsen flesjes sterke drank en sigaretten mee te nemen, voor de vrouwelijke gidsen chocola en cosmetica. Dat is dus vrijwel hetzelfde als bij ons. We moeten ook een das kopen, voor het bezoek aan het mausoleum. Daar ligt de Grote Leider Kim Il-sung opgebaard, de vader van Kim Jong-il, grondlegger van het Noord-Korea zoals we het kennen en de Eeuwige President. Dood, maar nog steeds de facto president. Vanuit het graf regeert hij tot het einde der tijden over zijn land. Men dient er gepast uit te zien voor het bezoek. We kopen een paar mooie dasjes en hemden en beseffen dat we hiermee dus eigenlijk al meedoen aan die totale gekte. Maar het is de enige manier, dus niet te principieel.

We verzamelen ons vroeg op het plein voor het reisbureau. De groep heeft een uiterst gemêleerde samenstelling. We herkennen een paar gezichten van de avond ervoor. Men knikt elkaar nauwelijks merkbaar gedag, alsof we criminelen zijn die op het punt staan de Bank of China te beroven.

Ingetogen wachten we op het vertrek van de bus naar het vliegveld. Aan de late kant komen er twee gasten op skateboards aangerold. Gaan die ook mee? De groep is er nu nog lijper op geworden. In zijn geheel bestaat de Noord-Korea Wintertour uit maar liefst 57 man! Wie zijn die andere 55 leute die vrijwillig naar Noord-Korea gaan dan? Nooit gedacht dat er zoveel interesse voor zou zijn. De groep wordt onderverdeeld in vier subgroepen van zo'n vijftien personen. Pepijn en ik zitten in groep C. Het is bizar om in zo'n groepsverband te zitten. De laatste keer was met Snowcamp naar Zell am See. Toen was ik vijftien en trok ik 'de leiding' ook al niet.

Onze groepsleider is Jasmine, een mooi Chinees meisje dat zelf ook vrij nerveus is. Het is haar eerste keer. Het luchthavengedeelte verloopt goed en voordat we het weten vliegen we over de Chinese Muur naar het illustere Pyongyang.

Het is maar een vluchtje van twee uur. Voordat we het weten is het onvermijdelijk geworden dat we echt naar Noord-Korea gaan. No way back now. Niet dat ik dat echt wil. Maar dat het niet meer kan, dat voelt een beetje raar. En ik blijf me zorgen maken over de ondertekende verklaring. Zullen ze erachter komen? Checken ze iedereen online? Dan ben ik zeker de zak. Inmiddels staat op tientallen sites dat ik journalist ben. Leuk al die publiciteit, maar nu werkt het tegen me. En als ze me pakken, wat gebeurt er dan in godsnaam? Moet Rutte me dan komen halen? Boeit het Kim Jong-il een hol wie Mark Rutte is? Dat en meer schiet er door mijn hoofd terwijl het vliegtuig van Air Koryo zijn onvermijdelijke landing inzet naar Pyongyang Airport.

Rondom het vliegveld zie ik een heuvelig, grassig landschap zonder enige bebouwing. Het kale vliegveldgebouw heeft groot in rood 'Pyongyang Airport' op het dak staan. Er staan nog twee kleine vliegtuigjes en een kapotte helikopter. That's it.

Het is mistig en dat draagt bij aan de grimmige sfeer. Iedereen is gespannen, maar doet alsof dat niet zo is, waardoor je het juist meer merkt. De groepjes lopen dwars door elkaar en een aantal mensen begint meteen foto's te maken. Op het vliegveld dat tevens het militaire vliegveld is. We worden omringd door soldaten met veel te grote petten met een rode rand eromheen op. Uiteindelijk krijgt de leiding het zaakje weer in de hand.

Per groep worden we door de douane het ijskoude gebouwtje in geleid. Op een verdieping hoger staan mensen enthousiast te zwaaien. Is dat de eerste act, of zwaaien ze echt naar een paar teruggekeerde familieleden? De paranoia begint.

Het wordt langzaam donker. Al onze spullen worden secuur bekeken en iedereen moet zijn mobiele telefoon inleveren. Die krijgen we weer terug als we over vijf dagen met de trein de Chinese grens over rijden. Het is heel raar om die te moeten afstaan. Zeker in Noord-Korea. Je telefoon is een soort orgaan geworden dat vastkleeft aan je hand of zak. Nu kan ik dus niemand meer bellen, als er iets misgaat.

Groep C zit in de groene bus met daarop een papier waarop staat: 'Group C'. De twee skaters zitten ook bij ons. Met skateboards. In colonne vertrekken we van het vliegveld naar het hotel in Pyongyang. Jasmine stelt ons voor aan onze gidsen Miss Yuang en Mr. Wu. Ze lijken heel aardig, maar wij weten wel beter. Dit zijn de mensen die elke beweging van ons in de gaten gaan houden. Ze spreken vloeiend Engels. Miss Yuang is jong. Rond de 25, schat ik. Ze is heel mooi. Zij voert het woord, terwijl Mr. Wu ons in de gaten houdt. Mr. Wu is een voor Aziatische begrippen zeer rijzige man. Een man van weinig woorden. Als hij iets zegt, is het in korte zinnen die klinken als orders. Hij observeert vooral. We mogen nooit foto's maken tot hij zegt dat het wel mag. Over foto's maken vanuit de bus zegt hij niks.

Voordat we naar het hotel gaan maken we eerst een stop bij het Mansudae Grand Monument midden in de stad. Gek, het begint meteen al op een echt georganiseerd reisje te lijken. Op het gigantische plein is het al donker. Uit wit steen is een grandioos monument opgetrokken met in het midden grote vuisten die de hamer, sikkel en de kwast omklemmen, het symbool van Noord-Korea. Groep C zwermt uit over het plein en de andere drie groepen ook. In no time wordt het monument platgefotografeerd. Dat mocht. Ik moet toegeven dat het sfeertje iets relaxter begint te lijken. Uiteindelijk komt Mr. Wu Pepijn en mij natuurlijk wel halen omdat wij de laatsten zijn.

'Come to bus now!'

We rijden door naar het hotel, dat een megatoren blijkt te zijn uit de jaren tachtig en gebouwd is op een eiland in de rivier die door Pyongyang loopt. Het hotel is stukken luxueuzer dan we ons hadden voorgesteld. We krijgen een korte uitleg van Simon, de tourleider en een hele relaxte Brit, over waar wat is, met de nadruk op de bar. Miss Yuang en Mr. Wu zien we niet meer maar er wordt ons verzekerd dat ze er nog wel zijn. In het hotel voelt het echter veilig en we zijn een beetje opgelucht dat het eigenlijk 'wel meevalt'.

We droppen onze spullen in onze prima kamer en kijken uit het raam van de 35e verdieping. De onderste dertig staan leeg. Nachtelijk Pyongyang strekt zich voor ons uit. Het ziet eruit als een rustige, slapende stad met best veel lichtjes. Wat duidelijk ontbreekt, is het geluid van verkeer. Aan de overkant van de rivier loopt een brede boulevard. Geen autolichten, geen toeters en motoren. De lucht is opvallend fris. Ik had een soort plattelandsdorp verwacht. In de verte brandt op de Juche Tower de elektrische eeuwige vlam van Pyongyang. Die heeft een eigen stroomvoorziening. Zelfs tijdens de vele black-outs blijft hij waken over deze hoofdstad.

Na een tijdje gaan we naar de hotelbar, waar iedereen zijn eerste ervaringen deelt onder het genot van een Heineken-bier. Er is alleen een boycot op luxegoederen. Al snel blijkt dat iedereen zeer bereisd is en een inspirerend verhaal heeft.

's Ochtends zit iedereen op zijn paasbest aan het ontbijt. We beginnen meteen met een bezoek aan Kim Il-sung, de Grote Leider. Hij is weliswaar dood, maar wordt vereerd als een levende god. Zijn portretten hangen overal, maar dan ook echt overal in de stad. Er is geen ontkomen aan. De vriendelijke, olijk ogende opa houdt je constant in de gaten. Hier hebben we de dasjes voor gekocht. Ik moet zeggen dat we er uiterst puik uitzien. Niet te formeel, maar wel netjes. Geestig om te zien wat de leden van de groep onder 'netjes' verstaan. Sommigen zijn in driedelig pak, terwijl mensen uit de oriëntaalse hoek felgekleurde gewaden dragen. Het bonte gezelschap vertrekt stipt op tijd onder de bezielende leiding van de wedergekeerde Mr. Wu naar het mausoleum.

In de verte zie ik een gigantisch plein met daarop het neoclassistische mausoleum. Daar loop je niet zomaar even heen, dat gaat ondergronds. Het sfeertje is uiterst plechtig. Mr. Wu trekt zijn meest ernstige gezicht. Dat doet wat met je. Camera's moeten worden achtergelaten. En groupe worden we op een schier oneindige horizontale roltrap gezet. We doen er minstens een kwartier over voordat we aan het einde zijn, alles om de spanning en plechtigheid van het moment te maximaliseren. Je koerst op een hoogtepunt af, daar is heel goed over nagedacht. Mr. Wu is uiterst serieus. Praten wordt niet geapprecieerd, grapjes al helemaal niet.

Tijdens de roltrapsessie komen er drommen zeer hooggeplaatste militairen, behangen met rijen gouden onderscheidingen, ons tegemoet op de roltrap die in tegengestelde richting gaat. Op roltrappen in winkelcentra kijk je ook altijd naar de tegengestelde richting. Maar dat duurt twintig seconden en betreft niet de militaire elite van Noord-Korea, die als uit steen gehouwen minutenlang onafgebroken aan je voorbijtrekt. Na de eerste schrik vragen we ons af wat zij denken, terwijl ze naar ons kijken:

Zij hoeven hier niet eens te zijn, maar komen vrijwillig!

of: Dit zijn dus die westerse kutkapitalisten, ik haat ze! Sterf!

Of misschien wel: Ze zijn eigenlijk net als wij, maar staan aan de andere kant.

Na een tijdje besluiten Pepijn en ik een poging te wagen om contact met ze te zoeken. Natuurlijk niet door een praatje. Terwijl we ze in de ogen kijken, maken we een heel summier buiginkje. De viersterrengeneraals zijn helemaal volgeplakt met gouden onderscheidingen. Ze schrikken wakker uit hun dagdromen wanneer ze merken dat er naar ze geknikt wordt. Verschrikt knikken ze automatisch terug. Direct daarna vervallen ze als betrapte kinderen weer in hun stenen rol, terwijl ze terug worden getransporteerd naar hun plek achter een bureau of in de frontlinie, waar ze zich voorbereiden op de immer ophanden zijnde aanval van het koloniale Westen, van ons.

Dat het proper moet zijn in het mausoleum is duidelijk. Na de Eeuwigdurende Roltrap komen we uit bij de automatische schoenenwasmachine die ervoor zorgt dat er geen ongewenst voetvuil binnenkomt. Daarna moeten we ons in een grote marmeren zaal opstellen in rijen van vier. De Noord-Koreanen zijn dit soort exercities van jongs af gewend. Ze begrijpen niet dat vijftig vrije denkers uit het Westen zoveel moeite hebben om nette rijen van vier te vormen die zich vervolgens zijwaarts moeten bewegen en zich achter aan de lange rij viertjes moeten aansluiten. Struikelend verprutsen we het volledig, waardoor een lacherig middelbareschoolsfeertje ontstaat.

Mr. Wu is not amused.

We komen uit bij iets wat ik alleen maar kan omschrijven als een 'bodyföhn'. Terwijl op de achtergrond de constante marsmuziek klinkt, worden we onder toeziend oog van strenge, bewapende soldaten door een groot blaasapparaat met vier verschillende poortjes geleid. Door het poortje moeten we een gangetje in van drie meter lang waar je volledig 'schoon' wordt geblazen. Met stormachtige kapsels worden we er aan de andere kant uitgespuugd. Nu zijn we er klaar voor om de Grote Leider onder ogen te komen. Gepoetst, gemangeld en netjes in pak mogen wij hem onze eerste en tevens laatste eer bewijzen. De grote donkere zaal wordt zacht verlicht. Een rode loper leidt om de glazen kas heen waar een klein poppetje in ligt. Het lijkt wel een legopoppetje. Heel klein en in een net grijs maatpak. Zijn huid is een beetje gelig, de lijnen van zijn gezicht zijn hard geworden door de strakgetrokken huid. Vanuit een onzichtbaar punt in het metershoge plafond valt een warme gele lichtstraal op de kas. Ik herken de olijke opa helemaal niet. Maar het moet hem zijn. Zo lijkt hij vrij ongevaarlijk.

Nog steeds in rijtjes van vier lopen we een ronde om de glazen kist. Telkens als we in het midden van een nieuwe zijde staan moeten we op commando tegelijk een diepe buiging maken, vier in totaal. Terwijl ik buig, denk ik: zo, daar lig je dan, vuile klootzak.

Weer vraag ik me af wat de Noord-Koreanen echt denken. Zij moeten hier verplicht heen, en zo vaak mogelijk, anders valt het op. En natuurlijk moeten ze door verdriet over het verlies van hun Grote Leider verslagen zijn. In de uiterst klinische mausoleumzaal komt het overtuigend over. Op de maat van de marsmuziek lopen we door. Dit was het. Er wachten vandaag nog duizenden Koreanen op dit moment, dus de regie is strak. Al snel staan we weer op de roltrap terug naar de uitgang.

Dit keer gaan wij de andere kant op. Het zijn nu pelotons heel jonge soldaten die op weg zijn naar hun Leider. Ze lijken wat vrolijker. Contact blijft uit den boze. Met honderden kijken we elkaar aan. Sommigen zijn echt jonge gastjes. Zijn zij nou het pure kwaad? Zullen ze echt sterven voor deze dode gek als dat van ze wordt gevraagd?

Buiten valt er een last van onze schouders. Tot die tijd zat iedereen in zijn eigen gedachten en overpeinzingen. 'What the hell was that?!' vragen we ons verbijsterd af. Niemand beseft echt wat we net hebben meegemaakt. Er mag nu pas weer gepraat worden. Het bindt de groep meteen. Gezamenlijk lopen we naar het grote plein met het gigantische portret van Kim Il-sung in het midden, terwijl onder ons op de eindeloze roltrappen nieuwe devote volgers naar de Grote Leider vervoerd worden.

Die middag gaan we een kijkje nemen in de metro van Pyongyang. Die schijnt erg mooi te zijn. 'In ieder geval even onder de mensen,' zeg ik tegen Pepijn. Al die overheidspropaganda is uiterst vermoeiend maar je komt er niet omheen. Misschien dat er bij de metro een wat echter stukje Pyongyang te zien is.

Het metrostation is inderdaad mooi gebouwd en zacht uitge-licht. Op de muren staan tekeningen van Kim Il-sung bij een elektriciteitscentrale of met boeren en militairen marcherend door het land. Je zou het reclame kunnen noemen. Hier mogen we fotograferen.

Ik ben op zoek naar mensen in wie misschien iets herkenbaars schuilt, iets waardoor ik kan zien dat we bij dezelfde levensvorm horen. Een metro rolt het station binnen. De deuren gaan open en hordes Noord-Koreanen komen naar buiten. Ze schrikken een beetje van ons, of zo lijkt het. Officieel mogen ze ons niet eens aankijken, laat staan met ons praten. Ik realiseer me meteen dat dit een van de weinige momenten is dat ik zo dicht bij ze kan ko-men en dat het druk is, zodat Mr. Wu het overzicht even kwijt is. Ik loop achter een stel aan dat een schattig kindje meedraagt. Ik volg ze tot bij de roltrap. Ze glimlachen als ze zien dat ik hun kindje fotografeer. Ik kijk hem aan en vraag: 'How old is she?' De man zegt: 'She three year ol.' Een gesprekje. Haar oranje pakje steekt fel af tegen de voornamelijk donkere jassen in de metro. Ik kan niet achter ze aan. Mr. Wu heeft me alweer in de gaten.

We rijden twee haltes mee met de metro. Het is gek, als je in een metro zit lijkt die net op alle andere metro's. De deuren staan open, de conducteur wacht blijkbaar op vertrek. Mensen komen binnen en zoeken een plaatsje. Ze praten met elkaar en kijken ons nieuwsgierig aan. Er zijn een paar lieve kindjes bij die fluisterend dingen over ons vragen aan hun ouders. Wat ze uitleggen weet ik niet. Het ziet er in ieder geval niet bedreigend uit. Een belletje kondigt het sluiten van de deuren aan en met een schokje komt de metro op gang. Tegenover me zit een Noord-Koreaan te dom-melen. Met zijn hoofd in een nogal lastige hoek valt hij in slaap. Erg herkenbaar allemaal. Net zoals bij ons? Nee, natuurlijk niet. Maar de mensen, hoe ze bewegen, kijken, omgaan met elkaar, zijn in veel dingen hetzelfde. Het zijn normale mensen, geen levensgevaarlijke Noord-Koreanen die met kernwapens bezig zijn, die oorlog willen. De As van het kwaad, zoals George Bush ze noemt. Bush, die zelf twee oorlogen is begonnen. Ik zie mensen die hun hele leven geïndoctrineerd zijn. Die van kindsbeen af een verhaal te horen hebben gekregen dat de grote waarheid is. En alleen maar dat verhaal. Geen media, geen buitenlanders, niemand mag er weg om ergens anders te gaan kijken zoals wij nu doen. Ze weten echt niet beter. Al hebben ze misschien een idee. Maar dan nog, ga er maar eens tegenin als je weet wat de consequenties zijn. Waar het mij om gaat is dat deze mensen zelf niet de As van het kwaad zijn, maar hun leiders. Zij zijn het slachtoffer. Dit zijn mensen zoals ikzelf, die in Noord-Korea zijn geboren. Hoe was ik dan geweest?

In de bus terug maak ik kennis met Kenny en Patrik, de skaters. Zij zijn bezig met een skateboardproject waarbij Kenny Reed, blijkbaar een megabekende professionele skateboarder, op de meest bizarre plekken ter wereld gaat skaten en gefotografeerd en gefilmd wordt. Het idee dat een Amerikaanse skateboarder op de pleinen in Pyongyang onder het toeziend oog van Kim Il-sung al skatend gefotografeerd wordt kan ik bijna niet bevatten. Toch krijgen ze het steeds voor elkaar. De bus is nog niet tot stilstand gekomen of Kenny jumpt in hoog tempo van de trappen af de pleinen op. Mr. Wu is telkens te laat en moet dan een volle sprint trekken achter de boarders aan om ze tot kalmte te manen. Het is hilarisch om Mr. Wu gillend achter die boys aan te zien gaan de verlaten pleinen over. 'Kenny, Kenny, stop! Come back! No skating here, no allow!'

Ik realiseer me ineens dat ik op een straat in het centrum van Pyongyang sta! Nu moet het gebeuren! Mr. Wu heeft allang aan mijn fotografiestijl gezien dat ik geen standaardtoerist ben en houdt mij streng in de gaten. Dit gaat heel lastig worden. Bovendien staat de hele groep altijd in beeld. Hoe ga ik dit in vredesnaam doen? Maar dan zijn er weer Kenny en Patrik. Bij het aller-grootste plein in Pyongyang hebben zij besloten om wederom Mr. Wu te dissen en voor hun fotomoment te gaan op het plein. Vol gas skaten ze de lege megabrede weg over het verlaten plein op. Mr. Wu let even niet op en moet er natuurlijk weer achter-aan.

Dit is mijn moment! Ik dwaal schijnbaar onbewust af van de groep de straat in. Iedereen blijft kijken naar de stunts van Kenny en hoe Mr. Wu probeert ze van het plein af te krijgen. Voorbij-gangers geloven hun ogen niet maar halen het niet in hun hoofd om langer dan vijf seconden te kijken. Ze lopen verschrikt door. Ik loop alleen een stuk de brede straat in vanaf het plein. Blijk-baar is het de bedoeling dat de hele groep die kant op loopt naar een boekwinkeltje verderop in de straat. Dus de route is toege-staan, ik ben er alleen wat eerder aan begonnen. Ik ben even al-leen onder de Noord-Koreanen!

Ik pak mijn camera en begin te fotograferen bij de uitgang van een metrostation. Mensen kijken me verschrikt nieuwsgierig aan, maar vervolgen hun weg. De brede weg die naar het plein leidt, is helemaal leeg. Er komt telkens een handjevol passagiers van de metro de trap op. In de verte de rode vlag van Noord-Ko-rea op het plein. De compositie is superstrak. Ik weet dat ik nog maar een paar minuten heb.

Vanbinnen grijns ik, want dit is al veel meer dan ik ooit had durven hopen. Als er nou alleen nog maar iets typisch Noord-Koreaans zou gebeuren voordat ik weer ten prooi val aan het al-lesziende oog van Mr. Wu…

Achter mij staat een van de verschrikkelijk mooie dames die het 'verkeer' hier regelen. Ze zijn ons al eerder opgevallen omdat ze zo mooi zijn. En heel sexy politiepakjes aanhebben. Volgens reisleider Simon zijn ze zo mooi omdat ze daarop geselecteerd worden. Ze zijn allemaal onder de 25 jaar, vrijgezel en beeldschoon. Een van de zeldzame goede ideeën van Kim Il-sung om het straatbeeld van de hoofdstad op te fleuren, zegt Simon.

Een schel fluitje klinkt. Ik kijk quasinonchalant om. Ze gebaart met haar rode stokje dat ik mijn rechtervoet van de straat moet halen. Ik ben gezien. Langzaam loopt ze op mij af. Nu is het klaar, nu heb ik een groot probleem. Ik draai mijn rug naar haar toe en begin te fotograferen alsof dat de normaalste zaak van de wereld is. Nog vijf seconden, vier. In de hoek van mijn rechteroog zie ik van achter de camera dat ze vlak langs me loopt. Me passeert. Tot mijn stomme verbazing gaat ze voor mijn neus rechts in het beeld in een prachtige houding staan. Met haar azuurblauwe pakje met bontkraag en haar rode verkeersstokje sluit ze de compositie beeldschoon af. Bijna vergeet ik dat dit mijn perfecte moment is. Ik schiet in tien seconden non-stop foto's. Meteen weet ik dat ik iets veel mooiers heb dan ik ooit had durven dromen. Dan draait ze zich om en loopt mijn beeld weer uit. Het moment is voorbij.

Inmiddels heeft Mr. Wu Kenny protesterend en wel weer in de kraag gevat. De groep komt mijn straatbeeld weer in gelopen. Maar ik heb hem! Een kleine glimp van hoe dit bizarre straatleven er hier uitziet. Een kindje dat opkijkt naar zijn vader, mensen op weg naar huis, de lege straat met het immense plein gewijd aan de Grote Leider, en zij, de serene schoonheid die de lelijke waarheid van dit land een beetje dient te verhullen.

Tijdens de dagen die daarop volgen komt er geen enkel moment meer dat de moeite waard is. Ik heb het juiste moment gepakt en met behulp van mijn recalcitrante Amerikaanse vrienden een foto kunnen maken die ik als een van mijn beste tot nu toe beschouw. Nu gaat het er natuurlijk nog even om dat ik de foto's het land uit krijg. Er is ons verteld dat er in de trein zeer zorgvuldig wordt gekeken naar de foto's die het land verlaten. Het komt regelmatig voor dat hele camera's gewist worden. De missie is nu om dat risico te minimaliseren. Ik kies mijn beste foto en verstop die op zo veel mogelijk plaatsen. Op de harde schijf van mijn laptop, verscholen in programma's die met fotografie niks te maken hebben, in verschillende obscure mapjes, diep begraven. In de prullenbak, in de prullenbak van iPhoto, op de iPod van Pepijn. Op een van zijn kaartjes. Ze moeten wel heel erg grondig zijn om die allemaal te vinden. Bovendien lijkt het me niet dat ze per definitie aanstoot zullen nemen aan het beeld dat ik heb gekozen. Je moet er de diepere betekenis van zien. De symboliek. Het komt wel goed, denk ik.

Inmiddels kennen we elkaar wat beter en zelfs Mr. Wu lijkt een beetje te ontdooien. Kenny maakt het hem lastig, maar hij is stiekem toch ook op hem gesteld geraakt. Naar mij kijkt hij helemaal niet meer om. Ik ben overgegaan op het maken van standaard toeristenfoto's, in mij ziet hij geen gevaar meer.

De tour brengt ons naar verschillende musea waar de heldenrol van de Grote Leider, het Noord-Koreaanse leger en het arbeidersvolk niet onder stoelen of banken wordt gestoken. Er zijn de meest bizarre zalen met 'cadeaus' van wereldleiders van twijfelachtig allooi, zoals veel van Mugabe, Kadhafi, Arafat, en natuurlijk de hele rits gewezen Oost-Europese en Sovjetleiders. Elke Noord-Koreaan die hier komt kan niet anders dan denken dat de hele wereld vriendjes is met hun Grote Leider. Wie goed kijkt komt geen westers land tegen, natuurlijk. Dat hoeft ook niet. Het Westen is de vijand.

Tijdens een korte periode van detente tijdens Clinton heeft Madeleine Albright eens een door Michael Jordan gesigneerde basketbal aangeboden aan Kim Jong-il, zelf schijnbaar een groot basketbalfan. Dat is het enige Amerikaanse cadeau. In een glazen kas pronkt het Noord-Koreaanse gelijk vanaf vier kanten uitgelicht. Van Nederland kom ik alleen een plaque met het handvest van de CPN tegen. Ergens in de jaren tachtig aangeboden aan deze massamoordenaar. Zoals altijd ligt het weer aan je uitgangspunt, denk ik, terwijl we langs de gigantische door Stalin aangeboden treinwagon lopen. Tegen Mr. Wu zeg ik dat ik ook weleens een trein heb gekregen. Zijn blik is dodelijk. Tussen duim en wijsvinger zeg ik: 'but only this big'. Dat ontlokt zowaar een lachje bij Mr. Wu. Zo zijn de dingen weer in proportie.

Na dit kleine menselijke teken van Mr. Wu sluit ik me aan bij Pepijn, die een stukje verderop loopt. We lopen samen door de eindeloze gangen met prullaria van nietszeggende bedrijven en overheden die een wit voetje proberen te halen bij deze gruwelijke dictators.

'Niet normaal, hè?' zegt Pepijn.

'Gast, dit gaat zo ver, hier is niet eens een schaal voor.'

'I know. Moet je nagaan dat al die klassen met Noord-Koreaanse kindjes hier komen. Die kunnen niet anders dan denken dat de hele wereld van hun Grote Leider houdt. Dat ga je dan toch geloven!'

We stiefelen een stukje door. Het einde van de gang is nog lang niet in zicht. Hier en daar blijven we quasigeïnteresseerd staan om vriendjes te blijven met Mr. Wu. Dat doet iedereen. Dat was de afspraak.

'Hoe gaat het met je kerstverhaal?' vraagt Pepijn.

'Jaaaaaa… het is niet makkelijk, Pepinos. Ik wil een beetje toe naar wat nou goed en slecht is. Dat is natuurlijk wel een belangrijke kerstgedachte. Maar niet een heel makkelijke,' zeg ik lachend.

'Onverwachts is dat nogal lastig vast te stellen. Ik dacht dat het hier heel duidelijk zou worden.'

'Hoezo dan?'

'Omdat jij ook wel weet dat Mr. Wu voor de foute jongens werkt maar dat hij daardoor niet meteen een slecht mens is. Hij doet wat hij kan om er het beste van te maken. Dat zou ik misschien ook wel doen, begrijp je? We hebben gezien hoe het hier gaat. Wat doe je dan?

Pepijn kijkt naar een verguld machinegeweer, aangeboden door Idi Amin namens het volk van Uganda.

'Nee, zo simpel is het inderdaad niet, nee,' zegt hij.

'Ik vind deze mensen niet slecht. Het is die kutgast. Die spoort niet!'

Mr. Wu komt aanlopen. We zijn weer eens de laatsten.

Alhoewel het lijkt alsof we al maanden in deze schijnwerkelijkheid zijn, is de laatste avond toch opvallend snel daar en er zijn mooie dingen gepland. Na de officiële stop bij het plein van de Koreaanse Oorlog, waar wederom het begrip oorlog in krankzinnig grote beelden als een heldhaftige levensstijl wordt neergezet, gaan we naar de bowlingbaan.

De bowlingbaan?

Jawel, er is een heuse bowlingbaan in Pyongyang. We komen er in het donker aan. Niet omdat het avond is, maar omdat de stroom is uitgevallen. Het is ijskoud. Nadat we vijf minuten hebben rondgedoold in het donker springen de lichten aan en starten de spelcomputers, gokautomaten en bowlingbanen zichzelf weer op. Afgezien van de stroomuitval en de temperatuur zou dit een bowlingbaan overal in Azië kunnen zijn. Een paar groepjes van onze club gaan bowlen, terwijl anderen zich wagen aan een potje pool met de aanwezige Noord-Koreanen. Dat zijn er nog best veel. Er wordt niet gesproken natuurlijk, maar de regels zijn universeel. De altijd aanwezige vraag of het allemaal geacteerd is, komt weer aan de orde. Het lijkt ons sterk. Die hele baan inclusief honderden acteurs daar neerzetten om vier keer per jaar een stel toeristen voor de gek te houden? Volgens ons is het de elite van het land en hun kroost, die een beetje geld heeft om zich hier te vermaken. De andere twintig miljoen creperen op het platteland of in de goelags.

We drinken er een biertje. Weer Heineken. Uit China, denken we. Als de stroom voor de derde keer uitvalt is het voor ons tijd om te gaan. Er wordt afscheid genomen van een paar Noord-Koreaanse 'tegenstanders' met wie het nog best gezellig was. Even leek alles normaal.

Na het eten in een authentiek Koreaans eendenbarbecuerestaurant wordt het helemaal mooi. We gaan karaoken! Hebben ze hier ook, een karaokebar! Het 'laatsteavondsfeertje' zit er al goed in. Zo'n avontuur verbindt je wel met elkaar, dus het is al snel druk bij de microfoon met veel te veel echo erop. Ik ben de eerste. Iemand heeft het lied 'Back to the USSR' voor me uitgekozen, dat ik gelukkig goed ken. Het feest is begonnen. Klassiekers als 'We Are The World' en 'Imagine' worden uit volle borst meegezongen en zelfs Mr. Wu zingt hossend mee met de groep met een fles bier in de hand.

Als we aan de late kant bij ons hotel aankomen zit de bar in no time vol. Iedereen heeft verhalen. We kunnen niet geloven dat we morgen in de trein naar China stappen.

Tegen een uur of drie 's nachts komt het verhaal van de vijfde verdieping aan de orde. Een van onze reisgezellen had het hotel gegoogeld voor vertrek. Via een paar links kwam hij het mysterieuze verhaal van de vijfde verdieping tegen. Die schijnt er namelijk niet te zijn. Althans, er is geen knop in de lift voor de vijfde verdieping. Via de brandtrap kun je er wel komen. Er schijnen daar nogal obscure dingen te gebeuren. Dit soort verhalen heeft op mij een onweerstaanbare aantrekkingskracht. In no time sta ik in de lift te zoeken naar het knopje van de vijfde verdieping. Dat is er inderdaad niet! Pepijn, een Amerikaanse vriend en ik gaan naar de zesde, waar we de brandtrap zoeken.

Stilletjes, althans dat denken we, lopen we de trap af in het doodse hotel. Alle gasten zitten pas op de dertigste en hoger. Er is hier helemaal niemand. We vinden een deur. Een trap af. Weer een deur. Die klemt een beetje. Ineens staan we er, op de vijfde verdieping.

Het is er donker, op één enkel zwak brandend tl-lampje na dat een groenig schijnsel in de gang geeft. Het plafond is veel lager dan op de andere verdiepingen en er hangen plafondpanelen los. Muisstil lopen we de gangen door. Op de muren staan schilderingen die er niet om liegen. Uiterst lugubere afbeeldingen van onthoofde mensen, mensen achter prikkeldraad met bebloede handen en bommen met in grote letters USA erop. Ik zie een schildering van honderden geknielde mensen aan de voet van rij- en galgen waar grijze lijken aan bungelen.

Een stukje verderop staat een deur op een kiertje. We sluipen er naar binnen en treffen in grijze kasten oeroude computers en elektrische bedrading aan. Is dit het afluistercentrum? Het kan niet anders. Het sfeertje wordt nu wel uiterst grimmig. Beter om er stilletjes vandoor te gaan. Ik pak een dienstlift die in de keuken van het hotel uitkomt, waar gelukkig niemand meer is op dit tijdstip. Pepijn en de Amerikaan hebben de trap gepakt.

In de bar is het nog gezellig en ik raak gewikkeld in wat gesprekken. Een halfuur later komt Pepijn naar me toe met een ietwat bleker gezicht dan normaal. Hij zegt: 'Ik moet je zo even iets vertellen.'

Ik eindig de avond met Jasmine in de lift, waar blijkt dat we ons al dagen tot elkaar voelen aangetrokken. 'Call me when we're back in Beijing,' fluistert ze in mijn oor.

Een beetje verstrooid loop ik naar onze kamer en daar zit Pepijn op het bed met zijn camera. Hij is niet naar de bar gegaan, maar is zijn camera gaan halen en teruggegaan naar de vijfde. Hij moest en zou er foto's van hebben. Die heeft hij ook gemaakt, totdat er ineens iemand wakker werd, die begon te schreeuwen! Halsoverkop hebben de Amerikaan en hij het op een lopen gezet, waarna er een naar boven en de ander naar beneden is gerend op de hielen gevolgd door de Noord-Koreanen van de vijfde verdieping. Pepijn is zich op de achttiende verdieping een kwartier in een donkere hoek gaan verschuilen. Daarna heeft hij op de kamer zijn kaartje met de foto's erop achter een lamp verstopt en is in de bar gaan zitten doen alsof zijn neus bloedde. In de bar hebben we er niks meer van gehoord. Pepijn zet de camera aan. Hij heeft de foto's al gezien. Samen kijken we gespannen naar het schermpje. Hoe zijn ze geworden?

Er staat: 'No images'.

De volgende ochtend zijn we verre van scherp maar we zijn het voorval van de vorige avond zeker niet vergeten. What the fuck is er met dat kaartje gebeurd? Gaan we hier problemen mee krijgen? We horen er niets meer van en ook Mr. Wu is weer zijn oude stoïcijnse zelf. We worden gedropt op het treinstation, waar de trein voor de 24 uur durende rit naar Beijing al staat te briesen en te stomen. We hebben twee treinwagons met coupeetjes en bedjes. Vrij comfortabel.

Raar dat we na vijf dagen in dit vreemde land toch nooit zullen weten wat er allemaal echt achter zit bij Mr. Wu en Miss Yuang. Het afscheid lijkt oprecht. Zijn ze vooral blij omdat ook deze trip zonder al te grote incidenten is verlopen? Het staat vast dat ze over de hele reis gedebrieft gaan worden en ook elkaars optreden moeten evalueren. In Noord-Korea heerst een keiharde cultuur van eigen verantwoordelijkheid nemen en daarop afgerekend worden. Ik vraag me af of ze er zonder kleerscheuren doorheen komen na het skaten van Kenny, twee fotografen die er niet eens hoorden te zijn en de excursies naar de vijfde. Ze lijken ontspannen en zwaaien ons uit terwijl de trein het station uit hobbelt. Op weg naar het 'vrije' China.

Onderweg hoor ik van een medereiziger die BBC World op zijn hotelkamer had dat Noord-Korea de middag ervoor het Zuid-

Koreaanse eiland Yeonpyeong heeft beschoten met mortiergranaten. Dat moet zijn begonnen net nadat wij gisteren een bezoek hebben gebracht aan de DMZ, de gedemilitariseerde zone, die tevens officieus de grens tussen Noord- en Zuid-Korea markeert. We werden rondgeleid door de barakken waar het staakt-het-vuren is ondertekend en waar de grens precies door het blauwe hokje en de tafel die in het midden staat loopt. Aan de overkant, de Zuid-Koreaanse kant, was het rustig. Ze leken niet zo geïnteresseerd in de tour group aan de noordkant. Een aantal van ons is aan de zuidkant geweest van de grens. Daar wordt schijnbaar enorm nerveus gedaan, alsof de Noord-Koreanen om het minste geringste op toeristen gaan schieten. Wij staan er rustig peukjes te roken met de militairen. Na een zwaar verhaal over de schandalige rol die Amerika gespeeld heeft in de oorlog neemt onze kolonel maar al te graag een pakje Marlboro aan als dank voor zijn uitleg.

Een paar uur later begonnen ze met schieten. Het zoveelste 'misverstand', dat tot vier doden leidt en de onderlinge spanning doet oplopen. In Pyongyang hebben wij er niks over gehoord. In de trein betrap ik mezelf erop dat ik de machinist telepathisch maan om een beetje door te rijden naar China, waar het rustig is.

Bij de grens komen de militairen van de douane binnen. Dit is het moment waar ik met grote vrees op heb gewacht. Is alles voor niets geweest? Weer worden onze bagage en papieren grondig doorzocht. Dit duurt ruim een halfuur per coupé. Alsof het de normaalste zaak van de wereld is, wat het hier ook is, wordt ons gevraagd om onze foto's op de schermpjes te tonen. Bij een medereiziger worden een paar foto's met een half standbeeld van Kim Il-sung gewist. Hij moet er altijd helemaal op staan. Bij ons moet de militair door zoveel foto's dat hij het na een minuut of vijf wel gelooft. De toeristenfoto's hebben hun doel gediend, de laptop wordt niet eens bekeken. Ik slaak een zucht van verlichting als de trein weer schokkend op gang komt. We did it! Pepijn en ik omarmen elkaar en kijken elkaar eens diep in de ogen. Wie had dit ooit kunnen bedenken toen we elkaar in de gang van de Academie, beiden te laat voor de eerste les, tegenkwamen en elkaar de hand schudden.

De grens is eigenlijk een rivier. Over een lange brug rollen we langzaam naar Chinese grond. Het laatste wat ik van Noord-Korea zie is een tank die met zijn loop op de brug gericht staat, klaar om de hele zaak mijlenver de lucht in te blazen als het misgaat. Zelfs hun Chinese vrienden worden gewantrouwd.

Aan de Chinese kant valt ons allemaal direct hetzelfde op: het absolute kabaal van de reclames die ons ineens overal zinloze goederen in neon en hard kunstlicht aanprijzen. Overal waar je kijkt worden je hersenen gepenetreerd door de dwang tot consumeren. Het contrast met Noord-Korea is treffend. Daar hebben we geen enkele reclame gezien. Er is niks te koop. In alle behoeftes wordt natuurlijk voorzien door een alom aanwezige overheid. De enige reclame die je overal ziet is de reclame van die overheid, van de Grote Leider. Het is ons overduidelijk geworden, terwijl we nog maar een minuscuul stukje hebben gezien, uit wat voor een dramatisch geïsoleerd, geïndoctrineerd, en door een tiran bestuurd straatarm land we net komen.

Maar deze vloedgolf van Chinees consumptiegeweld doet ons toch terugdenken aan een bepaalde rust die er was de afgelopen dagen. Geen reclames, geen gestress op talloze mobiele telefoons, geen internet, geen nieuws, geen denderend verkeer, alleen maar dat Noord-Korea. In stilte. Natuurlijk, allemaal onder verschrikkelijke dwang, maar als je dan ziet hoe 'wij' het doen, dan moet je jezelf toch wel even achter de oren krabben. Is dit dan de goede manier, deze keiharde consumptiemaatschappij? Dat is een vraag die blijft hangen. Weer een voor in mijn kerstverhaal, naast de vele onbeantwoorde vragen over het meest bizarre land waar ik ooit geweest ben.

In Beijing vind ik Jasmine terug in haar appartementje op de tiende verdieping van een van de ontelbare anonieme torenflats. Ze doet de deur open. Ik til haar op en loop naar haar bed.

We praten over de reis. Er blijft een licht gevoel van spanning hangen na Noord-Korea, die er dagen over doet om geheel te verdwijnen. Jasmine gaat in de lente weer terug. Ik ben dan allang in Zuid-Amerika. We nemen afscheid en spreken af elkaar volgend jaar in Hongkong te treffen.

Onze trein vertrekt voor een reis van 48 uur naar Tibet. Dat is lang. We praten, Pepijn en ik. Hij zegt dat hij het tempo moordend vindt: Amsterdam, Beijing, Noord-Korea, Beijing en nu alweer naar Tibet.

'Welcome to my life. Ik beschouw het als een gegeven,' zeg ik. 'Soms is een vliegreis net als met de metro naar je werk gaan: je stapt in, je stapt uit en je gaat je werk doen.'

'Ik weet niet of ik dat vijf jaar zou volhouden.'

'Ik ook niet,' zeg ik lachend. 'Kom, we drinken nog een pint en dan gaan we tukken.'

Na een onrustige nacht zien we 's ochtends de bevolking langzaam moslim worden. De omgeving wordt rauwer, bergachtiger. We naderen de grens met het Tibetaans Plateau, een gigantische vlakte met vrijwel alleen maar bergen, lichte landbouw, rivieren en toendra's met hier en daar een spikkeltje zwart van een grazende yak. Een verdwaald miniatuurdorpje vliegt voorbij langs de rails van deze hypermoderne trein.

Dit is het hoogste traject ter wereld. En het ontsluit Tibet eens en voor altijd, om overspoeld te worden door Chinese toeristen. In al hun behoeftes dient voorzien te worden. Daar zijn Chinezen voor nodig. De Chinese overheid subsidieert Chinezen die de stap naar Tibet zetten en er een bedrijfje beginnen. Ook is de overheid coulanter in de strikte eenkindpolitiek. Veel Chinezen willen dolgraag een tweede of derde kind. In Tibet mag dat.

In de trein draait om de zoveel tijd een propagandapraatje in het Engels, dat steeds refereert aan de zogenaamde 'Liberation of Tibet', een schandalige verdraaiing van de geschiedenis waar ik me groen en geel aan erger.

In de coupé ligt bij binnenkomst een Engelstalig tijdschrift genaamd *China's Tibet* met onbenullige artikeltjes over de 'prosperity' die China de regio brengt. Ondanks de nog steeds overgrote Tibetaanse meerderheid, 94 procent, waarvan de meesten hun land en levenswijze terug willen, blijven de Chinezen onverbiddelijk. Sinds de bezetting in 1948 zijn er ruim een miljoen Tibetanen omgekomen. Het is onbekend hoeveel monniken en 'dissidenten' er in de geheime gevangenissen vastzitten, gemarteld en vermoord worden. Ook China kan er nog wat van, ondanks het schijnbare liberalisme van Beijing en Shanghai.

In de glorieuze Chinese trein is behalve de irritante promo's hier natuurlijk niks van te merken. Dat het een staaltje van de hoogste engineering is staat vast. Maar het voelt fout. Ik maak aantekeningen in mijn boekje. Het kerstverhaal begint vorm te krijgen.

Tijdens de tweede nacht bereikt de trein zijn hoogste punt, zo'n 5500 meter. De wagons worden volgepompt met extra zuurstof om hoogteziekte tegen te gaan. Niet iedereen heeft daar genoeg aan en wij bemerken toch ook een aanhoudende hoofdpijn. Rond vijf uur zijn we beiden wakker, terwijl we de zon tergend langzaam over de toppen van de Himalaya zien kruipen om de Tibetaanse nacht van het plateau te jagen. Vanuit de warme coupé zijn de uitzichten spectaculair. Vanuit de trein is het comfortabel kijken. Je wilt hier niet wonen, besluiten we.

Die avond komen we aan in Lhasa, een plek waar ik al twintig jaar heen wil, en dat is nu eindelijk gelukt. Wanneer we de stad in rijden, bekruipt ons meteen het gevoel dat we in een klein Beijing zijn aangekomen. De standaard Chinese bullshit is overal aanwezig in Lhasa, ooit de prachtige stad van de dalai lama. Het Potala Palace staat nu leeg. Veel te luidruchtige Chinese tour groups met nota bene mobilofoons maken foto's voor het paleis. Altijd dezelfde glimlach en het tot op het bot irriterende peaceteken, uitgerekend op die plek. Ze weten niet beter, besluiten we, want ook zij leren op school over de 'Liberation of Tibet'.

Pas in de 'Tibetaanse wijk' beginnen we iets terug te zien van hoe het er ooit uitgezien moet hebben: slecht verlichte straatjes, houten huizen met ornamenten rond de ramen. Uit pijpjes komt zwartige rook. Men gebruikt hier nog steeds kolen, wat je meteen merkt aan je luchtwegen. Overal scharrelen monniken in hun donkerrode gewaden rond.

We droppen onze spullen en lopen naar het centrale plein van de Tibetaanse wijk. We hebben mazzel, want we lopen zo een processie in. Er is een religieus feest gaande. Met de klok mee lopen duizenden Tibetanen rondjes om het klooster in het midden van het plein onder het prevelen van mantra's. Eromheen staan rijen zwaarbewapende Chinese militairen in pantser en helm. Vele camera's houden het hele plein in de gaten. Uit luidsprekers schalt de hoogst irritante schelle stem van een Chinese dame die zegt dat iedereen zich rustig moet houden voordat er ongelukken gebeuren. Het is ons meteen duidelijk. De Tibetanen mogen hun feestje vieren, maar China is de baas. China zal Tibet nooit meer opgeven. Wederom de keiharde onderdrukking van een overheid.

Na een paar dagen Lhasa maken Pepijn en ik een tripje door de bergen naar Shigatse, de tweede stad van Tibet. De natuur is zo wonderschoon dat we bijna vergeten wat we aan onderdrukking hebben gezien de laatste weken. Wat kan onze wereld toch prachtig zijn. En wat zijn wij bevoorrecht dat we het allemaal kunnen zien, dat zijn we niet vergeten. De meeste mensen zullen deze mooie kanten van onze aardbol nooit zien. En ja, het heeft ons enorm aan het denken gezet. Verschillen en overeenkomsten? Beide hebben we gezien. Mensen, goed of slecht? Beide hebben we gezien.

Voordat ik naar Kathmandu vlieg, neem ik afscheid van Pepijn. Hij gaat terug naar Beijing en Nederland. Raar om na zo'n intensieve tijd samen weer alleen door te gaan. Ik was alweer gewend aan het samen reizen. Ik vertrek als eerste. We staan in het koude donker te wachten op een taxi. Nooit te lang afscheid nemen. We zien elkaar snel.

'Pepinos, het was mooi, gast.'

'Het was zeker mooi!'

'Take care, vriend.'

'Jij ook.'

Ik stap in de taxi en zie hem snel kleiner worden in de spiegel.

In Kathmandu in Nepal vind ik een rustige hotelkamer. De afwezigheid van mensen om me heen is meteen voelbaar, maar anders dan anders – wanneer ik onmiddellijk de behoefte heb om gezelschap te zoeken – besluit ik om het rustig aan te doen. Ik ga erop uit om een foto te maken, maar wil me vooral concentreren op de ordening van mijn ervaringen van de afgelopen reis en de afgelopen anderhalf jaar. Ik heb een tafeltje, een stoel, een laptop, een fles bier bij de hand en een uitzicht op een prachtige bergketen. Wat wil ik ze vertellen, mijn familie aan de kersttafel? Wat vind ik nou eigenlijk?

Als ik 's ochtends door de stoffige, rumoerige straten van Kathmandu loop op zoek naar een goede foto, kijk ik naar de mensen die voor mijn neus mijn pad kruisen. Sommigen kijken me aan, glimlachen naar me wanneer ik dat doe. Anderen negeren me.

Ze zijn in gedachten verzonken. Waar denken ze aan? Of interesseert de zoveelste toerist hen gewoon niet zo? Een stelletje Nepalese kindjes rent giebelend een stukje met me mee. Ze zien er anders uit dan de kindjes in Amsterdam. Een paar hebben een rode stip boven hun neus. Zwarte kool onder hun ogen. Ze groeien op als hindoe of boeddhist. Maar hoe anders zijn ze nou eigenlijk in essentie? Het giebelen is toch echt overal hetzelfde. Dat heb ik gezien.

Ondanks alle ellende die ik gezien heb weet ik dat ik nog veel meer mooie dingen heb gezien. Ondanks de slechte mensen die ongetwijfeld ook door de straten lopen, door mijn foto's heen, weet ik zeker dat ik veel meer goede mensen heb gezien en ontmoet. Mensen die dezelfde dingen nastreven als ik. Een beetje beter leven. Ontwikkeling, vooral voor hun kinderen. Ook zij maken zich zorgen. Om het milieu, om radicalisering. Natuurlijk zijn onze meningen niet altijd precies hetzelfde geweest. Maar de mensen die ik sprak hebben allemaal dezelfde basismoraal als ik.

Helaas hoor je over die mensen minder dan over de zwartkijkers en de radicalen. De foute lui. Terwijl het er juist veel meer zijn. Normaal is natuurlijk niet zo interessant. Ik weet als journalist ook hoe dat werkt. Behalve dat 'normaal' helemaal niet zo normaal is. Ook daar moet je wat voor doen. En dat doen die mensen. Dat is wat mij betreft wel bewezen na alle straten waar ik doorheen gelopen ben. Normaal is dat mensen goed zijn. Dat vind ik en dat wordt het thema van mijn kerstverhaal. Snel naar huis.

Daarna Amerika.